纪录小康工程

U0964355

数说

全面建成小康社会

本书编写组

人民出版社
新华出版社

总　序

为民族复兴修史　为伟大时代立传

小康，是中华民族孜孜以求的梦想和夙愿。千百年来，中国人民一直对小康怀有割舍不断的情愫，祖祖辈辈为过上幸福美好生活劳苦奋斗。“民亦劳止，汔可小康”“久困于穷，冀以小康”“安得广厦千万间，大庇天下寒士俱欢颜”……都寄托着中国人民对小康社会的恒久期盼。然而，这些朴素而美好的愿望在历史上却从来没有变成现实。中国共产党自成立那天起，就把为中国人民谋幸福、为中华民族谋复兴作为初心使命，团结带领亿万中国人民拼搏奋斗，为过上幸福生活胼手胝足、砥砺前行。夺取新民主主义革命伟大胜利，完成社会主义革命和推进社会主义建设，进行改革开放和社会主义现代化建设，开创中国特色社会主义新时代，经过百年不懈奋斗，无数中国人摆脱贫困，过上衣食无忧的好日子。

特别是党的十八大以来，以习近平同志为核心的党中央统揽中华民族伟大复兴战略全局和世界百年未有之大变局，团结带领全党全国各族人民统筹推进“五位一体”总体布局、协调推进“四个全面”战略布局，万众一心战贫困、促改革、抗疫情、谋发展，党和国家事业取得历史性成就、发生历史性变革。在庆祝中国共产党成立100周年大会上，习近平总书记庄严宣告：“经过全党全国各族人民持续奋斗，我们实现了第一个百年奋斗目标，在中华大地上全面建成了小康社会，历史性地解决了绝对贫困问题，正在意气风发向着全面建成社会主义现代化强国的第二个百年奋斗目标迈进。”

这是中华民族、中国人民、中国共产党的伟大光荣！这是百姓的福祉、国家的进步、民族的骄傲！

全面小康，让梦想的阳光照进现实、照亮生活。从推翻“三座大山”到“人民当家作主”，从“小康之家”到“小康社会”，从“总体小康”到“全面小康”，从“全面建设”到“全面建成”，中国人民牢牢把命运掌握在自己手上，人民群众的生活越来越红火。“人民对美好生活的向往，就是我们的奋斗目标。”在习近平总书记坚强领导、亲自指挥下，我国脱贫攻坚取得重大历史性成就，现行标准下9899万农村贫困人口全部脱贫，建成世界上规模最大的社会保障体系，居民人均预期寿命提高到78.2岁，人民精神文化生活极大丰富，生态环境得到明显改善，公平正义的阳光普照大地。今天的中国人民，生活殷实、安居乐业，获得感、幸福感、安全感显著增强，道路自信、理论自信、制度自信、文化自信更加坚定，对创造更加美好的生活充满信心。

全面小康，让社会主义中国焕发出蓬勃生机活力。经过长期努力特别是党的十八大以来伟大实践，我国经济实力、科技实力、国防实力、综合国力跃上新的大台阶，成为世界第二大经济体、第一大工业国、第一大货物贸易国、第一大外汇储备国，国内生产总值从1952年的679亿元跃升至2021年的114万亿元，人均国内生产总值从1952年的几十美元跃升至2021年的超过1.2万美元。把握新发展阶段、贯彻新发展理念、构建新发展格局、推动高质量发展，全面建设社会主义现代化国家，我们的物质基础、制度基础更加坚实、更加牢靠。全面建成小康社会的伟大成就充分说明，在中华大地上生气勃勃的创造性的社会主义实践造福了人民、改变了中国、影响了时代，世界范围内社会主义和资本主义两种社会制度的历史演进及其较量发生了有利于社会主义的重大转变，社会主义制度优势得到极大彰显，中国特色社会主义道路越走越宽广。

全面小康，让中华民族自信自强屹立于世界民族之林。中华民族有五千多年的文明历史，创造了灿烂的中华文明，为人类文明进步作出了卓越贡献。近代以来，中华民族遭受的苦难之重、付出的牺牲之大，世所罕见。中国共产党带领中国人民从沉沦中觉醒、从灾难中奋起，前赴后继、百折不挠，战胜各种艰难险阻，取得一个个伟大胜利，创造一个个发展奇迹，用鲜血和汗水书写了中华民族几千年历史上最恢宏的史诗。全面建成小康社会，见证了中华民族强大的创造力、坚韧力、爆发力，见证了中华民族自信自强、守正创新精神气质的锻造与激扬，实现中华民族伟大复兴有了更为主动的精神力量，进入不可逆转的历史进程。今天，我们比历史上任何时期都更接近、更有信心和能力实现中华民族伟大复兴的目标，中国人民的志气、骨气、底气极大增强，奋进新征程、建功新时代有着前所未有的历史主动精神、历史创造精神。

全面小康，在人类社会发展史上写就了不可磨灭的光辉篇章。中华民族素有和合共生、兼济天下的价值追求，中国共产党立志于为人类谋进步、为世界谋大同。中国的发展，使世界五分之一的人口整体摆脱贫困，提前十年实现联合国 2030 年可持续发展议程确定的目标，谱写了彪炳世界发展史的减贫奇迹，创造了中国式现代化道路与人类文明新形态。这份光荣的胜利，属于中国，也属于世界。事实雄辩地证明，人类通往美好生活的道路不止一条，各国实现现代化的道路不止一条。全面建成小康社会的中国，始终站在历史正确的一边，站在人类进步的一边，国际影响力、感召力、塑造力显著提升，负责任大国形象充分彰显，以更加开放包容的姿态拥抱世界，必将为推动构建人类命运共同体、弘扬全人类共同价值、建设更加美好的世界作出新的更大贡献。

回望全面建成小康社会的历史，伟大历程何其艰苦卓绝，伟大胜利何其光辉炳耀，伟大精神何其气壮山河！

这是中华民族发展史上矗立起的又一座历史丰碑、精神丰碑！这座丰碑，凝结着中国共产党人矢志不渝的坚持坚守、博大深沉的情怀胸襟，辉映着科学理论的思想穿透力、时代引领力、实践推动力，镌刻着中国人民的奋发奋斗、牺牲奉献，彰显着中国特色社会主义制度的强大生命力、显著优越性。

因为感动，所以纪录；因为壮丽，所以丰厚。恢宏的历史伟业，必将留下深沉的历史印记，竖起闪耀的历史地标。

中央宣传部牵头，中央有关部门和宣传文化单位，省、市、县各级宣传部门共同参与组织实施“纪录小康工程”，以为民族复兴修史、为伟大时代立传为宗旨，以“存史资政、教化育人”为目的，形成了数据库、大事记、系列丛书和主题纪录片4方面主要成果。目前已建成内容全面、分类有序的4级数据库，编纂完成各级各类全面小康、脱贫攻坚大事记，出版“纪录小康工程”丛书，摄制完成纪录片《纪录小康》。

“纪录小康工程”丛书包括中央系列和地方系列。中央系列分为“擘画领航”“经天纬地”“航海梯山”“踔厉奋发”“彪炳史册”5个主题，由中央有关部门精选内容组织编撰；地方系列分为“全景录”“大事记”“变迁志”“奋斗者”“影像记”5个板块，由各省（区、市）和新疆生产建设兵团结合各地实际情况推出主题图书。丛书忠实纪录习近平总书记的小康情怀、扶贫足迹，反映党中央关于全面建成小康社会重大决策、重大部署的历史过程，展现通过不懈奋斗取得全面建成小康社会伟大胜利的光辉历程，讲述在决战脱贫攻坚、决胜全面小康进程中涌现的先进个人、先进集体和典型事迹，揭示辉煌成就和历史巨变背后的制度优势和经验启示。这是对全面建成小康社会伟大成就的历史巡礼，是对中国共产党和中国人民奋斗精神的深情礼赞。

历史昭示未来，明天更加美好。全面建成小康社会，带给中国人民的是温暖、是力量、是坚定、是信心。让我们时时回望小康历程，深入学习贯彻习近平新时代中国特色社会主义思想，深刻理解中国共产党为什么能、马克思主义为什么行、中国特色社会主义为什么好，深刻把握“两个确立”的决定性意义，增强“四个意识”、坚定“四个自信”、做到“两个维护”，以坚如磐石的定力、敢打必胜的信念，集中精力办好自己的事情，向着实现第二个百年奋斗目标、创造中国人民更加幸福美好生活勇毅前行。

目录
CONTENTS

第一章

数说经济更加发展

100 年来，中国共产党团结带领中国人民顽强拼搏，几代人一以贯之、接续奋斗，从“小康之家”到“小康社会”，从“总体小康”到“全面小康”，从“全面建设”到“全面建成”，小康目标不断实现，小康梦想成为现实。

全面建成小康社会，是中国共产党的伟大光荣。从百年前只有 50 多名党员到拥有 9600 多万名党员、领导着 14 亿多人口大国、具有重大全球影响力的世界第一大执政党，中国共产党无比自豪地走在时代前列。

2020 年，现行标准下近 1 亿农村贫困人口全部脱贫。占世界人口近五分之一的中国全面消除绝对贫困，提前 10 年实现《联合国 2030 年可持续发展议程》减贫目标，这不仅是中华民族发展史上具有里程碑意义的大事件，也是人类减贫史乃至人类发展史上的大事件，为全球减贫事业发展和人类发展进步作出了重大贡献，获得国际社会广泛赞誉。

贫穷不是命中注定，贫困并非不可战胜。中国减贫的实践表明，与贫困作斗争，最重要的是勇气、远见、责任和担当。只要有坚定意志和决心并付诸实际行动，就能够向着摆脱贫困、实现共同富裕的美好前景不断迈进。

第一节
经济实力大幅跃升

小康是中华民族的千年梦想和夙愿。

2021 年 7 月 1 日，习近平总书记在庆祝中国共产党成立 100 周年大会上庄严宣告："经过全党全国各族人民持续奋斗，我们实现了第一个百年奋斗目标，在中华大地上全面建成了小康社会，历史性地解决了绝对贫困问题，正在意气风发向着全面建成社会主义现代化强国的第二个百年奋斗目标迈进。"

这是中华民族的伟大光荣！这是中国人民的伟大光荣！这是中国共产党的伟大光荣！

小康，中国古代先贤的社会理想；小康，亿万人民的生活梦想；小康，文明古国的千年追求。从古至今，"小康"一词，始终蕴含着中华民族对安定幸福生活的恒久守望。

全面建成小康社会，激发起亿万人民为之奋斗的极大热情，是中国共产党人矢志不渝的追求。

从 1978 年改革开放到 2021 年，历经 40 余年；

从 1949 年新中国成立到 2021 年，历经 70 余年；

从 1921 年中国共产党诞生到 2021 年，历经百年。

千年梦想，百年奋斗，一朝梦圆。

全面小康的阳光照耀到了每一个角落，无数人的命运因此而改变，无数人的梦想因此而实现，无数人的幸福因此而成就——

改革开放 1978 2018 40年

改革开放以来 我国经济持续较快增长 是世界经济增长的主要动力

经济增长率

	1978年	2017年	1979—2017年平均增速
世界	4.0	3.0	2.9
中国	11.7	6.9	9.5

单位：%

对世界经济增长的贡献率

	1978年	2017年	1979—2017年平均贡献率
中国	3.1	27.8	18.4

居世界第二位　单位：%

自2006年以来，中国对世界经济增长的贡献率稳居世界第一位

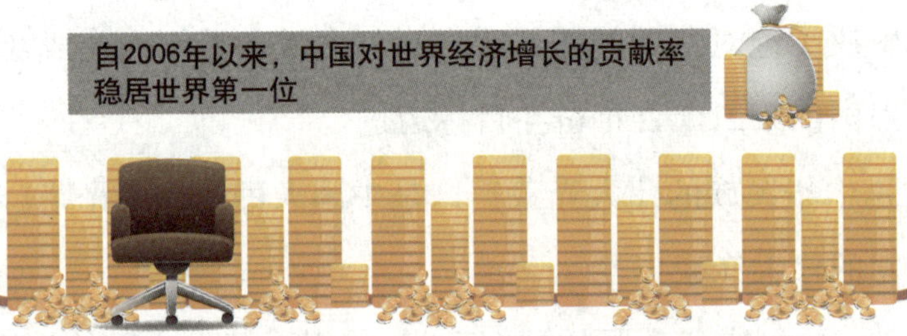

新华社发　边纪红　制图　　资料来源：国家统计局

全面小康，经济发展是基础

党把发展作为执政兴国的第一要务，作为解决中国一切问题的基础和关键，团结带领人民以经济建设为中心，不断解放和发展生产力，不断实现更高质量、更有效率、更加公平、更可持续、更为安全的发展，国家经济实力、科技实力和综合国力显著增强。

中国全面建成小康社会，谱写了人类反贫困历史新篇章，创造了减贫治理的中国样本，为加速世界减贫进程贡献了重要力量。改革开放以来，按照现行贫困标准计算，中国 7.7 亿农村贫困人口摆脱贫困；按照世界银行标准，中国减贫人口占同期全球减贫人口

70% 以上，提前 10 年实现《联合国 2030 年可持续发展议程》减贫目标。占世界近 20% 人口的 14 亿多中国人民踏上全面建设社会主义现代化国家新征程，这是人类历史上前所未有的大变革、大事件。中国消除绝对贫困的成功实践和宝贵经验，深化了各国对减贫规律的认识，丰富发展了反贫困理论，提振了各国特别是广大发展中国家消除绝对贫困的信心。

1953 年至今，14 个五年规划（计划），一张蓝图绘到底，中国经济划出的上扬线令世界惊叹——

1952 年中国的 GDP 仅为 679 亿元，1986 年突破 1 万亿元，2000 年突破 10 万亿元，2010 年突破 40 万亿元，2020 年突破 100 万亿元。

1978 年，我国的经济总量仅占全球的 1.8%。如今，我国经济总量占全球经济比重超过 17%。从积贫积弱到稳居世界第二大经济体，在世界舞台上，中国创造了伟大发展奇迹。

2020 年中国经济总量首次突破 100 万亿元。（新华社记者 刘西 编制）

作为全球人口最多的国家和世界上最大的发展中国家，中国全面建成小康社会，让国家更富强、人民更幸福、社会更稳定，本身就是对世界和平与发展的巨大贡献。从 1979 年到 2020 年，国内生产总值年均增长 9.2%，远高于同期世界经济 2.7% 左右的增速水平。

从人均国内生产总值看，我国从 1952 年的几十美元增至 2020 年的超过 1 万美元，实现了从低收入国家到中等偏上收入国家的历

2020 年，我国人均 GDP 连续两年超过 1 万美元。（新华社发 陈为 编制）

史性跨越。

从全社会固定资产投资看，我国从1952年的亿元增至2020年的超过52万亿元。2021年，全国固定资产投资超54万亿元，同比增长4.9%，两年平均增长3.9%。

从社会消费品零售总额看，我国从1952年的276.8亿元增至2020年的超过39万亿元。

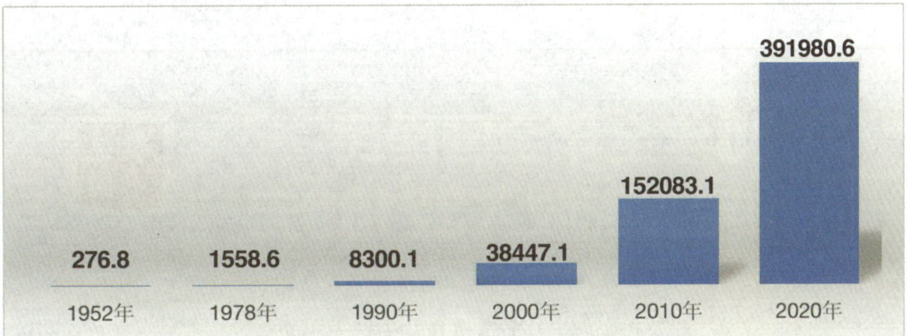

社会消费品零售总额（单位：亿元）

数据来源：国家统计局

这是2021年5月26日在海南洋浦经济开发区拍摄的洋浦国际集装箱码头。（新华社记者 蒲晓旭 摄）

2021年，社会消费品零售总额超44万亿元，同比增长12.5%，两年平均增速为3.9%。最终消费支出对经济增长的贡献率为65.4%。消费对经济增长的主要拉动作用进一步显现。

新中国成立70多年来，中国经济累计实际增长约189倍，居民人均可支配收入从1949年的49.7元增加至2020年的32189元。

全面小康，是经济实力大幅跃升的小康

从前面的数据可以看到，我国经济总量超过 100 万亿元人民币，稳居世界第二位；人均国内生产总值已连续两年超过 1 万美元，高于中等收入国家平均水平，稳居中等偏上收入国家行列，与高收入国家发展的差距继续缩小。与此同时，我国的城镇化率超过 60%，高于中等收入国家 52% 的平均水平。自 2006 年起，中国连续 15 年成为世界经济增长的最大贡献国，对世界经济增长的平均贡献率超过 30%，成为带动世界经济增长的火车头。

在应对风险与挑战时，我们仍然扬帆远航。2008 年，全球遭遇严重金融危机，世界经济受到重创，中国采取一系列有效措施成功应对危机，经济迅速回升向好，并持续保持中高速增长，成为世界经济增长的主要稳定器和动力源。

2020 年 6 月 21 日上午，东方电气集团东方电机有限公司研制的金沙江白鹤滩水电站左岸 1 号机转轮——全球首台百万千瓦水电机组的“心脏”吊装成功，将世界水电带入“百万单机时代”。

“1994 年修建三峡工程前，我国还不具备制造 35 万千瓦以上水电机组的能力。短短 20 多年，我们在水电装备领域实现了从跟跑到领跑的飞跃。”东方电机总经理助理赵永智说。

这家创建于“二五”时期、成长于三线建设的中央企业，在 60 多年发展中，将自主创新融入基因，不断啃下重大装备国产化的“硬骨头”，路越走越宽。

千磨万击还坚劲，任尔东西南北风。千千万万这样的中国企业，汇聚成无惧风雨的中国经济大海，为全面建成小康社会夯实基础。

世界大变局加速演变，正处在转变发展方式、优化经济结构、

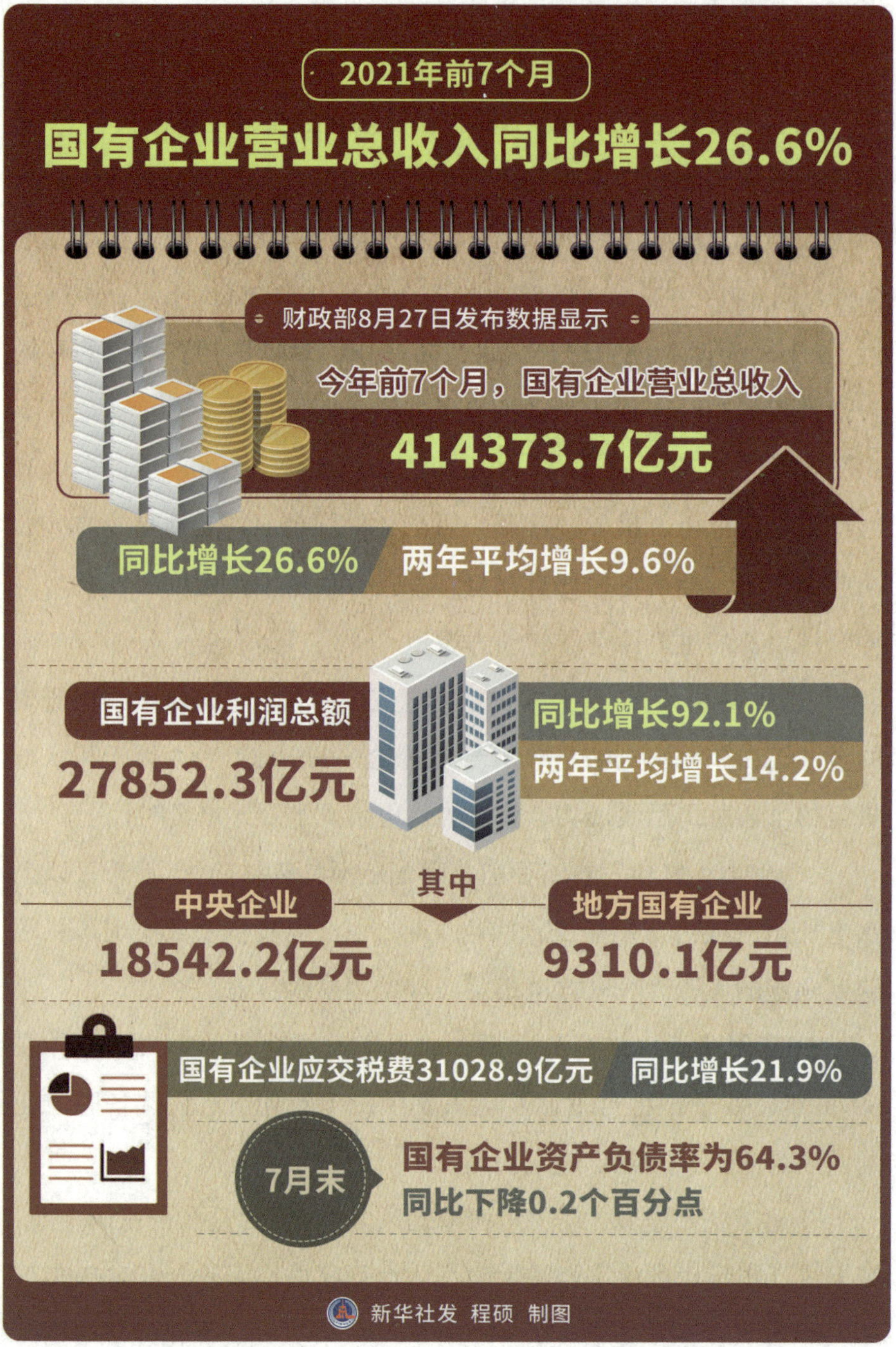
2021年前7个月
国有企业营业总收入同比增长26.6%
财政部8月27日发布数据显示
今年前7个月，国有企业营业总收入
414373.7亿元
同比增长26.6%
两年平均增长9.6%
国有企业利润总额
27852.3亿元
同比增长92.1%
两年平均增长14.2%
其中
中央企业
18542.2亿元
地方国有企业
9310.1亿元
国有企业应交税费31028.9亿元
同比增长21.9%
7月末
国有企业资产负债率为64.3%
同比下降0.2个百分点
新华社发 程硕 制图

转换增长动力攻关期的中国经济，结构性、体制性、周期性问题相互交织。以习近平同志为核心的党中央适应把握引领大势，作出我国经济已由高速增长阶段转向高质量发展阶段的重大判断，指引中国经济闯关夺隘、跨越关口。

农田里，传感器实时监测气象数据，插秧、收割、打捆全程机械化作业；监控室内，电子屏幕显示地块情况、生产数据；半空中，无人机喷洒植保药物；高空中，借助“吉林一号”卫星遥感数据，田地病害情况一览无余……

以水稻种植闻名的吉林省吉林市大荒地村，“村企共建”成为村民步入小康生活的“金钥匙”。土地集中流转、集约经营，现代化农业生产设施入驻田间地头，农民成了“产业工人”，既挣工资，又拿分红。“村民每人平均年收入 2.4 万元，每户年均收入接近 10 万元。”大荒地村党委组织委员王晶说。

2016—2019 年，我国经济实现每年 6% 以上的中高速增长；服务业增加值占 GDP 比重超过一半，农业现代化进展明显，工业化和信息化融合发展水平进一步提高，先进制造业和战略性新兴产业加快发展，新产业新业态不断成长；2019 年年末，高铁营业总里程超过 3.5 万公里，民用汽车保有量达 26150 万辆……

“我国经济总量迈上新台阶，产业发展和基础设施不断完善，综合国力继续增强，国际影响力持续扩大。”国家统计局副局长盛来运说。

2020 年，尽管受到突如其来的新冠肺炎疫情的巨大冲击和严峻复杂国际形势的影响，中国经济在全球经济体中率先转正，成为带动世界经济复苏的火车头。我国新产业新业态新商业模式仍继续保持增长。经核算，2020 年我国“三新”经济增加值为 169254 亿元，比上年增长 4.5%（未扣除价格因素，下同），比同期国内生产总值（GDP）现价增速高 1.5 个百分点；相当于 GDP 的比重为 17.08%，比上年提高 0.7 个百分点。

分三次产业看，“三新”经济中，第一产业增加值为 7423 亿元，比上年增长 11.0%，占比为 4.39%；第二产业增加值为 73487 亿元，比上年增长 4.3%，占比为 43.42%；第三产业增加值为 88345 亿元，比上年增长 4.2%，占比为 52.20%。

2020 年“三新”经济增加值核算结果

	增加值	比上年增长	构成（%）
“三新”经济	169254	4.5	100.00
第一产业	7423	11.0	4.39
第二产业	73487	4.3	43.42
第三产业	88345	4.2	52.20

数据来源：国家统计局

全面小康，是“五位一体”全面进步的小康

新理念引领高质量发展。从面临“被开除球籍”危险到打开国门搞建设，从加入世界贸易组织到坚定维护经济全球化，从“世界工厂”到“世界市场”……中国跃居世界第一大货物贸易国，货物进出口总额从 1952 年的 64.6 亿元增加到 2020 年的 32.16 万亿元。

中国全方位对外开放促进合作共赢。中国开放的大门不会关闭，只会越开越大。面对逆全球化思潮，中国坚定不移奉行互利共赢的开放战略，坚持发展更高层次的开放型经济，推动形成全面开放新格局，为各国提供更多市场机遇、投资机遇、增长机

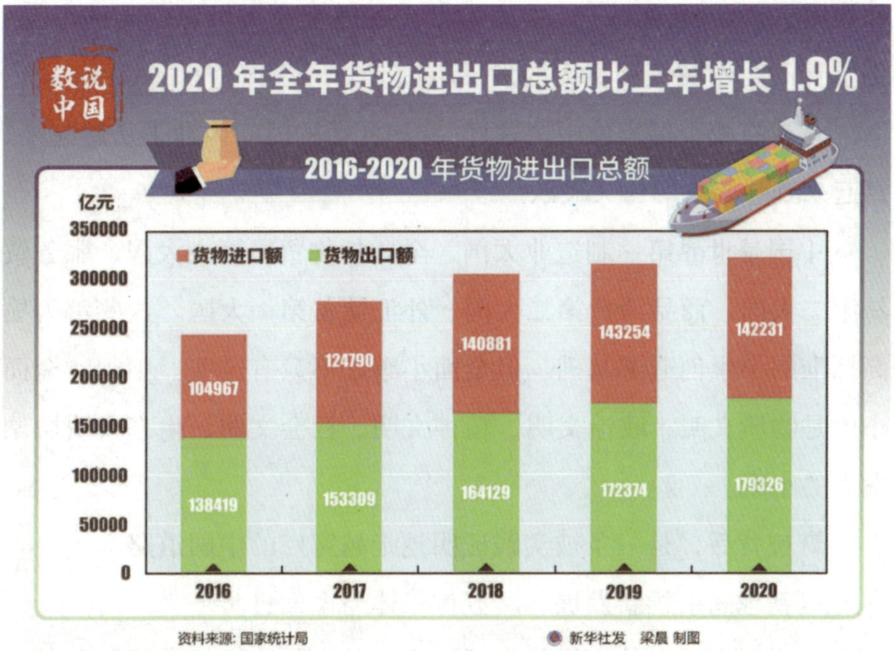

遇。自由贸易试验区不断扩容、海南自由贸易港建设加快推动，不断打造对外开放新高地。中国持续优化营商环境，为外国投资者提供更广阔的空间、更优质的营商环境，在全球 190 个经济体中，中国营商环境排名由 2012 年的第 91 位跃升至 2020 年的第 31 位。中国实行高水平的贸易和投资自由化便利化政策，制定《外商投资法》，全面实施准入前国民待遇加负面清单管理制度，持续放宽市场准入。2020 年，中国实际使用外商直接投资金额 10342.8 亿元人民币，规模再创历史新高。中国是 50 多个国家和地区的最大贸易伙伴、120 多个国家和地区的前三大贸易伙伴，在国际大循环中的地位日益突出。中国经济持续健康发展，消费结构持续优化，消费需求不断升级，超大规模消费市场优势十分明显。今天，“中国制造”和“中国服务”共同发展，“世界工厂”

和“世界市场”互促共进，中国为世界各国企业提供更广阔的市场、更宝贵的合作契机和更大的发展空间。

从未有哪个国家像中国这样，在如此短的时间内迎来从站起来、富起来到强起来的伟大飞跃。

中国是世界第一制造业大国、全球货物贸易第一大国、服务贸易第二大国、商品消费第二大国、外汇储备第一大国。这些都为更高标准的小康创造了基础。但全面小康并不只有这些。中国的全面小康是物质文明、政治文明、精神文明、社会文明、生态文明协调发展的小康。

奇迹背后，是一条被实践证明越走越宽广的中国道路。

以新理念引领新发展，“五位一体”全面进步。

一个国家选择什么样的发展理念，就有什么样的发展状态。

在一个经济文化落后的东方国家建设社会主义，没有任何经验可循。摸着石头过河，历经艰难探索，中国共产党对发展规律的认识和把握不断深入。

立时代之基、应时代之变，以习近平同志为核心的党中央团结带领中国人民砥砺前行、开拓创新，以新发展理念为指引，统筹推进“五位一体”总体布局，协调推进“四个全面”战略布局，不断开辟发展新境界。

全面建成小康社会，重在全面发展。

这是惠及全体人民的小康。历时 8 年，832 个贫困县全部摘帽；建档立卡贫困人口人均纯收入从 2015 年的 2982 元增加到 2020 年的 10740 元；“十三五”时期，5000 多万居民出棚进楼，新增城镇就业超过 6000 万人……百姓日子越过越红火。

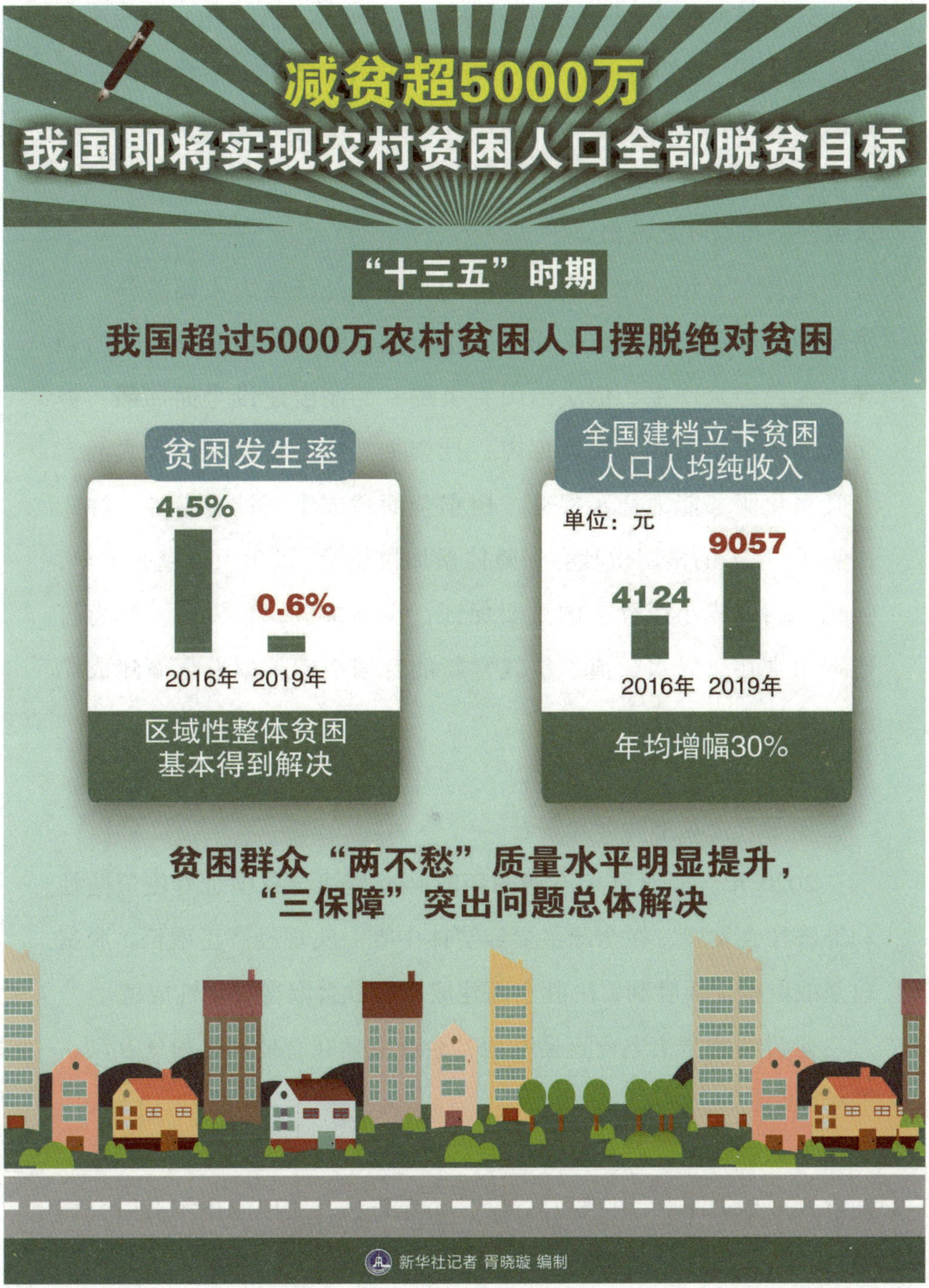
减贫超5000万
我国即将实现农村贫困人口全部脱贫目标
“十三五”时期
我国超过5000万农村贫困人口摆脱绝对贫困
贫困发生率
4.5%
0.6%
2016年 2019年
区域性整体贫困基本得到解决
全国建档立卡贫困人口人均纯收入
单位：元
9057
4124
2016年 2019年
年均增幅30%
贫困群众“两不愁”质量水平明显提升，
“三保障”突出问题总体解决
新华社记者 胥晓璇 编制

这是城乡区域协同发展的小康。以京津冀、长三角、粤港澳大湾区为重点，加快打造引领高质量发展的第一梯队；在中西部有条件的地区，形成高质量发展的重要区域；深入推进西部大开发、东北全面振兴、中部地区崛起、东部率先发展……锚定高质量发展的区域经济布局呼之欲出。

这是“五位一体”全面进步的小康。经济实力大幅跃升，经济结构逐步优化，奠定全面建成小康社会强大物质基础；党的领导、人民当家作主、依法治国有机统一的制度建设全面加强，夯实全面建成小康社会制度保障；社会主义核心价值观深入人心，公共文化服务能力稳步提升，树牢全面建成小康社会精神支柱；覆盖14亿人的多层次社会保障体系加快建设，民生保障越兜越牢，强化全面建成小康社会的重要保证；全面推进绿色发展，努力打造青山常在、绿水长流、空气常新的宜居生态，彰显全面建成小康社会的美丽底色。

不平凡之年书写非凡答卷

2020年，面对百年不遇的新冠肺炎疫情，我国统筹疫情防控和经济社会发展，在全球主要经济体中唯一实现经济正增长。脱贫攻坚战取得全面胜利，决胜全面建成小康社会取得决定性成就。

走进河北辛集电商直播基地，企业主播在直播间与粉丝互动，展示产品。

“入驻以来，订单量每天增长。基地提供硬件、服务、场地，还有专业培训团队，只要好好做，一定行！”宏四海皮革有限公司销售总监、设计总监梁厦说。

疫情下，订货减少、出口困难、展会取消，辛集的皮革制衣企业不少盼头落了空。电商直播打开老皮匠们的新思路，不少企业转向开发高端春夏服装，养“粉丝”、去库存、上新品，开启销售新模式。

“企业由原来的单打独斗转变为抱团发力，将分散的设计人才、产品生产、销售渠道资源进行整合，有助于加快形成产业集群。”辛集经济开发区招商合作局局长刘恒波说。

2020 年疫情期间，全国上下统筹做好疫情防控和经济社会发展工作，坚决落实“六稳”“六保”任务，凝心聚力，跑好全面建成小康社会最后一程。

2020 年 7 月 1 日，三一集团与重庆两江新区签署合作协议，打造百亿元级智能制造基地；吉利集团签约落户两江新区，建设高端新能源整车项目、吉利工业互联网总部和数字化工厂。此前，京东方宣布将分别斥资 60 亿元和 48 亿元，

在成都高新区和两江新区分别建设智慧系统创新中心……

传统招商活动难以开展，成渝两地创新工作方式，“线上＋线下”相结合，成渝地区双城经济圈释放强大吸引力加快地区复苏步伐。

经过多年积累，我国发展协调性不断增强——

形成世界最大中等收入群体，消费对经济增长贡献率接近60%，常住人口城镇化率突破60%，区域协调发展新格局加快形成，对外开放深度广度不断提高，三大攻坚战取得关键进展……

发展空间不断拓展、潜力加快释放，为培育形成以国内大循环为主体、国内国际双循环相互促进的新发展格局奠定良好基础。

2020年5月底，大众汽车集团接连与国轩高科股份有限公司和安徽江淮汽车集团控股有限公司签署战略协议，加码中国新能源汽车市场。

大众汽车集团（中国）CEO冯思翰说，除了对两家企业超过20亿欧元的投资外，大众2020年在中国还有40亿欧元投资计划。“中国新能源汽车市场将经历一个繁荣发展期，我们充满信心。”

2020年国民经济和社会发展统计公报显示，2020年，全年全部工业增加值313071亿元，比上年增长2.4%。全年社会消费品零售总额391981亿元，比上年下降3.9%。全年全社会固定资产投资527270亿元，比上年增长2.7%。全年货物进出口总额321557亿元，比上年增长1.9%。其中，出口179326亿元，增长4.0%。进出口、出口总值双双创历史新高，继续稳居全球货物贸易第一。

中国全面建成小康社会，为人类走向现代化探索了新路径。中国共产党立足中国国情，把握经济社会发展规律，在中国大地上探寻适合自己的道路和方法，走出了一条中国式现代化新道路，创造了人类文明新形态。

中国式现代化是人口规模巨大的现代化，是全体人民共同富裕的现代化，是物质文明和精神文明相协调的现代化，是人与自然和谐共生的现代化，是走和平发展道路的现代化。在全球仍面临严重发展困境的当下，中国的探索和实践不仅深化了广大发展中国家对国家治理、现代化建设的认识，也为世界上那些既希望加快发展又希望保持自身独立性的国家和民族提供了全新选择，对人类社会发展具有深远影响。

治国之道，富民为始。中国全面建成小康社会，是对世界的伟大贡献。中国朝着全体人民共同富裕的目标扎实迈进，将继续为维护世界和平、促进共同发展作出新贡献，不断书写推动构建人类命运共同体的新篇章。

第二节
国内国际双循环促进经济发展

格局，事关全局。

不谋全局者不足以谋一域，不谋万世者不足以谋一时。只有科学认识和准确把握世界大变局，做到观大势、谋大事，我们才能看清变局的本质，在复杂多变的形势中增强“乱云飞渡仍从容”“千磨万击还坚劲”的战略定力，有效应对各种风险挑战，进一步彰显中国特色社会主义制度优势。

历史长河静水深流，只有经过时间的沉淀，才能展现壮阔的新航程。

党的十八大以来，我们把脱贫攻坚摆在治国理政的突出位置，加强党的集中统一领导，统筹谋划、强力推进。从党的领袖到广大党员干部，情系贫困群众、心怀减贫大业，全党目标一致、上下同心。

加强顶层设计和战略规划，制定印发《关于打赢脱贫攻坚战的决定》《关于打赢脱贫攻坚战三年行动的指导意见》等政策文件，明确目标、路径和具体措施并一以贯之抓下去。各级财政不断加大投入力度，构建多元资金投入体系，为减贫事业发展提供资金保障。

回望近年来脱贫攻坚的关键阶段，时光画出两条走势相反的曲线。

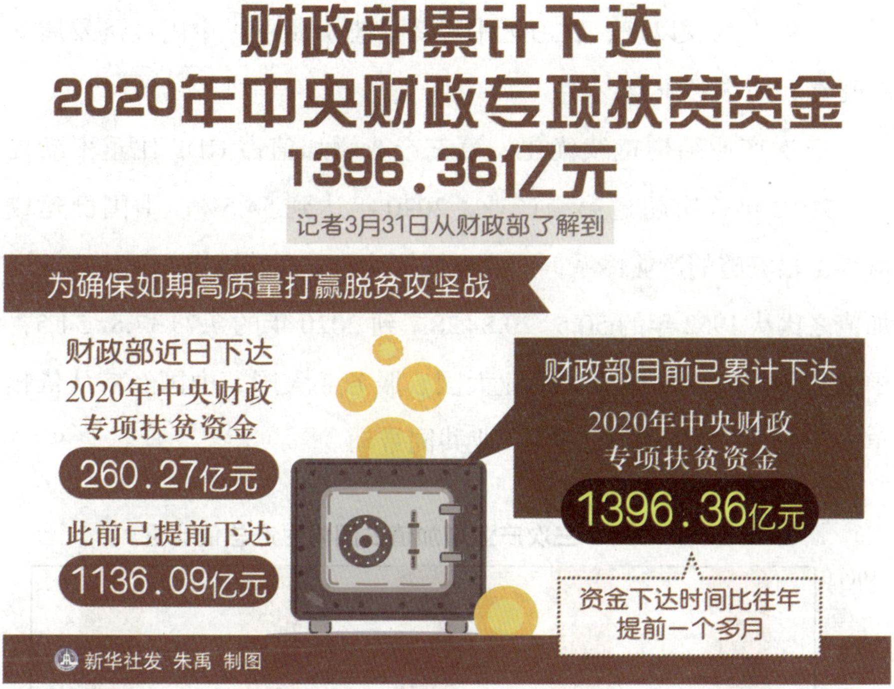

一条向上的曲线：中央财政投入不断加大，中央财政补助地方专项扶贫资金连续五年每年增加 200 亿元。

一条向下的曲线：每年剩余的贫困人口越来越少，从 2012 年的 9899 万人到 2020 年年底全部脱贫。

中国全面建成小康社会，占世界近 20%人口的 14 亿多中国人民踏上全面建设社会主义现代化国家新征程，这是人类历史上前所未有的大变革、大事件。在近年来世界贫困人口不降反增、全球减贫事业遭遇瓶颈的背景下，中国减贫取得的成就，为全球减贫事业作出重要贡献、注入信心和力量。

全面建成小康社会，是中华民族的伟大光荣

党的十八大以来，在习近平经济思想引领下，中国经济发展不断鸣奏新的华彩乐章：

三次产业结构持续优化，第三产业增加值占GDP比重不断提高，2012年首次超过第二产业，2020年达到54.5%；中国已建成世界上最完整的产业体系，产业发展持续向中高端迈进。三次产业增加值之比从1952年的50.5∶20.8∶28.7到2020年的7.7∶37.8∶54.5，中国从传统农业大国成为工业大国、服务业大国，中国经济从依赖单一产业为主转向依靠三次产业共同带动。

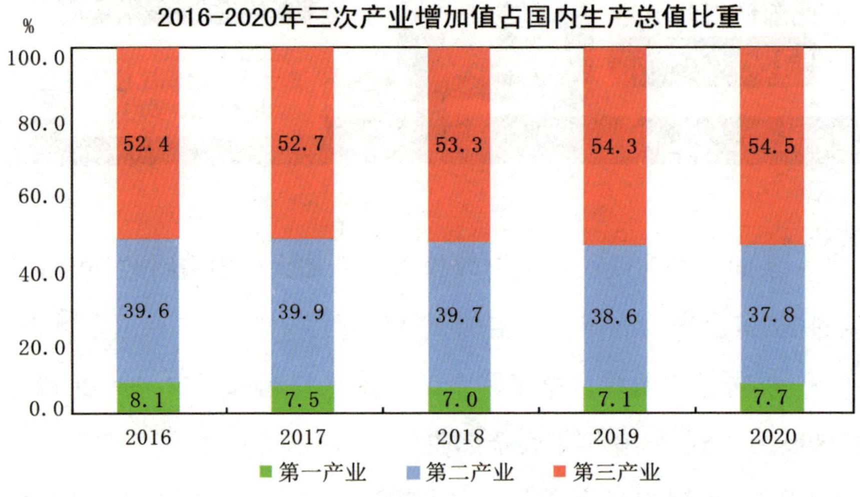

数据来源：国家统计局

2020年，全年全部工业增加值313071亿元，比上年增长2.4%。规模以上工业增加值增长2.8%。在规模以上工业中，分经济类型看，国有控股企业增加值增长2.2%；股份制企业增长3.0%，外商及港澳台商投资企业增长2.4%；私营企业增长3.7%。分门类看，采矿

业增长 0.5%，制造业增长 3.4%，电力、热力、燃气及水生产和供应业增长 2.0%。

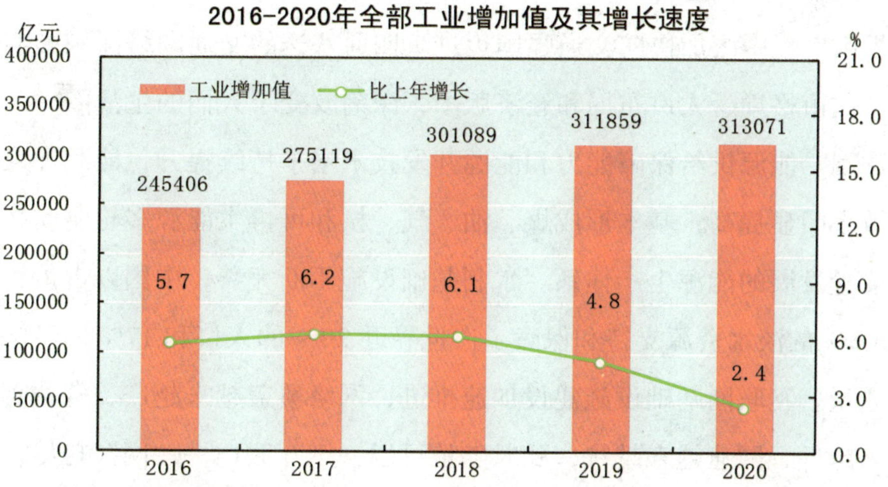

数据来源：国家统计局

2020 年，新产业新业态新模式逆势成长。全年规模以上工业中，高技术制造业增加值比上年增长 7.1%，占规模以上工业增加值的比重为 15.1%；装备制造业增加值增长 6.6%，占规模以上工业增加值的比重为 33.7%。全年规模以上服务业中，战略性新兴服务业企业营业收入比上年增长 8.3%。全年高技术产业投资比上年增长 10.6%。全年新能源汽车产量 145.6 万辆，比上年增长 17.3%；集成电路产量 2614.7 亿块，增长 29.6%。全年网上零售额 117601 亿元，按可比口径计算，比上年增长 10.9%。全年新登记市场主体 2502 万户，日均新登记企业 2.2 万户，年末市场主体总数达 1.4 亿户。

现代基础设施网络持续完善。信息畅通、公路成网、铁路密布、大桥巍峨，天涯成咫尺，天堑变通途。“五纵五横”综合运输大通道基本贯通，高速铁路、高速公路、城市轨道交通运营总里程和港口深水泊位数量均居世界第一，民航运输总周转量连续多年位居世界第二，中国加快向交通强国迈进。四通八达的交通网络深刻影响了城市格局、人口布局和经济版图，深刻改变了人们的生活圈、工作圈。能源供给保障能力和能源开发技术水平持续提升，能源开发效率明显提高，基本形成煤、油、气、核和可再生能源多轮驱动高质量发展的能源生产体系。水利基础设施不断完善，中国以占世界6.6%的淡水资源支持和保障了占世界近20%的人口和17%的经济总量。互联网基础设施建设加速推进，网络覆盖越来越广、资费越来越低、网速越来越快，随时随地可以一键互联、一“网”打尽，信息高速路畅通了人民幸福路。

基础设施建设成就

基础设施网络规模居世界前列。2020年，中国铁路营业里程为14.6万公里，其中，高铁营运总里程为3.8万公里，中国已建成世界上最现代化的铁路网和最发达的高铁网。全国高速公路里程为16.1万公里，建成了全球最大的高速公路网络。全国港口生产用码头泊位22142个，其中万吨级以上泊位2592个，内河航道总里程12.77万公里，中国万吨级以上泊位数、内河航道通航里程位居世界第一。在全球港口货物吞吐量和集装箱吞吐量排名前10的港口中，中国港口分别占有8席和7席，沿海主要港口专业化码头装卸效率世界领先，引领全球港口智能化发展。中国海运班轮通联指数和内河货运量居世界第一。民航运输机场为 241 个。中国大、中运量城市轨道交通运营总里程为 6667.5 公里，成为全球开通地铁城市最多的国家。邮路和快递服务网路总长度（单程）达 5278.8 万公里。

互联网快速发展普及。截至 2021 年 6 月，中国已建设开通 5G 基站 96 万个，5G 终端连接数达 3.65 亿，固定宽带家庭普及率、移动宽带用户普及率分别达到 96%、108%，网民超过 10 亿。

城乡区域协调发展稳步推进。年末常住人口城镇化率超过 60%。分区域看，全年东部地区生产总值 525752 亿元，比上年增长 2.9%；中部地区生产总值 222246 亿元，增长 1.3%；西部地区生产总值 213292 亿元，增长 3.3%；东北地区生产总值 51125 亿元，增长 1.1%。全年京津冀地区生产总值 86393 亿元，比上年增长 2.4%；长江经济带地区生产总值 471580 亿元，增长 2.7%；长江三角洲地区生产总值 244714 亿元，增长 3.3%。粤港澳大湾区建设、黄河流域生态保护和高质量发展等区域重大战略深入实施。

不仅于此。我国制造业增加值多年位居世界首位，220 多种工业产品产量居世界第一，自 2010 年起连续 11 年位居世界第一制造业大国。不断迈向共同富裕的 14 亿多人口，其中有超过 4 亿并不断扩大的中等收入群体，是全球最具成长性的超大规模市场，中国经济充满活力，具有巨大潜力和充足后劲。

我国农业现代化成效显著，机械化、数字化、绿色化、功能化、共享化水平明显提高，中国人把饭碗牢牢端在自己手中。中国建成门类齐全、独立完整的现代工业体系，工业化和信息化融合发展的广度和深度不断拓展，“中国制造”向“中国智造”转型升级，产业链供应链现代化水平进一步提升。以新一代信息技术、生物技术、高端装备、绿色环保为代表的战略性新兴产业发展迅速，成为引领高质量发展的重要引擎。数字经济激发经济发展新活力，产业数字化和数字产业化趋势加快。现代服务业加速发展，以“互联网 +”为标志的新业态、新模式层出不穷，平台经济、共享经济蓬勃兴起，生产性服务业向专业化和高端化发展，生活性服务业向精细化和高品质转变。产业结构的优化升级促进了经济更加均衡、更加充分的发展，人们个性化、品质化、多样化需求不断得到满足。

全面建成小康社会，是中国对世界的伟大贡献

改革开放 40 多年来，中国已成为世界第二大经济体，对全球经济增长贡献率连续多年超过 30%。无论是深入地方考察还是出席外事活动，无论是筹划国内发展还是参与国际治理，习近平总书记以隽语论开放、以实干促开放，彰显出中国持续扩大对外开放的智慧和决心。

中国积极参与全球贫困治理，不断深化减贫领域交流合作，推动建立以相互尊重、合作共赢为核心的新型国际减贫交流合作关系，携手增进各国人民福祉。

支持广大发展中国家减贫发展。新中国成立伊始，在国家百废待兴、财力紧张的情况下，即向有关国家提供援助，为发展中国家争取民族独立和解放、促进经济社会发展提供了支持。改革开放后，中国对外援助内容更加丰富、形式更加多样，促进了中国与其他发展中国家的共同发展。进入新时代，中国担负大国责

任，推动对外援助向国际发展合作转型升级，为破解全球发展难题、落实《联合国2030年可持续发展议程》提出中国方案、贡献中国智慧、注入中国力量。习近平主席在多个国际重大场合宣布中国开展国际发展合作的一系列务实举措，已按期落实或正在按照进度有序推进。中国发起共建“一带一路”倡议，推动更大范围、更高水平、更深层次的区域经济社会发展合作，支持帮助相关国家更好实现减贫发展。

实施惠及民生的国际减贫合作项目。在亚洲地区，中国与东盟国家共同开展乡村减贫推进计划，在老挝、柬埔寨、缅甸三国乡村基层社区实施“东亚减贫示范合作技术援助项目”。在非洲地区，中国为非洲国家援建水利基础设施、职业技术学校、社会保障住房等设施，打造农业合作示范区，推进实施中非菌草技术合作、中非友好医院建设、非洲疾控中心总部建设等项目。在南太平洋地区，中国推动落实对太平洋岛国无偿援助、优惠贷款等举措，开展基础设施建设和农业、医疗等技术合作援助项目。在拉美地区，援建农业技术示范中心，帮助受援国当地民众摆脱贫困。中国还与联合国教科文组织合作设立国际农村教育研究与培训中心等机构，面向非洲、东南亚等国家实施农村教育转型、教师培训等项目。

东亚减贫示范合作技术援助项目

2014年11月，中国提出实施“东亚减贫合作倡议”，开展乡村减贫推进计划，建立东亚减贫合作示范点。自2017年7月起，中国在老挝、柬埔寨、缅甸等国6个贫困村实施“东亚减贫示范合作技术援助项目”，为示范村新建了饮水、桥梁、道路、电力等基础设施，建设了村民活动中心、卫生室、学校等公共服务设施，为贫困户新建和改建了住房、厕所和环保设施，改善了示范村的生产生活条件和村容村貌。组织村民开展肉牛和家禽等养殖、玉米和蔬菜等种植及水稻和花生等作物良种良法示范、织布和竹编等手工业、乡村旅游、庭院经济、外出务工、技术培训等，多渠道增加村民收入，提升了示范村和村民的自我发展能力。“东亚减贫示范合作技术援助项目”的模式及成效受到东盟国家部长、联合国粮农组织等国际机构代表的高度评价，称其为“减贫合作的标杆”。

中国对非农业技术援助村级示范项目

从2011年起，中国国际扶贫中心在坦桑尼亚莫罗戈罗省佩雅佩雅村推广中国玉米种植技术，这是中国第一个在村级层面开展的对非援助项目。项目旨在把通过培育小农户生产能力提高农业生产效率、进而改善粮食安全和缓解贫困的中国经验应用到坦桑尼亚减贫实践中。中国农业专家走进田间地头，手把手向当地村民传授农耕技术，改变了当地粗放播种的耕作模式，玉米平均增产2—3倍。农民吃饭问题明显改善，同时还有余粮出售增加收入，一定程度上缓解了贫困。当地农户将中国专家带来的玉米种植技术亲切地称为“中国技术”。2018年，莫罗戈罗省进一步扩大中国玉米种植技术推广范围，发起“千户万亩玉米增产示范工程”。

外贸推动经济稳定发展

党的十八大以来，商务部坚定实施扩大内需战略，推动形成强大国内市场。从规模看，2012—2020年，我国社会消费品零售总额从20.6万亿元增长到39.2万亿元，年均增长约8.4%。从结构看，人民群众的消费水平和生活品质有了很大提升，服务消费快速增长。消费升级步伐加快，新业态、新模式层出不穷。

作为拉动经济增长的“三驾马车”之一，外贸推动经济稳定发展。2020年，我国外贸规模已达4.6万亿美元，国际市场份额达

14.7%，创下历史新高，带动就业 1.8 亿人左右。党的十八大以来，外贸累计贡献了 11%的财政总收入，外汇储备保持在 3 万亿美元左右，有力地保障了我国的国际收支平衡。

同时，外资企业是我国全面建成小康社会的重要参与者、见证者和贡献者。外资企业以占市场主体 2%的比重，带动了约 4000 万人就业，占全国城镇就业人口的 1/10，贡献了我国 1/6 的税收，2/5 的进出口。党的十八大以来，我国吸引外资总体规模保持增长态势，近年来，引资规模稳居全球第二。2020 年，在全球外资下降 40%的背景下，中国引资逆势增长。

构建“以国内大循环为主体、国内国际双循环相互促进”的新发展格局，是以习近平同志为核心的党中央根据我国发展阶段、环境、条件变化作出的战略决策，是把握未来发展主动权的战略性布局和先手棋。

在创新、协调、绿色、开放、共享的新发展理念中，在“以国内大循环为主体、国内国际双循环相互促进”的新发展格局中，我们品读出“革故鼎新”“贵和尚中”“天人合一”等历史智慧。

第三节
共同富裕稳向前

千百年来，中国人民一直梦想实现小康。近代以后，中国逐步成为半殖民地半封建社会，国家蒙辱、人民蒙难、文明蒙尘，中华民族遭受了前所未有的劫难。中国人民始终不屈不挠、奋力抗争，始终为过上幸福美好的生活不懈奋斗。

纵观人类历史，世界发展从来都是各种矛盾和问题相互交织、相互作用、不断演化的结果。世界百年未有之大变局，是世界经济格局、全球治理体系、国际力量对比发生转变的结果和体现。特别是进入 21 世纪以来，新兴市场国家和发展中国家群体性崛起，经济实力大幅提升，在世界经济格局中的分量和比重不断增加，为全球治理体系变革注入强劲动力。

可曾记得，新中国成立之初，面临的是旧中国留下的连螺钉、火柴都要进口的烂摊子。当时，美国国务卿艾奇逊曾断言：历代政府都没有解决中国人的吃饭问题，共产党也解决不了。

谁能想到，如今的中国，已成为全世界唯一拥有联合国产业分类中全部工业门类的国家，拥有 41 个工业大类、207 个工业中类、666 个工业小类，能够制造世界上大多数工业产品，汽车、电脑在内的 220 多种工业产品产量位居世界首位。

1949 年，我国人均国民收入仅有 27 美元，为亚洲人均国民收入 44 美元的 2/3，不足印度人均国民收入 57 美元的一半。在这样的基础上实现全体人民共同富裕，必然要经历漫长的发展过程。我国之所以能够解决人民温饱问题进而使人民生活总体达到小康水平，就是由于改革开放推动了经济高速增长。同样，我国之所以能够在21世纪用20年时间全面建成小康社会，使贫困人口全部脱贫，也是由于生产力水平、经济总量、人均收入有了显著增长。从新中国成立时人均国民收入仅27美元，到成为世界第二大经济体，创造出消除绝对贫困的人间奇迹……

没有什么能比发展的成就更能检验真理，没有什么能比人民的福祉更能诠释初心。

中国的全面小康，全在哪里

城乡居民收入差距进一步逐渐缩小，城乡居民人均可支配收入比值自2008年以来连续13年平稳下降，2020年为2.56∶1。

具体来看，2011—2020年，收入最高省份与最低省份间居民人均可支配收入相对差距逐年下降，收入比由2011年的4.62（上海与西藏居民收入之比）降低到2020年的3.55（上海与甘肃居民收入之比），是进入21世纪以来的最低水平。2020年，东部与西部、中部与西部、东北与西部地区的收入之比分别为1.62、1.07、1.11，分别比2013年下降0.08、0.03和0.18。

从收入增长上看，2011—2020年，农村居民人均可支配收入年均名义增长10.6%，年均增速快于城镇居民1.8个百分点。从城乡居民收入比看，城乡居民人均可支配收入比逐年下降，从2010年的2.99下降到2020年的2.56，累计下降0.43。2020年，城乡居民人均可支配收入比与2019年相比下降0.08，是党的十八大以来下降最快的一年。

据《中华人民共和国2020年国民经济和社会发展统计公报》，2020年，全年全国居民人均可支配收入32189元，比上年增长4.7%，扣除价格因素，实际增长2.1%。全国居民人均可支配收入中位数27540元，增长3.8%。按常住地分，城镇居民人均可支配收入43834元，比上年增长3.5%，扣除价格因素，实际增长1.2%。城镇居民人均可支配收入中位数40378元，增长2.9%。农村居民人均可支配收入17131元，比上年增长6.9%，扣除价格因素，实际增长3.8%。农村居民人均可支配收入中位数15204元，增长5.7%。城乡居民人均可支配收入比值为2.56，比上年缩小0.08。按全国居民五等份收入分组，低收入组人均可支配收入7869元，中间偏下收入组人均可支配收入16443元，中间收入组人均可支配收入26249元，中间偏上收入组人均可支配收入41172元，高收入组人均可支配收入80294元。全国农民工人均月收入4072元，比上年增长2.8%。

2016-2020年全国居民人均可支配收入及其增长速度

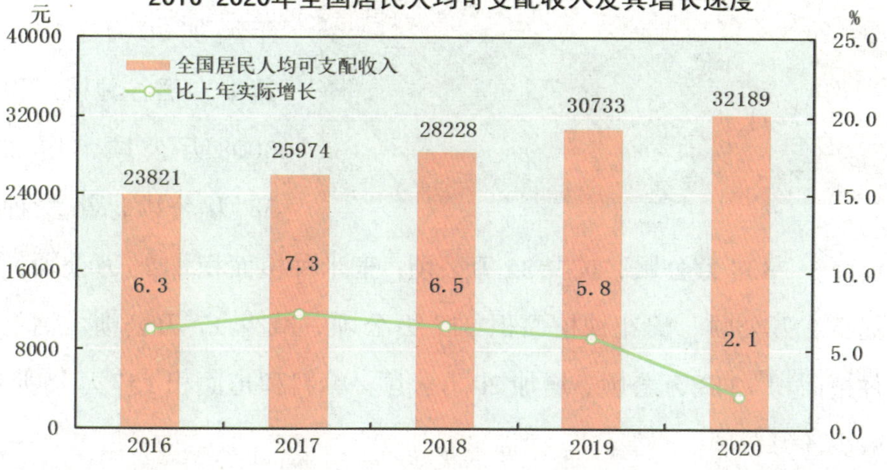

数据来源：国家统计局

一粒粒粮食，关乎家与国。

1949 年，中国粮食产量仅有 2264 亿斤。得益于深化农村改革，农业经济快速发展，至 2021 年，已连续 7 年稳定在 1.3 万亿斤以上。

据《中华人民共和国 2020 年国民经济和社会发展统计公报》，2020 年，全年粮食种植面积 11677 万公顷，比上年增加 70 万公顷。其中，稻谷种植面积 3008 万公顷，增加 38 万公顷；小麦种植面积 2338 万公顷，减少 35 万公顷；玉米种植面积 4126 万公顷，减少 2 万公顷。棉花种植面积 317 万公顷，减少 17 万公顷。油料种植面积 1313 万公顷，增加 20 万公顷。糖料种植面积 157 万公顷，减少 4 万公顷。

中国用全球 9% 的耕地养活了世界近 20% 的人口，有力回答了西方社会“21 世纪谁来养活中国”的疑问。

中国打赢脱贫攻坚战，如期实现脱贫攻坚目标任务，中国人民在创造美好生活、实现共同富裕的道路上迈出了坚实的一大步。同时，中国仍是世界上最大的发展中国家，仍面临人民日益增长的美好生活需要和不平衡不充分的发展之间的矛盾。解决发展不平衡不充分问题、缩小城乡区域发展差距、实现人的全面发展和全体人民共同富裕，仍然任重道远。

脱贫摘帽不是终点，而是新生活、新奋斗的起点。中国共产党将始终坚守为人民谋幸福、为民族谋复兴的初心和使命，始终把人民放在最高位置，为实现人的全面发展和全体人民共同富裕驰而不息、接续奋斗，不断增进人民福祉，更好满足人民对美好生活的新期待，让全体人民过上好日子。

两个百年新征程

全面建成小康社会，是中国人民的伟大光荣。从百年前受奴役受压迫到物质上富起来、精神上强起来，中国人民无比自豪地行进在中国特色社会主义道路上。幸福美好的小康生活，凝聚着中国人民的聪明才智，浸透着中国人民的辛勤汗水，淬炼了中国人民自强不息的奋斗精神，彰显了中国人民为实现梦想顽强拼搏、“敢教日月换新天”的意志品质。中国人民生活水平显著提升，道路自信、理论自信、制度自信、文化自信极大增强。中国人民是勤劳勇敢的人民，是伟大、光荣、英雄的人民。

党的十八大以来，以习近平同志为核心的党中央准确把握新发展阶段、全面贯彻新发展理念、加快构建新发展格局，中国经济沿着高质量发展新轨道阔步向前，为实现中华民族伟大复兴奠定更为坚实的物质基础。

2021 年，时值中国共产党百年华诞，中华大地上全面建成了小康社会，历史性地解决了绝对贫困问题。这是一个金光灿灿的里程碑，也是一个扬帆远航的新起点。“两个百年”交汇的新起点上，习近平总书记擘画了这样一个宏伟目标——“共同富裕”。

到 2035 年，中国将基本实现社会主义现代化。到那时，中国经济实力、科技实力、综合国力将大幅跃升，经济总量和城乡居民人均收入将再迈上新的大台阶，关键核心技术实现重大突破，进入创新型国家前列；基本实现新型工业化、信息化、城镇化、农业现代化，建成现代化经济体系；基本实现国家治理体系和治理能力现代化，人民平等参与、平等发展权利得到充分保障，基本建成法治国家、法治政府、法治社会；建成文化强国、教育强国、人才强国、体育强国、健康中国，国民素质和社会文明程度达到新高度，国家文化软实力显著增强；广泛形成绿色生产生活方式，碳排放达峰后稳中有降，生态环境根本好转，美丽中国建设目标基本实现；形成对外开放新格局，参与国际经济合作和竞争新优势明显增强；人均国内生产总值达到中等发达国家水平，中等收入群体显著扩大，基本公共服务实现均等化，城乡区域发展差距和居民生活水平差距显著缩小；平安中国建设达到更高水平，基本实现国防和军队现代化；人民生活更加美好，人的全面发展、全体人民共同富裕取得更为明显的实质性进展。

到 21 世纪中叶，中国将建成富强民主文明和谐美丽的社会主义现代化强国。到那时，中国物质文明、政治文明、精神文明、社

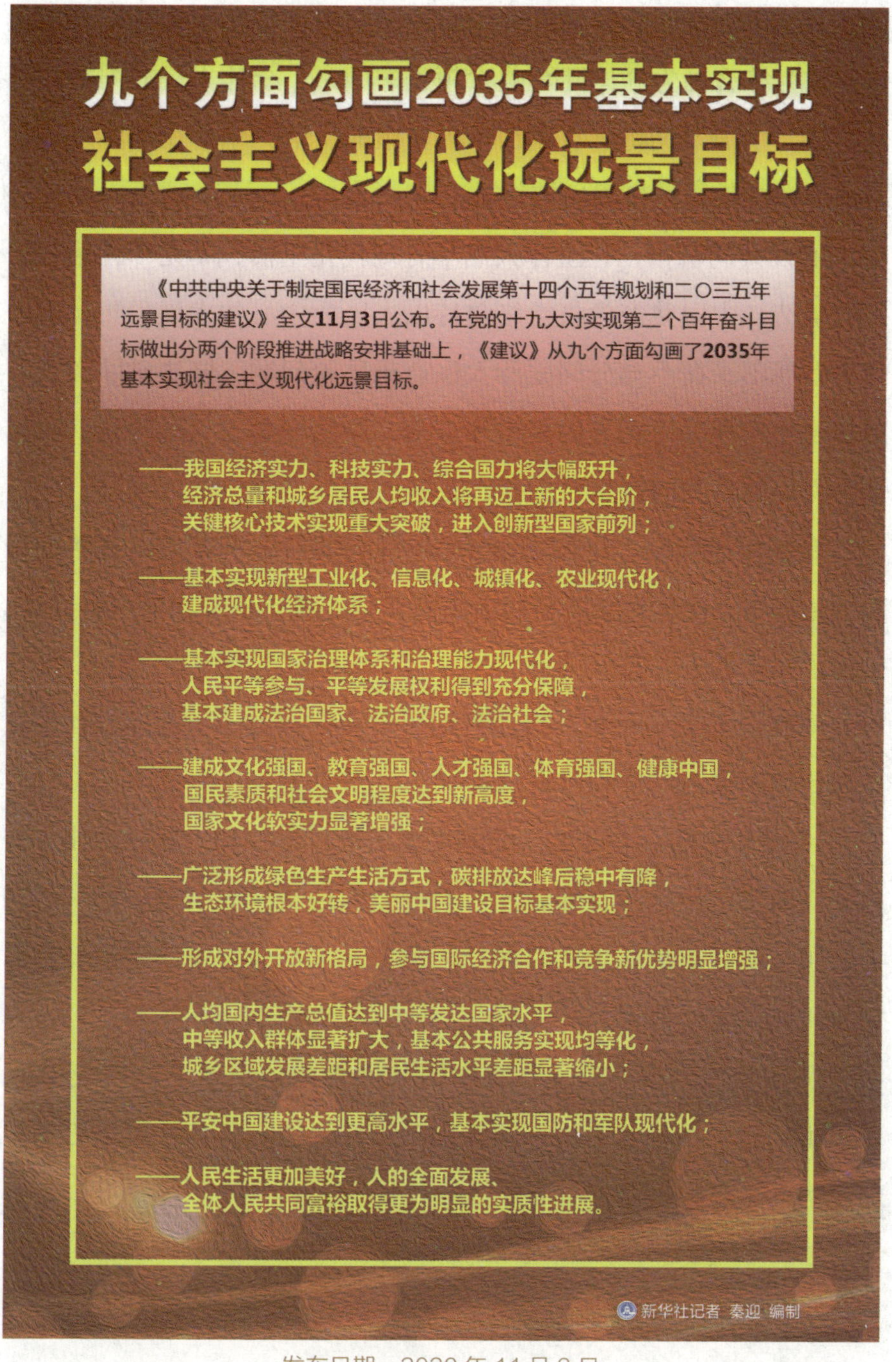

发布日期：2020 年 11 月 3 日

会文明、生态文明将全面提升，实现国家治理体系和治理能力现代化，成为综合国力和国际影响力领先的国家，全体人民共同富裕基本实现，中国人民将享有更加幸福安康的生活，中华民族将以更加昂扬的姿态屹立于世界民族之林。

实现共同富裕，让全体人民享有现代化生活，不是一件轻轻松松的事情。中国共产党将始终坚持以人民为中心的发展思想，着力解决发展不平衡不充分问题和人民急难愁盼问题，坚决破除实现共同富裕、实现公平正义的阻碍和束缚，脚踏实地，久久为功，团结带领人民朝着共同富裕目标扎实迈进。

跨越艰难险阻，中国在 2021 年继续前行：沉着应对百年变局和世纪疫情，构建新发展格局迈出新步伐，高质量发展取得新成效，实现了“十四五”良好开局。

站在“两个一百年”奋斗目标历史交汇点上，全面建设社会主义现代化国家的新征程已开启。

“如果说第一个百年，中国实现了从‘无’到‘有’的伟大跨越，面向第二个百年奋斗目标，我们要实现从‘有’到‘好’的伟大跨越，实现更加伟大的任务。”国务院发展研究中心宏观经济研究部研究员张立群说。

征途漫漫，惟有奋斗。在中国共产党坚强领导下，14 亿人民以永不懈怠的精神状态、一往无前的奋斗姿态，正信心百倍迈向更加光明的未来！

第四节
经济发展创造大国奇迹

这是中华民族伟大复兴进程中的关键时刻——

到建党一百年时建成经济更加发展、民主更加健全、科教更加进步、文化更加繁荣、社会更加和谐、人民生活更加殷实的小康社会。

回望来路，从积贫积弱到世界第二大经济体，中国经济画出不断攀升的上扬线，为全面建成小康社会奠定雄厚物质基础，在世界舞台上创造了伟大发展奇迹。

眺望前路，踏上实现第二个百年奋斗目标的新征程，中国经济巨轮正在高质量发展的航道上劈波斩浪，向着民族复兴的胜利彼岸勇往直前。

瞰中国水与电

“南水北调”——

“南水北调”即“南水北调工程”，是中华人民共和国的战略性工程，分东、中、西三条线路，东线工程起点位于江苏扬州江都水利枢纽。中线工程起点位于汉江中上游丹江口水库，供水区域为河南、河北、北京、天津四个省（市）。

工程方案构想始于 1952 年毛泽东同志视察黄河时提出的。自此，在历经分析比较 50 多种方案后，调水方案获得一大批富有价值的成果。南水北调工程规划区涉及人口 4.38 亿人，调水规模 448 亿立方米。工程规划的东、中、西线干线总长度达 4350 公里。东、中线一期工程干线总长为 2899 公里，沿线六省市一级配套支渠约 2700 公里。

2012 年 9 月，南水北调中线工程丹江口库区移民搬迁全面完成。南水北调工程主要解决我国北方地区，尤其是黄淮海流域的水资源短缺问题，规划区人口 4.38 亿人。共有东线、中线和西线三条调水线路，通过三条调水线路与长江、黄河、淮河和海河四大江河的联系，构成以“四横三纵”为主体的总体布局，以利于实现中国水资源南北调配、东西互济的合理配置格局。

南水北调中线工程、南水北调东线工程（一期）已经完工并向北方地区调水。西线工程尚处于规划阶段，没有开工建设。

南水北调工程全面通水 7 年来，已累计向北方调水近 500 亿立方米，受益人口达 1.4 亿人，40 多座大中型城市的经济发展格局因调水得到优化。

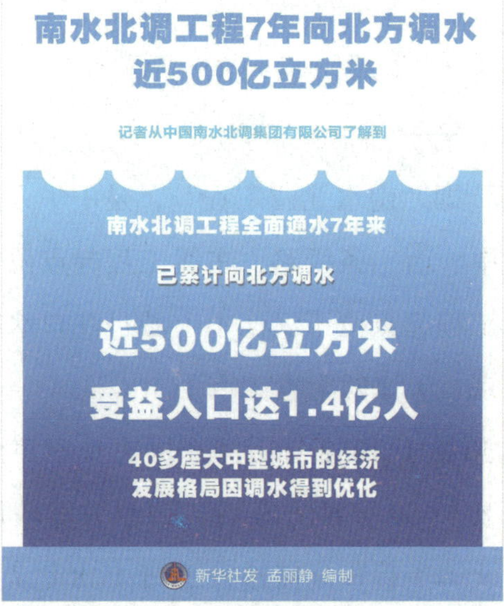

发布日期：2021 年 12 月 12 日

引黄入冀补淀工程——

引黄入冀补淀工程输水线路自河南境内黄河渠村闸引水，利用濮阳市濮清南干渠输水，穿卫河进入河北省。在河北省境内，基本利用已有河渠输水，经东风渠、老漳河、滏东排河至献县枢纽，穿滹沱河北大堤后，利用紫塔干渠、古洋河、小白河和任文干渠输水至白洋淀。

2015 年 12 月，引黄入冀补淀工程河南段开工，缓解河北用水之困。

2017 年 11 月 1 日，引黄入冀补淀工程主体工程基本完工，具备通水条件。

2017 年 11 月 16 日上午 10 时，随着位于河南省濮阳市渠村乡南湖村沉沙池进口闸闸门提起，黄河水缓缓通过引渠，进入沉沙池 2 号条渠，引黄入冀补淀工程开始试通水。

引黄入冀补淀工程河北邢台宁晋段干渠（2017 年 10 月 31 日摄）。（新华社记者 牟宇 摄）

三峡水电站——

三峡水电站，即长江三峡水利枢纽工程，又称三峡工程。中国湖北省宜昌市境内的长江西陵峡段与下游的葛洲坝水电站构成梯级电站。

三峡水电站是世界上规模最大的水电站，也是中国有史以来建设最大型的工程项目。而由它所引发的移民搬迁、环境等诸多问题，使它从开始筹建的那一刻起，便始终与巨大的争议相伴。三峡水电站的功能有十多种，航运、发电、种植等。三峡水电站 1992 年获

2018 年 4 月 13 日拍摄的三峡工程全景图。（新华社发　郑家裕 摄）

得中国全国人民代表大会批准建设，1994 年正式动工兴建，2003 年 6 月 1 日下午开始蓄水发电，于 2009 年全部完工。

三峡水电站大坝高程 185 米，蓄水高程 175 米，水库长 2335 米，静态投资 1352.66 亿元人民币，安装 32 台单机容量为 70 万千瓦的水电机组。三峡电站最后一台水电机组，2012 年 7 月 4 日投产，装机容量达到 2240 万千瓦的三峡水电站，2012 年 7 月 4 日已成为全世界最大的水力发电站和清洁能源生产基地。

特高压输电线路——

特高压输电线路是指正负 800 千伏及以上的直流电和 1000 千伏及以上交流电的电压等级输送电能。特高压输电是在超高压输电的基础上发展的，其目的仍是继续提高输电能力，实现大功率的中、远距离输电，以及实现远距离的电力系统互联，建成联合电力系统。

2022 年 3 月 10 日，安徽送变电工程有限公司检修工人在高空巡检。（新华社记者 刘军喜 摄）

正负 800 千伏直流特高压输电能力是正负 500 千伏线路的两倍多。1000 千伏特高压交流输电线路输送功率约为 500 千伏线路的 4–5 倍。同时，特高压交流线路在输送相同功率的情况下，可将最远送电距离延长 3 倍，而损耗只有 500 千伏线路的 25%—40%。输送同样的功率，采用1000千伏线路输电与采用500千伏的线路相比，可节省60%的土地资源。到2020年前后，国家电网特高压骨干网架基本形成，国家电网跨区输送容量将超过2亿千瓦，占全国总装机容量的20%以上。届时，从周边国家向中国远距离、大容量跨国输电将成为可能。

对于特高压电网的经济性，专家分析：到2020年，通过特高压可以减少装机容量约2000万千瓦，节约电源建设投资约823亿元，每年可减少发电煤耗2000万吨。北电南送的火电容量可以达到5500万千瓦，同各区域电网单独运行相比，年燃煤成本约降低240亿元。

大亚湾核电站——

大亚湾核电站位于中国广东省深圳市大鹏新区大鹏半岛（北纬22°36′33.28″，东经114°33′08.30″），离香港尖沙咀直线距离51公

2009年9月25日拍摄的大亚湾核电基地岭澳核电站一期。（新华社记者 卢汉欣 摄）

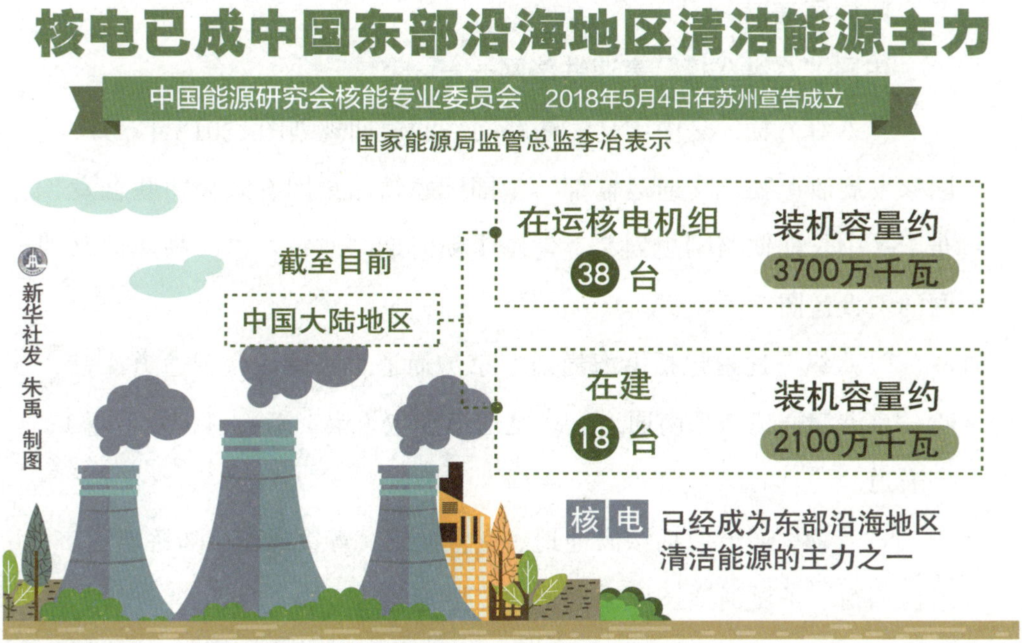

发布日期：2018 年 5 月 4 日

里，由广东核电投资有限公司和香港核电投资有限公司合资建设与运营，隶属中国广核集团管辖，拥有两台百万千瓦级压水堆机组，所生产电力 80% 供应香港，20% 供应广东。

电站于 1987 年开工建设，1994 年 2 月，1 号机组投入商业运行；同年 5 月，2 号机组投入商业运行。此后，在大亚湾核电站之侧又建设了岭澳核电站，两者共同组成一个大型核电基地。

大亚湾核电站是中国大陆第一座大型商用核电站，也是中国大陆首座使用国外技术和资金建设的核电站。

2016 年 11 月，大亚湾公司获得第十六届全国质量奖。

截至 2018 年 12 月 31 日，大亚湾核电基地累计上网电量达 7098.48 亿千瓦时，其中对港供电累计达 2488.18 亿千瓦时。

瞰中国速度

中国“八纵八横”高速铁路网——

“八纵八横”是中国高速铁路网络的短期规划图。2016年7月，国家发展改革委、交通运输部、中国国家铁路集团有限公司联合发布了《中长期铁路网规划》，勾画了新时期“八纵八横”高速铁路网的宏大蓝图。

“八纵”通道包括沿海通道、京沪通道、京港（台）通道、京哈—京港澳通道、呼南通道、京昆通道、包（银）海通道、兰（西）广通道。

“八横”通道包括绥满通道、京兰通道、青银通道、陆桥通道、沿江通道、沪昆通道、厦渝通道、广昆通道。

2018年12月25日，“八纵八横”高铁网中最北“一横”的重要组成部分哈牡高铁正式开通运营。

“五纵七横”国道主干线——

“五纵七横”国道主干线总规模约3.5万公里，贯通首都、各省省会、直辖市、经济特区、主要交通枢纽和重要对外开放口岸，约覆盖全国城市总人口的70%。连接了全国所有人口在100万人以上的特大城市和93%的人口在50万人以上的大城市。“五纵七横”国道主干线工程是我国规划建设的以高速公路为主的公路网主骨架，总里程约3.5万公里。“五纵”指同江—三亚、北京—珠海、重庆—北海、北京—福州、二连浩特—河口。“七横”指连云港—霍尔果斯、上海—成都、上海—瑞丽、衡阳—昆明、青岛—银川、丹东—拉萨、绥芬河—满洲里。

中国高速公路——

1970 年，中国台湾兴建北起基隆、南至高雄南北高速公路，于 1978 年 10 月竣工通车，全长 373 公里。

1984 年 6 月 27 日，沈阳至大连高速公路（最初为一级公路标准）动工建设，为中国大陆第一条开工兴建的高速公路，并先于中国首条规划的京津塘高速公路施建。

1988 年 10 月 31 日，沪嘉高速公路建成通车，为中国大陆首条投入使用的高速公路。

2004 年 12 月 17 日，国务院讨论通过《国家高速公路网规划》，于次年 1 月 13 日公布“7918”工程。

2013年6月20日，中华人民共和国国新办新闻发布厅公布《国家公路网规划（2013年—2030年）》，中国国家高速公路网改为“71118”工程（即7条首都放射线、11条南北纵线、18条东西横线）；11月21日，中国首条重载高速公路内蒙古准兴高速公路建成通车，全长265公里，可承载100吨重货车，设计每年货运量1.5亿吨。

2018年12月28日，中国高速公路总里程已突破14万公里，位居全球第一。

第二章

数说民主更加健全

中国的民主是人民民主，人民当家作主是中国民主的本质和核心。党的十八大以来，党深化对中国民主政治发展规律的认识，提出全过程人民民主重大理念并大力推进，民主价值和理念进一步转化为科学有效的制度安排和具体现实的民主实践。全过程人民民主，实现了过程民主和成果民主、程序民主和实质民主、直接民主和间接民主、人民民主和国家意志相统一，是全链条、全方位、全覆盖的民主，是最广泛、最真实、最管用的社会主义民主。

评价一个国家政治制度是不是民主的、有效的，主要看国家领导层能否依法有序更替，全体人民能否依法管理国家事务和社会事务、管理经济和文化事业，人民群众能否畅通表达利益要求，社会各方面能否有效参与国家政治生活，国家决策能否实现科学化、民主化，各方面人才能否通过公平竞争进入国家领导和管理体系，执政党能否依照宪法法律规定实现对国家事务的领导，权力运用能否得到有效制约和监督。

经过不懈努力，中国共产党团结带领人民走出了中国特色社会主义政治发展道路，民主从价值理念转变为扎根中国大地的制度形态和治理机制，成为全面建成小康社会的重要制度保障，也为民族复兴筑牢政治根基。

第一节
人民民主不断扩大

全面小康，既有效保障人民经济权利，也有效保障人民政治权利。党领导人民走中国特色社会主义政治发展道路，坚持党的领导、人民当家作主、依法治国有机统一，发展全过程人民民主，民主从价值理念成为扎根中国大地的制度形态、治理机制和人民的生活方式。中国人民当家作主，依法享有广泛、充分、真实的民主，真正成为国家、社会和自己命运的主人。

中国式民主的制度保障

人民代表大会制度，为中国共产党领导人民有效治理国家提供了重要制度保障。截至2020年年底，全国共有人大代表262万名，其中县乡两级人大代表占代表总数的94.5%。人大代表充分发挥植根人民的优势，依法认真履职尽责，通过各种形式和渠道听取和反映人民群众的意见建议。一年一度的各级人民代表大会会议，乡、县、市、省、全国自下而上、逐级召开，使得人民群众意愿和呼声能够真实反映、向上传递。改革开放以来，每年的全国人大会议上，近3000名全国人大代表共商国家发展大计、共议民生热点问题，党和国家领导人当面倾听意见建议，让人民的所思所盼融入国家发展顶层设计。

中国人民政治协商会议是中国人民爱国统一战线的组织。全国政协设34个界别，由中国共产党、各民主党派、无党派人士、人民团体、各少数民族和各界的代表，香港特别行政区同胞、澳门特别行政区同胞、台湾同胞和归国侨胞的代表以及特别邀请的人士组成。全国政协十三届一次会议共有委员 2100 多人，其中非中共党员占 60.2%。

实行民族区域自治，从制度和政策层面保障了少数民族公民享有平等自由权利以及经济、社会、文化权利。155 个民族自治地方的人民代表大会常务委员会中，均由实行区域自治民族的公民担任主任或者副主任；民族自治地方政府的主席、州长、县长或旗长，均由实行区域自治的民族的公民担任。

民主监督和民主管理

实行民主监督，由村（居）民推选产生村（居）务监督委员会，监督村（社区）事务和村（居）务公开制度落实。截至 2020 年年底，50.3 万个行政村全部建立了村民委员会，11.2 万个社区全部建立了居民委员会。

企业工会委员会是职工代表大会的工作机构，现阶段，中国共有 280.9 万个基层工会组织，覆盖 655.1 万个企事业单位。

几十年来，中国适时修改选举法，选举全国人大代表，农村和城市每位代表所代表的人口比例从新中国成立初期的 8∶1，到 1995 年的 4∶1，再到 2010 年的 1∶1，逐步实现了城乡人口的平等选举。人们的民主意识不断增强，参选率不断提高。改革开放以来，中国先后进行 12 次乡级人大代表直接选举、11 次县级人大代表直接选举，选民参选率均保持在 90% 左右。

企事业单位民主管理。全国超过 1.5 亿市场主体自主经营、自我管理、活力迸发，承载7亿多人就业，推动了中国经济总量、国家财力和社会财富稳定增长。截至2021年12月，全国已建工会企业中，建立职工代表大会的企业有314.4万家，其中，非公有制企业293.8万家，占93.4%。

截至2021年11月，各级民政部门共登记社会组织超过90万家，其中全国性社会组织2284家。形式多样的社会组织成为人民民主管理的重要领域。

中国建成世界上规模最大的社会保障体系，基本医疗保险覆盖超过13亿人、基本养老保险覆盖超过10亿人。中国全面建成小康社会，14亿多人民彻底摆脱了绝对贫困，正迈向共同富裕。

今天的中国，人们自

发布日期：2022年3月10日

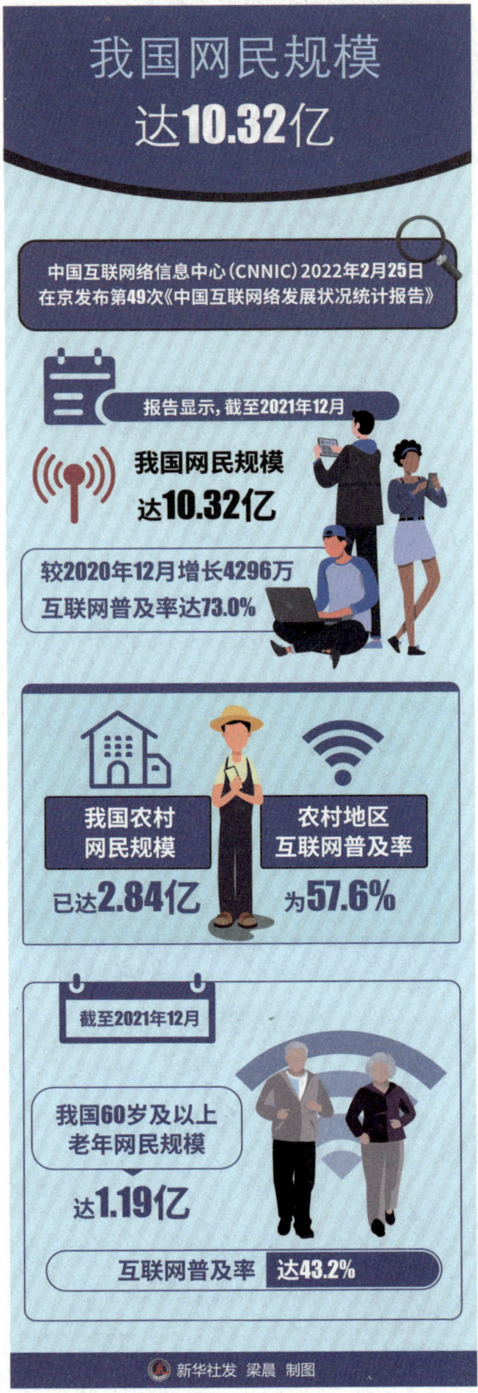

由自在地穿梭于城乡之间、城市之间；每天有1.6万户企业诞生；10亿网民通过网络了解天下大事、进行交流、表达观点……中国社会开放自由，但始终保持了社会团结和谐、稳定有序。

近年来，中国人民对中国政府的满意度每年都保持在90%以上，这是中国民主具有强大生命力最真实的反映。

第十三届全国人民代表大会代表中，一线工人、农民代表占15.7%，56个民族都有本民族代表。政协第十三届全国委员会委员中，非中共委员占60.2%。妇女参与决策和管理的比例越来越高，第十三届全国人民代表大会有女代表742人，占24.9%；政协第十三届全

全国人民代表大会代表人数（人）

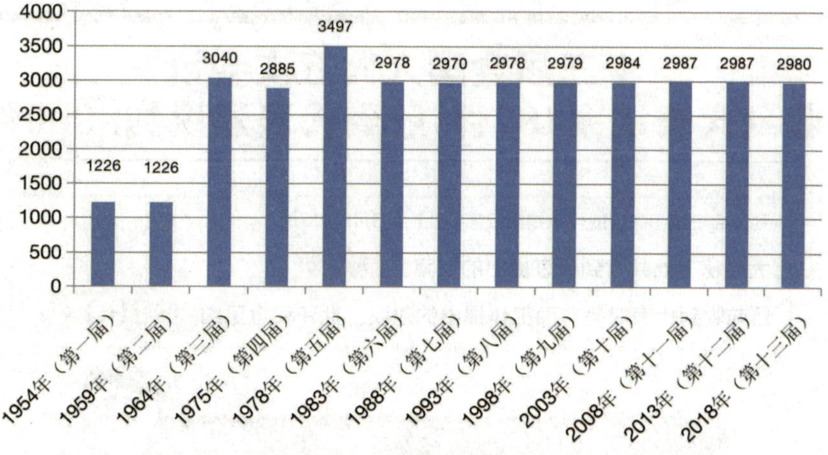

数据来源：国家统计局

国委员会有女委员 441 人，占 20.4%。

党的十八大以来，共有 187 件次法律草案向社会征求意见，有约 110 万人次提出 300 多万条意见建议，许多重要意见得到采纳。《民法典》编纂过程中，先后 10 次向社会公开征求意见，共收到 42.5 万人提出的 102 万余条意见。“十四五”规划编制工作开展网上征求意见时，短短两周时间，累计收到超过 101.8 万条建言。

党的十八大以来，中共中央召开或委托有关部门召开政党协商会议 170 余次，就中国共产党全国代表大会和中央全会报告制定“十四五”规划建议等重大问题同党外人士真诚协商、听取意见。各民主党派中央、无党派人士提出书面意见建议 730 余件，许多转化为国家重大决策。自全国政协十三届一次会议至 2021 年 6 月，全国政协共收到提案 23089 件。

脱贫攻坚期间，中共中央委托各民主党派中央分别对口 8 个脱贫攻坚任务重的中西部省区，开展脱贫攻坚民主监督工作。各民主

十三届全国人大五次会议 收到代表议案487件 收到代表建议约8000件

到大会主席团决定的代表提出议案截止时间3月8日12时

大会秘书处共收到代表提出的议案 **487件**

目前收到代表对各方面工作提出的建议、批评和意见约 **8000件**

今年代表提出的议案绝大多数为法律案，共有474件

呈现出三个特点

- 紧跟党中央重大决策部署，完善国家治理急需的重要法律制度
- 聚焦人民群众所思所盼，完善满足人民群众对美好生活向往的法律制度
- 紧密结合全国人大常委会工作要点和立法计划，推动在确保质量的前提下加快立法工作步伐

代表建议关注比较多的问题主要有

- 深入实施区域重大战略，推进区域协调发展
- 巩固拓展脱贫攻坚成果，促进乡村全面振兴
- 加快转变政府职能，打造市场化法治化国际化营商环境
- 提升科技创新能力，提升制造业核心竞争力
- 推动数字经济平稳健康发展
- 推动高标准农田建设，保障粮食等农产品供给安全
- 加强生态环境综合治理，落实碳达峰行动方案
- 进一步减轻义务教育阶段学生作业负担和校外培训负担，促进职业教育健康发展
- 提高医疗卫生服务能力，完善跨省异地就医直接结算制度
- 严厉打击拐卖妇女儿童违法犯罪行为
- 加快重点领域立法，推进法治政府建设

新华社发 施鳗珂 编制

发布日期：2022年3月9日

党派共有 3.6 万余人次参与脱贫攻坚民主监督工作，向对口省区各级党委和政府提出意见建议 2400 余条，向中共中央、国务院报送各类报告 80 余份。

丰富多彩的人民民主生活

人民的民主生活丰富多彩。民主恳谈会、听证会、网络议政、远程协商、“立法直通车”“小院议事厅”“板凳民主”等，一个个火热的基层民主实践、一个个别具特色的基层民主形式不断涌现，民事民议、民事民定、民事民办渐成风气。

人民民主有制度保障。以人民代表大会制度这一根本政治制度，中国共产党领导的多党合作和政治协商制度、民族区域自治制度、基层群众自治制度等基本政治制度为主要内容的人民当家作主制度体系，为维护人民利益奠定了坚实制度基础。

2016—2017 年，中国县乡两级人大顺利完成新一轮换届选举工作，9 亿多选民投下神圣的一票，参加了世界上规模最大的基层选举。选举工作涉及全国 2850 多个县（市、区）、32000 多个乡镇，

2021 年 11 月 19 日，政协委员、政府部门代表、物业代表等在广州市政协“有事好商量”民生实事协商平台齐聚一堂，围绕加强装修垃圾管理议题展开协商。（新华社发　庄小龙 摄）

直接选举产生了247.8万名县乡两级人大代表，在此基础上选举产生了新一届县乡两级国家机关领导人员。

基层立法联系点是汇聚民意民智的“直通车”，一头连着国家权力机关，一头连着基层群众，不仅有效地推动了精细立法、科学立法，并且正在向监督执法、促进守法、宣传普法不断深化。2015年设立第一批基层立法联系点以来，截至2021年10月，全国人大常委会法工委共设立了20多个基层立法联系点，涉及21个省（区、市），覆盖2/3省份。各基层立法联系点共对127部法律草案、立法工作计划等提出近7800条意见建议。

新冠肺炎疫情暴发以来，基层群众自治组织积极配合基层政府，构筑起社区疫情防控的坚强防线。全国65万个城乡社区、400多万名城乡社区工作者奋战在社区疫情防控第一线，组织动员社区志愿者、下沉党员干部、驻社区单位工作人员等工作力量，开展人员摸排、小区出入口值守、环境消毒、关爱保障等工作，人人参与抗击疫情，为打赢疫情防控阻击战作出了重要贡献。

人民群众通过特定程序选任为人民监督员，对案件公审、公开听证、巡回检察、法律文书宣告送达、案件质量评查、司法规范化检查等提出意见建议，有序参与司法过程，监督人民检察院办案活动。2003年以来，检察机关和司法行政机关先后选任人民监督员7万余人次，目前在任2.3万余人，监督案件6万余件。

2020年5月28日，十三届全国人大三次会议表决通过《中华人民共和国民法典》，自2021年1月1日起施行。《民法典》是新中国第一部以“法典”命名的法律，共7编、1260条，各编依次为总则、物权、合同、人格权、婚姻家庭、继承、侵权责任，以

长安区五台街道医护人员、各级干部、志愿者等近 300 名工作人员坚守抗疫一线，严格落实疫情防控各项规定，有序组织核酸检测，积极提供生活服务，与村民群策群力共同阻击疫情。图为 2021 年 12 月 30 日，西安市长安区五台街道石砭峪新村的村民排队进行核酸检测。（新华社记者　张博文　摄）

及附则。《民法典》通篇贯穿以人民为中心的发展思想，着眼于满足人民对美好生活的需要，对公民的人身权、财产权、人格权等作出明确规定，体现了对人民权利的充分保障，被誉为“新时代人民权利的宣言书”。

中国多个地方建立了“街乡吹哨、部门报到”“马上即办”“接诉即办”等解民忧工作体系，形成了听取、分类、交办、反馈、督查的快速高效工作流程，真正做到了民有所呼、我有所应，及时高效解决了群众身边的操心事、烦心事、揪心事。

12345 政务服务便民热线（简称“12345 热线”），是中国各地市政府设立的由电话“12345”、市长信箱、手机短信、手机客户端、微博、微信等方式组成的专门受理热线事项的公共服务平台，

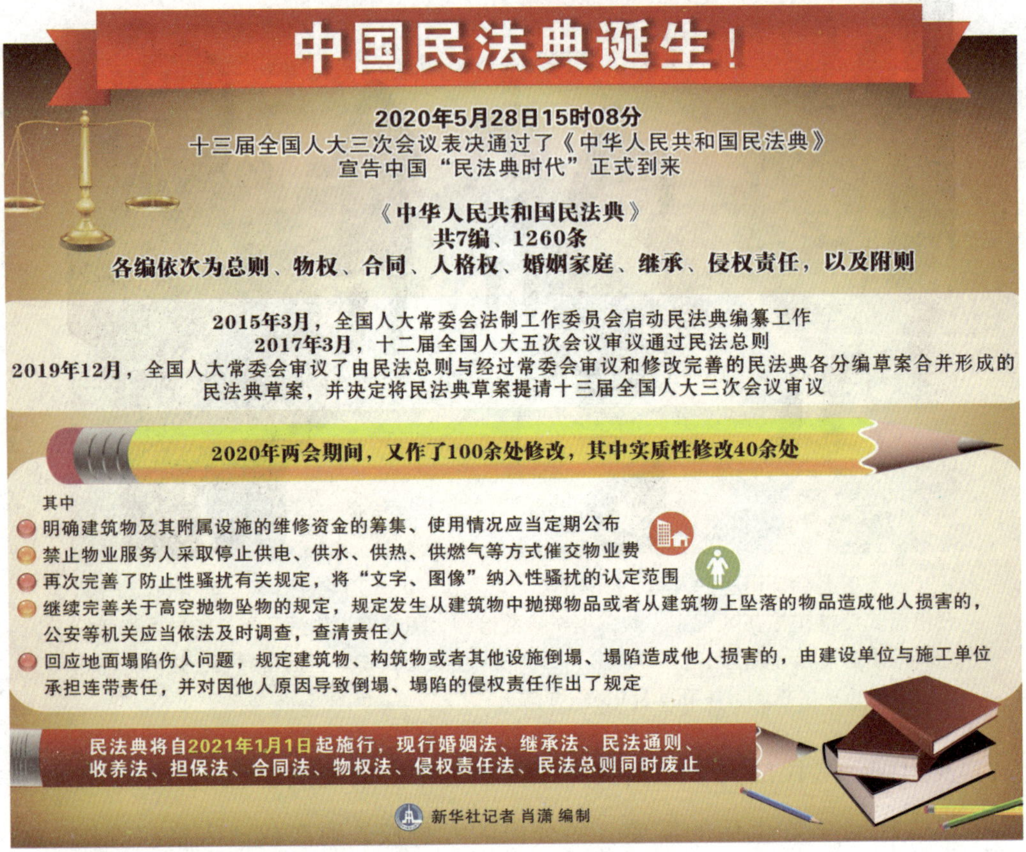

提供“7×24小时”全天候人工服务。近年来，全国各地12345热线总体接通率逐年上升，成为人民群众的空中纾困热线。2020年，全国各地12345热线平均接通率为72.31%，平均接通时长为16.20秒。12345热线通过人人起来负责、共同监督的方式，提高了政府为民服务水平，维护了人民的合法权益。

人民网“领导留言板”是为国家部委和地方各级党委政府主责领导干部搭建的全国性网上群众工作平台，自2006年设立以来，共持续促成近280万项民情民意得到各地各部门回应和落实。

第二节
切实保障人民各项权利

在全面建成小康社会进程中，中国共产党和中国政府践行以人民为中心的发展思想，以更大的力度、更实的措施发展全过程人民民主，维护社会公平正义，确保人民依法享有更加广泛、更加充分、更加真实的权利和自由。

拓展人民民主权利

坚持人民主体地位，发展完善人民代表大会制度以及中国共产党领导的多党合作和政治协商制度、基层群众自治制度，丰富民主形式，拓宽民主渠道，人民民主权利得到切实保障。

民主选举有序发展。城乡按相同人口比例选举人大代表，保证各地区、各民族、各方面都有适当数量的代表。县级及以下人大代表实行直接选举，强调保障人民选举权和被选举权，确保选举工作风清气正、选举结果人民满意。2016 年开始的县乡两级人民代表大会换届选举中，登记选民 10 亿多人，直接选举产生近 248 万名县乡两级人大代表。全国共有五级人大代表 262 万多名。

社会主义协商民主稳步健全。推动协商民主广泛多层制度化发展，不断规范协商内容、协商程序，以事关经济社会发展全局和涉及群众切身利益的实际问题为内容，开展广泛协商。发挥人民政协作为社会主义协商民主的重要渠道和专门协商机构作用，推动协商履职成果更好运用。2012 年 1 月至 2021 年 6 月，全国政协共收到

58768 件提案、48496 件立案，大多数提案的建议得到采纳和落实。

基层群众自治不断完善。修订城市居民委员会组织法、村民委员会组织法，进一步完善和规范居委会、村委会成员的选举和罢免程序。全国农村已普遍开展 10 轮以上村委会换届选举，98% 以上的村委会依法实行直接选举，村民参选率达 95%。拓展流动人口有序参与居住地社区治理渠道。在脱贫攻坚中，特别注重健全村民自治机制，凡是涉及脱贫攻坚惠民政策的落实、惠民资金的分配使用、民生工程项目的建设，都广泛开展议事协商，凝聚群众共识，取得群众支持。以职工代表大会为基本形式的企事业单位民主管理制度不断健全，目前全国已有 29 个省（区、市）制定了 36 个有关企业民主管理的地方性法规，保障职工参与管理和监督的民主权利，维护职工合法权益。

知情权、参与权、表达权、监督权得到切实保障。实行审计结果公告制度，制定修改政府信息公开条例，提升政府信息公开水

2017 年 12 月 29 日，安徽省淮北市市场监管部门工作人员在超市为消费者进行蔬菜现场检测。（新华社发　李鑫　摄）

平，保障公民知情权。“互联网 + 政务服务”服务能力持续提升。通过推行“一网通办”，全国一半以上行政许可事项办理时限缩短40% 以上，省级行政许可事项网上受理和“最多跑一次”比例超过 82%，50 个高频服务事项和 200 个便民服务实现“跨省通办”。根据《2020 年联合国电子政务调查报告》，中国电子政务服务的在线服务指数与电子参与水平均列全球第 9 位，进入领先行列。推进民主立法，完善立法座谈论证、法律草案公开征求意见等制度，使每一项立法反映人民意志。截至 2020 年，十三届全国人大常委会已就 87 件次法律草案公开征求意见。不断健全依法决策机制，将公众参与、专家论证、风险评估、合法性审查、集体讨论确定为重大行政决策的法定程序，提高决策民主化水平。完善公开透明、高效便捷的诉求表达渠道，实行网上受理信访制度，广泛汇集社情民意，依法及时就地解决公民合理诉求，保障公民有序参与公共事务管理，监督国家机关依法行使职权。2018—2020 年，十三届全国人大常委会共听取和审议“一府一委两院”工作报告 52 个，共对 19 部法律和决定的实施情况进行检查，围绕“十四五”规划纲要编制、精准脱贫、污染防治、社会保险制度改革等内容开展 18 次专题调研，开展 8 次专题询问。把握政协民主监督性质定位，加强和改进政协民主监督工作，突出政协民主监督重点、丰富政协民主监督方式，不断完善民主监督的组织领导、权益保障、知情反馈和沟通协调机制，寓监督于协商之中，更好发挥协商式监督优势作用。推进监察体制改革，依法全方位加强对所有行使公权力的公职人员的监督。不断完善人民陪审员、人民监督员制度，保障公民参与司法、监督司法的权利。

保障人身权利

尊重人格尊严和价值，依法保护公民的人身权利和自由。

人员流动更加便利

不断推进户籍制度改革，实行城乡统一的户口登记制度，促进有能力在城镇稳定就业的常住人口有序实现市民化，更好保障人民公平享有民生权利。2020年，全国户籍人口城镇化率达到45.4%，比2012年提高10.1个百分点。2010年以来，共为1500余万无户口人员办理了落户，基本解决全国无户口人员登记户口问题。

公民人身自由得到尊重和保护。非由法律规定、非经法定程序不得剥夺、限制公民人身自由。十二届全国人大常委会2013年通过关于废止有关劳动教养法律规定的决定，十三届全国人大常委会2019年通过关于废止有关收容教育法律规定和制度的决定，国务院2020年废止《卖淫嫖娼人员收容教育办法》，废除劳动教养和收容教育制度，彰显国家尊重和保障人权的宪法精神及依法保障公民人身自由的人权理念。

严格依法保护个人信息安全和隐私。颁布实施《民法典》，加强人格权保护。加强数据安全和个人信息安全保护，加大对侵犯公民个人信息行为的打击力度。2016年以来，通过开展专项行动依法办理一批涉嫌侵犯公民个人信息案的事件，泄露公民个人信息案事件得到有效遏制。2019年在全国范围开展App违法违规收集使用个人信息保护专项治理工作，重点治理无隐私政策、捆绑授权和强制索权、未经同意收集使用个人信息等突出问题，App 隐私政策透明度大幅提升。2021 年 3 月，国家网信办等四部门联合发布《常见类型移动互联网应用程序必要个人信息范围规定》，明确 39 类常见类型移动应用程序必要个人信息范围。2021 年 5—7 月，相关部门共组织对 12 种常见类型、用户下载量大的 1035 款 App 开展专项检测评估，对存在严重违法违规问题的 351 款 App 进行公开通报，对未在规定时限内整改的 52 款 App 依法依规采取下架处罚措施，违法违规收集使用个人信息行为逐步减少。

依法审理手机应用擅自读取用户通讯录信息、网络信用平台滥用个人征信数据等案件，准确适用“通知—删除”规则，对散发诽谤他人言论的网络平台，根据受害人请求责令删除相关信息。2019—2020 年，全国各级人民法院一审审结网络侵权责任纠纷案件分别为 4059 件、4058 件。检察机关将个人信息保护作为拓展公益诉讼案件范围的新领域重点部署推进，加强对公民个人信息保护。

依法严厉打击电信网络诈骗违法犯罪

依法严厉打击电信网络诈骗违法犯罪，严惩侵犯公民个人信息犯罪，加大个人隐私保护力度。2017—2020 年，全国各级人民法院一审审结侵犯公民个人信息的刑事案件数量分别为 1393 件、2315 件、2627 件、2558 件，一审审结隐私权纠纷案件数量分别为 273 件、292 件、331 件、395 件。

切实保障被羁押人和罪犯的合法权益。规范强制措施，减少羁押性强制措施的适用，实行看守所在押人员入所权利义务告知制度，建立在押人员投诉调查处理机制。完善相关法律制度，保障被羁押人的人格尊严及律师会见、申诉、医疗等合法权利。深化狱务公开，强化检察监督和执法监督，保障罪犯合法权利不受侵犯。实行人文关怀，开展罪犯离监探亲活动。制定实施社区矫正法，坚持依法管理与尊重保障人权相统一，监督管理与教育帮扶相统一，对符合条件的社区矫正对象落实最低生活保障，提供临时救助和社会保险、就业就学等政策，依法保障社区矫正对象的合法权益。截至2020年，已累计接收社区矫正对象537万人，累计解除矫正473万人，在册社区矫正对象64万人，社区矫正对象在矫正期间再犯罪率一直处于0.2%的较低水平。健全完善刑满释放人员救助管理制度，落实社会救助和就业安置措施，促进刑满释放人员顺利融入社会。

保障个人财产权

健全以公平为核心原则的产权保护制度。清理有违公平的法律法规条款，加强对各种所有制经济组织和自然人财产权的保护，鼓励、支持和引导非公有制经济发展，保证各种所有制经济依法平等使用生产要素、公平参与市场竞争、同等受到法律保护。宪法规定公民的合法私有财产不受侵犯，国家依照法律规定保护公民的私有财产权和继承权。《民法典》明确规定对所有财产权平等保护，强化对个人信息、数据和网络虚拟财产等的保护，完善了权利保护和救济规则，形成有效的权利保护机制，公民财产权法治保障水平不断提升。

为优化营商环境提供法治保障。毫不动摇地坚持鼓励、支持、引导非公有制经济发展的一系列方针政策，依法打击侵犯民营企业及经营者合法权益的犯罪，依法保护民营企业自主经营权，以及企业经营者人身、财产安全。坚持刑法的谦抑性，严格规范涉及民营企业的执法司法行为，坚决禁止刑事执法介入经济纠纷，依法准确适用强制措施，最大限度减少对企业正常生产经营活动的影响。最高人民法院、最高人民检察院先后发布一系列涉及民营企业司法保护指导性案例和典型案例，指导各级司法机关依法办案。

加大知识产权保护力度。加强知识产权保护和运用，健全技术创新激励机制。完善体现知识产权价值的侵权损害赔偿制度，进一步彰显激励和保护创新的鲜明态度，净化市场竞争环境，促进创新发展。在北京、上海、广州设立知识产权法院，通过审理重大典型案件，确立裁判规则，统一裁判标准，加大对知识产权侵权行为的惩治力度，着力解决侵权成本低、维权成本高等问题。最高人民检察院设立知识产权检察办公室，统一指导履行知识产权刑事、民事、

行政检察职能，构建知识产权全方位综合性司法保护机制。加强国际知识产权执法司法对话、交流与合作，推动构建更加公平合理的知识产权国际规则。

加强人权司法保障

深化司法体制改革，全面落实司法责任制，完善律师执业权利保障制度，加强对司法活动的监督，维护人民权益，努力让人民群众在每一个司法案件中都感受到公平正义。

稳步推进司法体制改革。2014年中共十八届四中全会通过《中共中央关于全面推进依法治国若干重大问题的决定》，全方位改革司法体制，保证公正司法，提高司法公信力。全面落实司法责任制改革，健全有序放权、科学配权、规范用权、严格限权的司法管理体制和司法权力运行体系。优化司法职权配置，深化以审判为中心的刑事诉讼制度改革，强化检察机关法律监督职能，充分发挥诉讼程序制约作用，完善执法司法权力运行程序、行使方式、责任要求，健全执法司法机关之间工作衔接机制，健全公安机关、检察机关、审判机关、司法行政机关分工负责、各司其职，侦查权、检察权、审判权、执行权相互配合、相互制约的体制机制，构建各尽其职、配合有力、制约有效的工作体系。

健全司法人员依法履职保护机制。建立健全领导干部干预司法活动、插手具体案件处理和司法机关内部人员过问案件的记录通报和责任追究制度，保障司法机关和司法人员依法办理案件不受行政机关、社会团体和个人的干涉。规范司法人员考评考核和责任追究、惩戒办法，明确法官、检察官依法履行法定职责的行为不受法律追

究，非因故意违反法律、法规或者有重大过失导致裁判结果错误并造成严重后果的，不承担错案责任；非因法定事由、非经法定程序，不得将法官、检察官调离、免职、辞退或者作出降级、撤职等处分。

建立健全司法人员受到侵害救济保障机制和不实举报澄清机制，坚决打击侵害司法人员合法权益的行为，推动形成尊重司法裁判、维护司法权威的社会氛围。完善抚恤优待办法，为法官、检察官的人身、财产等权益提供与其职业风险相匹配的保障。

坚决纠正和防范冤错案件。建立健全错案发现、纠正、防范和责任追究机制，坚持程序公正和实体公正相统一，坚持严格公正司法，坚持罪刑法定、无罪推定、证据裁判，严禁刑讯逼供、体罚虐待，严格实行非法证据排除规则，坚持实事求是、有错必纠，落实国家赔偿制度，加强人权司法保障。2019—2020年，全国各级人民法院分别按照审判监督程序再审改判刑事案件1774件、1818件；依法宣告637名、656名公诉案件被告人和751名、384名自诉案件被告人无罪；审结国家赔偿案件18164件、18433件，保障赔偿请求人合法权益。2020年1月至2021年6月，各级检察机关通过审判监督程序提出刑事抗诉1325件，同期法院改判685件、发回重审134件；提出刑事再审检察建议616件，同期法院改判214件、发回重审6件。“张氏叔侄强奸杀人案”“于英生杀妻案”“陈满故意杀人案”等一批重大冤错案件得到依法纠正。

加强对执业律师权利的保障。完善律师执业权利保护制度，印发《关于依法保障律师执业权利的规定》等文件，对保障律师会见、阅卷、调查取证以及庭审中的发问、质证、辩论辩护等各项诉讼权利作出全面规定，健全完善了律师执业权利救济机制和责任追究机制。最高人民法院、最高人民检察院、公安部、国家安全部、司法部和全国律协建立了维护律师执业权利快速联动处置机制，畅通律师维权通道，确保律师权利被侵犯后能够得到及时有效救济。全国律协、省级和设区的市级律师协会全部设立维护律师执业权利中心，专门负责维护律师执业权利工作。最高人民检察院开展保障律师执业权利专项监督活动，监督纠正执法司法机关阻碍律师依法行使诉讼权利问题，保障诉讼活动顺利进行。截至 2020 年，全国共有律师事务所 3.4 万多家，律师 52.2 万多人。

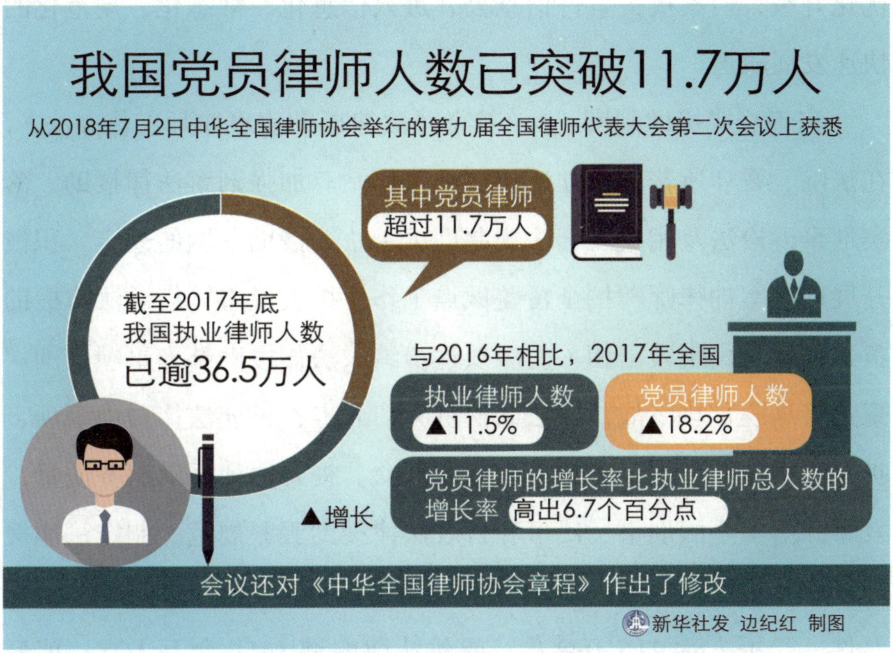

全面推进阳光司法。深入推进审判公开、检务公开、警务公开和狱务公开，依法及时公开执法司法依据、程序、流程、结果和生效法律文书。推进智慧司法建设，执法司法信息化水平不断提升，保障当事人获得更为高效便捷的诉讼服务。截至 2020 年，全国 98% 的法院建成了信息化程度较高的诉讼服务体系，为当事人提供全方位的诉讼服务；98% 的法院开通诉讼服务网，为当事人、律师提供网上预约立案、案件查询、卷宗查阅、电子送达等服务。

全国检察机关自2014年10月1日部署应用案件信息公开系统以来，截至2021年6月30日，“案件信息公开网”已导出案件程序性信息15023598件、发布重要案件信息1142802件、公开法律文书6597917件，接受辩护与代理网上预约558872人次。2019年，“案件信息公开网”统一并入“12309中国检察网”，网上服务进一步优化升级，检察机关案件信息公开进入信息化、常态化、规范化的快速发展轨道。

完善法律援助制度。发布实施《法律援助值班律师工作办法》，在法院、看守所普遍设立法律援助工作站。加强刑事法律援助，落实刑事诉讼法及相关配套法规制度关于法律援助范围的规定，积极开展刑事案件律师辩护全覆盖试点工作。扩大民事、行政法律援助覆盖面，与民生紧密相关的事项逐步纳入法律援助补充事项范围。聚焦打赢脱贫攻坚战，以法治扶贫为切入点，扩充法律援助事项、扩大法律援助范围，惠及更多困难群众。提升法律援助服务质量，发布并落实全国刑事、民事和行政法律援助服务规范，制定法律援助案件质量评估标准。2020年，全国组织办理法律援助案件近140万件，受援人达216万余次，提供法律咨询1466余万人次；值班律师提供法律援助（不含法律咨询）74万余件，其中参与认罪认罚从宽案件68万余件。截至2020年，在全国乡镇（街道）司法所及仲裁、法院、信访等矛盾纠纷相对集中的部门设立法律援助工作站7万余个，方便群众就近获得法律援助服务。

保障宗教信仰自由

宪法规定公民有宗教信仰自由。中国政府支持各宗教坚持独立自主自办的原则，在法律范围内进行各种宗教活动；依法对涉及国家利益和社会公共利益的宗教事务进行管理，不干涉各宗教内部事务，宗教工作法治化水平不断提高。2017 年修订《宗教事务条例》，贯彻实施《中华人民共和国境内外国人宗教活动管理规定》，依法保障中国公民及境内外国人的宗教信仰自由。依法打击宗教极端主义以及打着宗教活动名义开展的“邪教”活动。中国现有依法登记的宗教活动场所 14.4 万处，宗教院校 92 所，信仰佛教、道教、伊斯兰教、天主教和基督教等宗教的公民近 2 亿人，宗教教职人员 38 万余人。不断加大宗教教职人员社会保障力度，宗教教职人员医疗保险参保率达 96.5%，养老保险参保率达 89.6%，基本实现了宗教教职人员社保体系全覆盖。公民的宗教信仰自由得到充分保障，呈现出宗教和顺、社会和谐的良好局面。

环境权利保障日益加强

党的十八大以来，中国将生态文明建设纳入“五位一体”总体布局，坚持人与自然和谐共生，大力倡导绿色发展，加强生态环境治理，全面打响大气、水、土壤污染防治攻坚战，实施环保督察，“绿水青山就是金山银山”的理念深入人心，生态环境质量持续改善。2018 年，天然气、水电、核电、风电、太阳能发电等清洁能源消费量占能源消费总量的比重为 22.1%，比 1978 年提高 15.5 个百分点；全国 338 个地级及以上城市可吸入颗粒物（PM_{10}）平均浓度比 2013 年下降 26.8%，首批实施《环境空气质量标准》的 74 个城市细颗粒物（$PM_{2.5}$）平均浓度比 2013 年下降 42%，二氧化硫平均浓度比 2013 年下降 68%；全国地表水优良水质断面比例增至 71%，劣 V

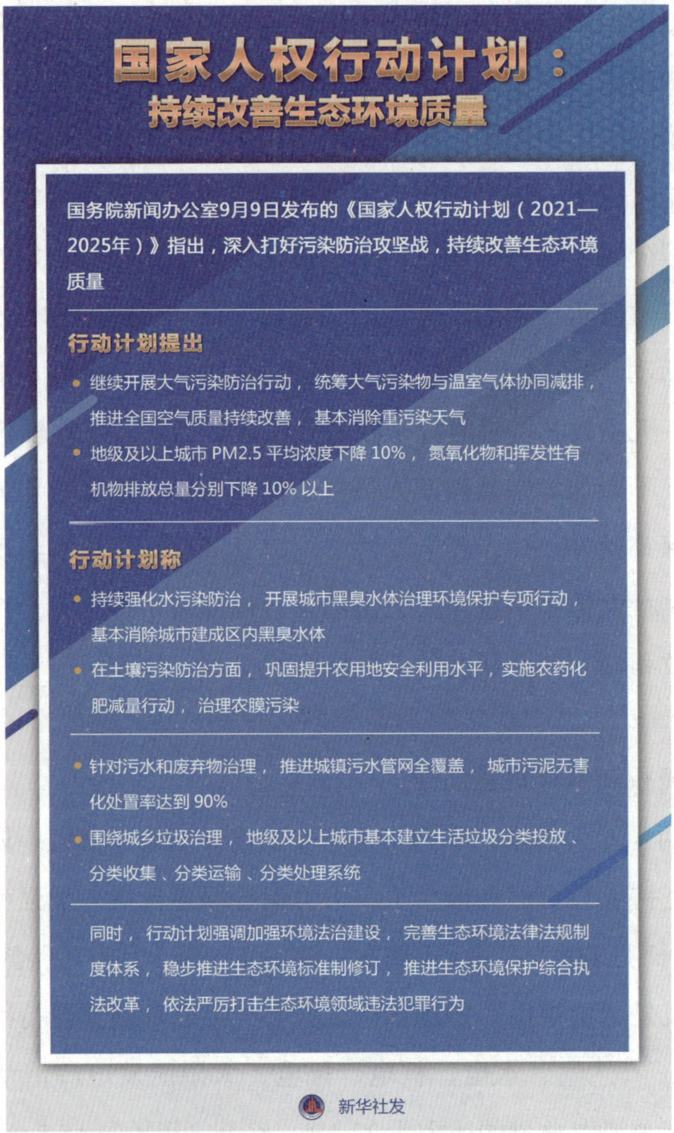

发布日期：2021 年 9 月 9 日

类比例降至 6.7%。全国生态保护红线初步划定，保护了约 95% 珍稀濒危物种及其栖息地，以及约 45% 全国植被固碳量。

第三节
重视保障特定群体权利

全面建成小康社会，一个也不能少。中国切实维护和促进农民权益，高度重视对妇女、儿童、老年人、残疾人及少数民族等特定群体权益的保障，使他们享有均等机会，以平等身份充分参与经济政治文化社会生活，共享发展成果。

农民权益保障全方位改善

土地制度改革极大增进农民财产性权利。改革开放后实施家庭联产承包责任制，解决了农民的温饱问题；全面取消农业税费，减轻了农民负担。中共十八大以来，稳定农村土地承包关系并保持长

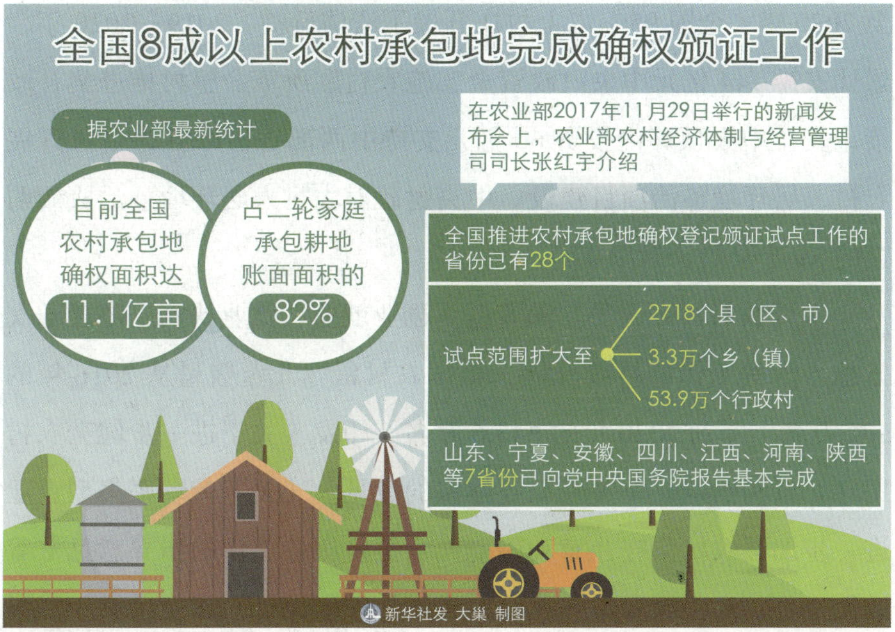

久不变，实施农村集体土地所有权、承包权、经营权“三权分置”，赋予农民对承包地占有、使用、收益、流转及经营权融资担保权能，保障农户宅基地用益物权，增加农民财产性收入，赋予农民更多财产权利。截至2020年，31个省（区、市）均开展了承包地确权工作，承包地确权面积达15亿亩，完善土地承包合同2亿份，颁发土地承包经营权证书2亿份。

农民工生活条件不断改善。2012—2020年，全国农民工人均月收入从2290元上升到4072元。进城农民工居住环境明显改善，人均居住面积达到21.5平方米，住房中有洗澡设施的占85.4%，能上网的占94.8%，拥有电冰箱、洗衣机、汽车（包括经营用车）的比重分别为67.0%、68.1%、30.8%。

农村人居环境极大改善。推进农村生活垃圾治理，扎实开展农村厕所革命，梯次推进农村生活污水治理，提升村容村貌。截至2020年，全国95%以上村庄开展了清洁行动。2019—2020年，累计安排144亿元中央财政资金实施农村厕所革命整村推进奖补政策，安排中央预算内投资60亿元支持中西部省份以县为单位开展农村人居环境整治项目建设。中央财政对农村人居环境整治成效明显的39个县给予激励支持。

关爱农村留守人员。随着返乡创业就业、就业扶贫、随迁子女就地入学等工作的持续开展，全国农村留守儿童数量从2016年的902万名下降到2020年的643.6万名。印发《关于进一步健全农村留守儿童和困境儿童关爱服务体系的意见》《关于劳动密集型企业进一步加强农村留守儿童和困境儿童关爱服务工作的指导意见》等政策文件，完善农村留守儿童关爱工作顶层设计。印发《关于加强

农村留守妇女关爱服务工作的意见》，结合各地实际，面向有困难、有需求的农村留守妇女提供相应关爱服务。印发《关于加强农村留守老年人关爱服务工作的意见》，农村留守老年人关爱服务政策已实现省级层面全覆盖，有力保障了特殊困难老年人基本生活。

妇女儿童老年人权益保障持续加强

法律政策体系日臻完善。中国于 20 世纪 90 年代先后制定《未成年人保护法》《妇女权益保障法》《老年人权益保障法》，并对三项法律进行多次修改完善。制定《母婴保健法》《反家庭暴力法》《预防未成年人犯罪法》等法律，颁布《女职工劳动保护特别规定》《禁止使用童工规定》《校车安全管理条例》《未成年工特殊保护规定》等行政法规及部门规章，为保障妇女儿童老年人权益奠定了法律基础。印发《关于建立健全法规政策性别平等评估机制的意见》，切实从法规、规章、政策的源头上贯彻男女平等基本国策，促进妇女全面发展。2020 年颁布《民法典》，增设居住权，明确夫妻共同债务的范围，增加防止和制止性骚扰等条款，进一步提高了妇女儿童老年人等群体的保护水平。中国政府先后制定实施三个周期的《中国妇女发展纲要》《中国儿童发展纲要和五个老龄事业发展纲要（规划）》。

妇女经济社会参与能力不断提升。全国 15 岁及以上女性文盲率由 1979 年的 20.5% 降至 2017 年的 7.3%，普通高等学校本专科在校女生占在校生总数的比例由 1978 年的 24.1% 提高到 2019 年的 51.7%。全国女性就业人数占全社会就业人数的比重超过四成。2018 年修订的《农村土地承包法》明确规定，农村土地承包，妇女与男子享有平等的权利。2018 年十三届全国人大代表中有 742 名妇女代表，占比 24.9%，比 1983 年第六届全国人大提高了 3.7 个百分点；十三届全国政协委员中有 440 名女性委员，占比 20.4%，比 1983 年第六届全国政协提高了 7.6 个百分点。

妇女儿童健康保障水平进一步提高。2020 年，全国孕产妇产前检查率为 97.4%，住院分娩率为 99.9%。实施农村妇女宫颈癌和乳腺癌免费检查项目，将宫颈癌和乳腺癌纳入国家大病救治范围。实施贫困地区儿童营养改善项目，截至 2020 年，累计 1120 万儿童从项目中受益。5 岁以下儿童死亡率从 1991 年的 61‰下降至 2020 年的 7.5‰。

儿童得到特别关爱和特殊保护。2020 年，全国有儿童社区服务中心 2.9 万个，社区服务站 24.9 万个，城乡社区家长学校 36 万个，城乡社区儿童之家 32 万余个。全国乡镇一级配备儿童督导员 5.6 万名，村一级配备儿童主任 67.5 万名，基层儿童工作队伍建设和儿童关爱服务水平不断提高。进一步加强对孤儿、残疾儿童、农村留守儿童、困境儿童等特殊群体的关爱保护。加大孤儿保障力度。

资料来源：民政部　新华社发　边纪红　制图

2019年，中央专项资金对孤儿基本生活补助标准提高50%，东、中、西部分别补助300元/月、450元/月和600元/月。截至2020年，全国儿童福利机构集中养育孤儿6万名，基本生活保障月平均标准达1611.3元/人；社会散居孤儿13.4万名，基本社会保障月平均标准达1184.3元/人。印发《关于进一步加强事实无人抚养儿童保障工作的意见》，将事实无人抚养儿童全面纳入制度保障范围。截至2020年，全国共有25.4万名事实无人抚养儿童纳入保障范围，全国平均保障标准达每人每月1184.3元。坚持对侵害未成年人犯罪“零容忍”。2017—2020年，各级检察机关共批准逮捕侵害未成年人犯罪16.02万人，起诉21.85万人。在司法程序中充分保障未成年被害人的合法权利，推行具备取证、心理疏导、司法救助等功能的“一站式”询问、救助机制，截至2020年，全国共建成“一站式”询问、救助办案区1029个。加强未成年被害人多元综合救助，2019年共向4306名未成年被害人及其家庭等发放救助金6200余万元。

老年人生活和权益保障状况持续改善。中国大力发展养老服务，逐步建立居家社区机构相协调、医养康养相结合的养老服务体系，大力开展农村留守老年人关爱服务，推进老年人家庭适老化改造和老年宜居环境建设，将赡养老人支出纳入个人所得税抵扣范围，努力让老年人老有所养、老有所依、老有所乐、老有所安。2020年，国家将1834万困难老年人及时纳入最低生活保障范围，388万老年人纳入特困人员救助供养范围。经济困难的高龄失能等老年人补贴制度实现省级全覆盖。截至2020年，全国享受高龄津贴、护理补贴、服务补贴的老年人分别为3058.9万、81万和23.5万。截至

2020 年，全国建成各类养老机构 3.8 万个，社区养老服务机构和设施 28 万个，养老床位合计 823.8 万张。国务院办公厅印发文件，强调坚持传统服务方式与智能化服务创新并行，切实解决老年人在运用智能技术方面遇到的困难。

少数民族权益保障进一步完善

少数民族参与国家事务管理权利得到有效保障。严格落实宪法法律关于民族自治地方的自治机关领导人员中配备少数民族领导干部的规定，以及关于少数民族人大代表选举的规定。选举法明确规定，人口特少的民族，至少应有全国人大代表一人。55 个少数民族均有本民族的全国人大代表和全国政协委员。十三届全国人大代表中，少数民族代表 438 名，占 14.7%。

少数民族和民族地区生活水平大幅提升。国家制定专项规划，实施西部大开发、兴边富民行动、对口支援以及扶持人口较少民族发展、少数民族特色村镇保护与发展等一系列政策措施，促进民族地区经济快速发展。内蒙古、广西、西藏、宁夏、新疆五个自治区和贵州、云南、青海三个多民族省份 2018—2020 年的总体经济增长幅度超过全国平均增长水平，居民人均可支配收入从 1978 年的 150 多元增长到 2020 年的 24534 元。

少数民族和民族地区教育事业快速发展。中国通过发展民族地区各级各类学校，举办预科班、民族班，在广大农牧区推行寄宿制教育，着力办好民族地区高等教育等举措，促进教育公平，保障少数民族受教育权利。民族地区已全面普及从小学到初中 9 年义务教育，西藏自治区和新疆维吾尔自治区的南疆阿克苏地区、克孜勒苏

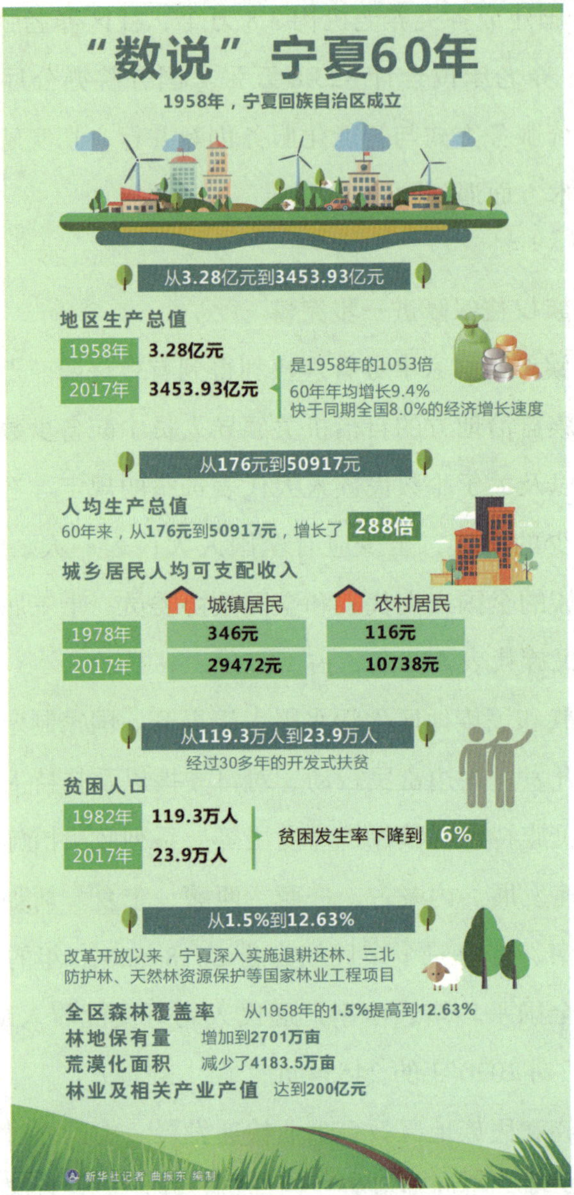

柯尔克孜自治州、喀什地区、和田地区四地州实现了从学前到高中阶段15年免费教育。

民族地区人民生活安宁祥和。在统一多民族的中国，不断铸牢中华民族共同体意识，坚持共同团结奋斗、共同繁荣发展，各民族共建美好家园，共创美好未来。在各族人民群众共同支持下，国家依法打击民族分裂势力、宗教极端势力、暴力恐怖势力，维护民族团结和社会稳定，人民的生活安宁权、生命健康权、财产权等得到有效保障，获得感、幸福感、安全感不断提升。

残疾人权益保障更加有力

残疾人社会保障体系不断完善。全面建立困难残疾人生活补贴和重度残疾人护理补贴制度。截至 2020 年，享受困难残疾人生活补贴人数有 1212.6 万人，享受重度残疾人护理补贴人数有 1473.8 万人。截至 2020 年，共有 2699.2 万残疾人参加城乡居民社会养老保险，其中 1140.5 万残疾人领取养老金；1076.8 万残疾人获得城乡最低生活保障，其中重度残疾人 641.4 万人；680.1 万重度残疾人中政府代缴养老保险费比例达到 96.7%；另有 303.7 万非重度残疾人享受全额或部分代缴养老保险费的优惠政策。

残疾人康复服务普惠可及。残疾人康复服务纳入基本公共服务规划，建立残疾儿童康复救助制度，实施残疾人精准康复服务行动，发展精神障碍社区康复服务，推进康复辅助器具产业发展，为残疾儿童和持证残疾人提供基本康复服务和产品。2020 年，1077.7 万名残疾儿童及持证残疾人得到基本康复服务，242.6 万名残疾人得到各类辅助器具适配服务。自 2018 年建立实施残疾儿童康复救助制度以来，全国接受康复救助的残疾儿童达 67.6 万人次。残疾预防工作取得积极成效。2017 年国务院批准将每年 8 月 25 日设立为“残疾预防日”，提高公众残疾预防意识。制定发布《国家残疾预

新华社发 边纪红 制图

防行动计划（2016—2020年）》，有效控制出生缺陷和发育障碍致残、着力防控疾病致残、努力减少伤害致残和显著改善康复服务等四项行动取得积极进展，主要任务目标基本实现。

残疾人受教育水平稳步提高。着力办好特殊教育，大力发展融合教育，努力保障残疾人享有平等受教育权。2020年全国共有特殊教育学校2244所，专任教师6.62万人，在校学生88.08万人，比2013年增加51.27万人，增长139.3%。不断完善随班就读支持保障体系，在普通学校随班就读的残疾学生规模不断扩大，由2013

年的 19.1 万人增加到 2020 年的 43.58 万人，增长 128.2%。近 10 年来，残疾学生在普通学校就读的比例均接近或超过 50%。全国实现了家庭经济困难残疾学生从小学到高中阶段教育的 12 年免费教育。

残疾人就业权利得到更好保障。中国通过完善法律法规、拓展就业渠道、完善服务体系，促进残疾人就业权利的实现。截至 2020 年，全国共有残疾人就业服务机构 2811 家，国家级残疾人职业培训基地 478 家，城乡持证残疾人就业人数 855.2 万人。积极开展残疾人扶贫。2015—2020 年，全国共建立 4581 个残疾人扶贫基地，扶持近

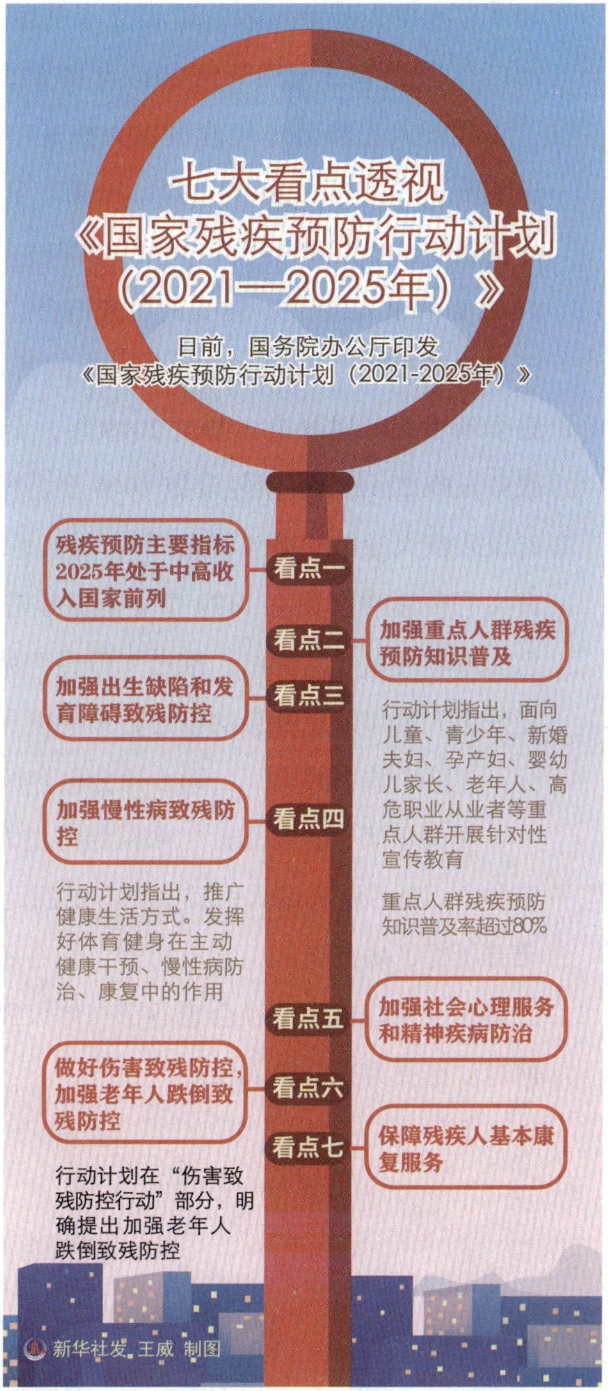

40.9 万残疾人就业增收；建档立卡贫困残疾人家庭人均纯收入由 2015 年的 2776.2 元增长到 2019 年的 8726.2 元。

残疾人无障碍环境建设大力推进。制定实施《无障碍环境建设条例》。截至 2020 年，1753 个市、县开展无障碍建设，全国累计创建 469 个无障碍市县村镇。全国村（社区）综合服务设施中有 81.05% 的出入口、56.58% 的服务柜台、38.66% 的厕所进行了无障碍建设和改造。2016—2020 年，全国共有 65 万贫困重度残疾人家庭得到了无障碍改造。截至 2019 年，全国已建成各级残疾人综合服务设施 2341 个、康复设施 1006 个、托养服务设施 887 个；共有省级残疾人专题广播节目 25 个、电视手语栏目 32 个；设立盲文及盲文有声读物阅览室 1174 个。全面推进信息无障碍建设，增强信息无障碍终端产品供给，推进无障碍产品和服务技术推广应用，拓宽残疾人参与信息社会的渠道，推动信息化与无障碍环境的深度融合，消除“数字鸿沟”，助力社会包容性发展。

全面小康，贵在全面。中国始终把人民安危冷暖、安居乐业放在首位，全力解决好人民群众关心的问题，在幼有所育、学有所教、劳有所得、病有所医、老有所养、住有所居、弱有所扶上取得显著进展。全面建成小康社会惠益了全体人民，使中国人民享有了比任何时候都更为充分的人权。

第四节
同沐民主之光　共享法治社会

人民民主是社会主义的生命，是中国共产党始终高举的光辉旗帜。

习近平总书记指出，发展社会主义民主政治就是要体现人民意志、保障人民权益、激发人民创造活力，用制度体系保证人民当家作主。

经过不懈努力，中国共产党团结带领人民走出了中国特色社会主义政治发展道路，民主从价值理念转变为扎根中国大地的制度形态和治理机制，成为全面建成小康社会的重要制度保障，也为民族复兴筑牢政治根基。

一切权力属于人民——

1954 年，来自山西农村、年仅 25 岁的申纪兰第一次以全国人大代表的身份，亲历了载入史册的历史时刻：投票通过第一部宪法……

“中华人民共和国的一切权力属于人民。人民行使权力的机关是全国人民代表大会和地方各级人民代表大会。”

第一届全国人民代表大会第一次会议通过《中华人民共和国宪法》，明确“一切权力属于人民”！

自此，一个人民当家作主的新型政治制度在古老而崭新的中国落地生根、开花结果……

来自人民，为了人民。中国特色社会主义政治发展道路，是中国历史激越变革、激荡发展的必然选择。

2012年12月4日，习近平总书记在首都各界纪念现行宪法公布施行30周年大会上指出："坚持中国特色社会主义政治发展道路，关键是要坚持党的领导、人民当家作主、依法治国有机统一，以保证人民当家作主为根本，以增强党和国家活力、调动人民积极性为目标，扩大社会主义民主，发展社会主义政治文明。"

从小山村到人民大会堂有多远？从泥瓦匠到大国工匠有多远？

"95后"小伙邹彬有答案。2018年，23岁的邹彬连同另外44名农民工，当选第十三届全国人大代表。

邹彬在给工友"打样"（2018年2月8日摄）。（新华社发）

2021年3月11日下午，人民大会堂。十三届全国人大四次会议表决通过关于国民经济和社会发展第十四个五年规划和2035年远景目标纲要的决议。

“全面实施乡村振兴战略，强化以工补农、以城带乡，推动形成工农互促、城乡互补、协调发展、共同繁荣的新型工农城乡关系，加快农业农村现代化。”

这段话让邹彬备受鼓舞。“这与我在基层代表座谈会上提到的‘推动农民工向新型产业工人转变’‘在全社会营造关心农民工的氛围，帮助农民工群体更好融入社会发展’等建议非常契合。”

60 多年来，人民代表大会制度作为保证人民当家作主的根本政治制度，不断得到巩固和发展，展现出蓬勃的生机与活力。近年来，越来越多的基层声音进入最高国家权力机关。数据显示，十三届全国人大代表中，一线工人、农民代表占到了 15.7%，比上一届提高了 2.28 个百分点；全国政协十三届委员中，非中共委员占 60.2%，56 个民族都有人选。

妇女参与决策和管理的比例越来越高，第十三届全国人民代表大会有女代表 742 人，占代表总数的 24.9%，比上一届提高 1.5 个百分点；政协第十三届全国委员会中有女委员 440 人，占委员总数的 20.4%，高于上一届 2.6 个百分点。

打通“庙堂之高”与“江湖之远”，让百姓盼的与党和政府干的高度契合，把 14 亿人的所思所盼融入国家发展的顶层设计，更好体现以人民为中心的发展思想，让发展成果更多更公平惠及全体人民。

根植大地与人民的民主实践——

2021 年以来，内蒙古自治区达拉特旗蒲圪卜村党支部书记李电波一直忙着给村里 800 多名留守老人建公共服务中心。“解决好农村养老问题虽难，但我们有信心。”他说。

2020 年 8 月，我们党在五年规划编制史上的首次“网络问计”，共收到上百万条网民意见建议。其中，李电波以网名“云帆”留下关于“互助性养老”的建言——

“在农村人口聚集区域，由政府财政投入建设公共食堂、公共宿舍，有意愿的老人可以免费居住、生活在一起，年龄小的、有能力的老人照顾年龄大的、能力弱的老人，形成互助养老模式。”

2020 年 7 月 7 日，老人在天津市西青区精武镇付村康养中心（老人家食堂）准备用餐。（新华社记者 李然 摄）

让李电波惊喜的是，“十四五”规划建议列入了有关内容，并化为规划纲要的具体举措。

这是开门问计的过程，也是发扬民主的过程。

“把加强顶层设计和坚持问计于民统一起来，鼓励广大人民群众和社会各界以各种方式为‘十四五’规划建言献策。”习近平总书记强调。

从规划建议到规划纲要，坚持党的领导、人民当家作主和依法治国实现有机统一。这既是中国发展规划体系的鲜明特点，也是中国特色社会主义制度优势的重要体现。

60 多年来，法律草案的审议程序从“一审”变为“三审”，从部分法律案向社会征求意见到将这一做法常态化，从法律案审议过程中举行立法听证会到开展法律出台前的“评估”……这些变化见证着人大立法工作更加注重回应百姓需求，适应社会现实和发展要求。

“我认为法治就是最好的营商环境，上海近几年营商环境的改善，法治先行功不可没，所以我认为处罚法的规定越细越好、越完善越好。”

“但我站在行政执法一线工作人员的角度来说，法律健全的同时也需要考虑执行的成本问题，需要兼顾公正与效率。”

……

2019 年 11 月 2 日，习近平总书记在上海考察时来到长宁区虹桥街道古北市民中心，听到该街道基层立法联系点的信息员们，在一场法律草案意见建议征询会上争相发言。

广集民意、凝聚民智，法律才能更接地气、具实效。像上海虹桥街道这样的立法联系点，全国人大常委会法工委目前已经建立10个，使基层反映意见建议的“直通车”更加通畅，让每部法律的“立改废”彰显科学立法、民主立法、依法立法。

2021年1月1日，《中华人民共和国民法典》正式实施。民法典编纂过程，正是中国特色社会主义民主政治体现人民意志的生动实践——全国人大常委会10次向社会公开征求意见，征集各方面意见102万余条，针对意见反映集中、争议较大的问题专门召开座谈会……

将“尊重和保障人权”写入宪法，调整和每个家庭息息相关的生育政策，将“全过程民主”写入法律……不断完善发展的人民代表大会制度，激发出根本政治制度的巨大活力。

党的主张、人民意愿，在这里凝聚为国家意志，在这里迸发智慧光芒。

众人的事情由众人商量——

有事好商量，众人的事情由众人商量，是人民民主的真谛。

2020年国庆节前夕，一场推进苏州相城经济技术开发区澄阳街道中心城区生态景观带建设协商议事会，在泰元社区“有事好商量”协商议事室举行。

“建议丰富蠡塘河路景观道内容建设，打造‘网红’打卡点”“居民的机动车及非机动车停放问题也要纳入规划”……政协委员、议政代表、项目单位负责人、社区及居民代表你一言我一语，一场短短的协商议事会收集到11条有效建议。

蠡塘河是当地的“生态腰带”，周边居民热切期盼改善滨河环境。

“我是地道的老相城人，一家几口生活在蠡塘河附近，这次参加蠡塘河滨水绿化生态景观带协商议事会，让我说出了心里话，真正参与到母亲河建设中来。”家住相城经济技术开发区澄阳街道泰

元家园的方海根说。

积力之所举，则无不胜也；众智之所为，则无不成也。在当地，普遍建立的“有事好商量”协商议事室，让百姓将心声“一吐为快”，助民生“关键小事”好商量、快解决。

党的十九届四中全会提出，坚持和完善人民当家作主制度体系，发展社会主义民主政治。

从苏州“协商议事室”各方热烈讨论，到新时代“枫桥经验”借助互联网搭建起干群交流平台，再到各地争相涌现的民情直通车、居民论坛、民主听证会、民主议政会……一项项火热的基层民主实践，一个个别具特色的民主形式，汇聚起民声民智的“最大公约数”。

如今的中国，城乡基层民主有序发展，以城乡村（居）民自治为核心，民主选举、民主协商、民主决策、民主管理、民主监督为主要内容的基层群众自治制度基本建立。

在“枫桥经验”的发源地，近年来，浙江省绍兴市诸暨市枫桥镇枫源村深入推进民主治村，创新发展“三上三下三公开”机制，从收集议题到方案制定，最后落实措施，充分尊重民意、吸收民意、

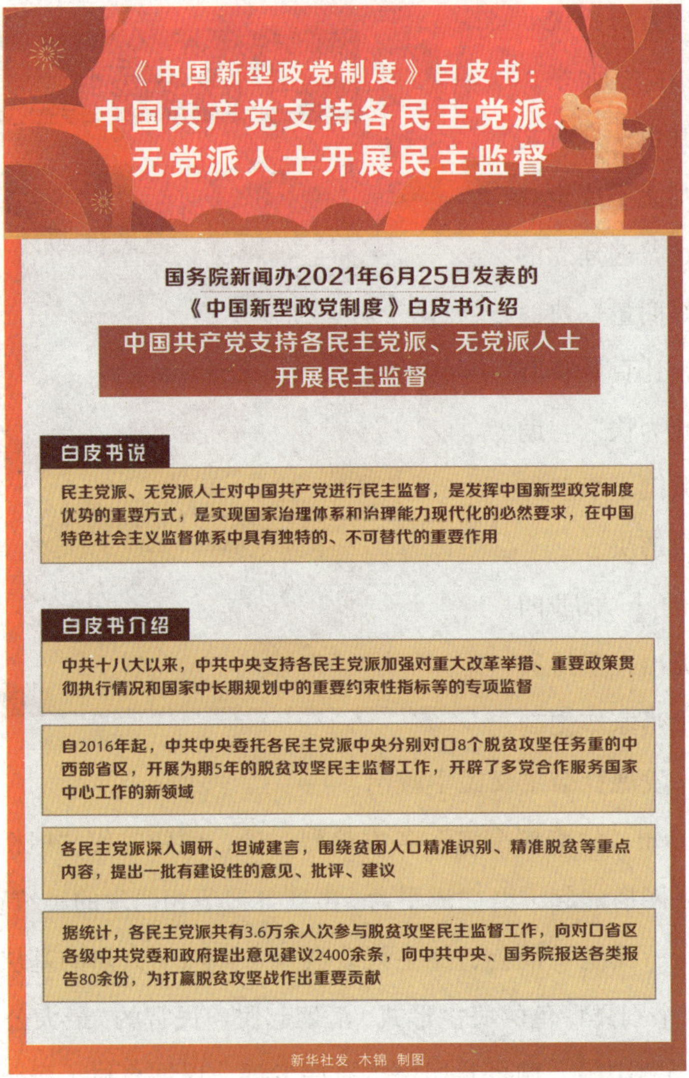

表达民意，真正做到让群众共同参与、共同协商、共同决策。

中国式民主是全过程民主。

中国式民主的脉搏，始终为人民而跳动。踏上新征程，我们坚持人民当家作主，扩大人民民主，健全民主制度，丰富民主形式，拓宽民主渠道，中国式民主必将持续焕发出勃勃生机。

第三章

数说科教更加进步

新中国成立初期，国家在极其艰苦的条件下创造出“两弹一星”的奇迹，取得了青蒿素、人工合成牛胰岛素等重大科技成就。

改革开放以来，党中央对我国科教体制改革作出了全面部署，提出“科学技术是第一生产力”；1995年5月，党中央发出实施“科教兴国”战略的号召。

党的十八大以来，党中央坚持把创新作为引领发展的第一动力，把创新摆在国家发展全局的核心位置，实施创新驱动发展战略，我国科教事业取得历史性成就、发生历史性变革。

统计数据显示，2020年，我国全社会研发投入2.4万亿元，科技进步贡献率超过60%。世界知识产权组织发布《2020年全球创新指数》显示，中国排名提升至第14位，居中等收入经济体首位。

面向未来，国家创新驱动发展新蓝图已经绘就。“十四五”规划纲要提出，要坚持创新在我国现代化建设全局中的核心地位，把科技自立自强作为国家发展的战略支撑，面向世界科技前沿、面向经济主战场、面向国家重大需求、面向人民生命健康，深入实施科教兴国战略、人才强国战略、创新驱动发展战略，完善国家创新体系，加快建设科技强国和教育强国。

第一节
科技实力跨越式发展支撑小康梦

新中国成立时，我国科技基础近乎为零，专门的科学研究机构仅有30多个，全国科技人员不超过5万人，几乎没有大型科研仪器设备。随着新中国吹响“向科学进军”的号角，我国攻克一个又一个科技难关，成为复兴之路上的重要支撑。

瞄准高水平科技自立自强

科技兴则民族兴，科技强则国家强，科技创新是一个国家、一个民族发展的重要力量。

1964年10月16日，我国第一颗原子弹爆炸成功。（新华社发）

在新中国70多年的光辉历程中，“两弹一星”的研制成功，是中华民族为之自豪的伟大成就。1964年10月16日，巨大的蘑菇云在新疆罗布泊的戈壁滩上腾空而起，中国第一颗原子弹在试验人群的欢呼声中宣告爆炸成功，中国成为世界第五个拥有原子弹的国家。

1966年10月27日，我国第一颗装有核弹头的地地导弹飞行爆炸成功。1967 年 6 月 17 日，中国第一颗氢弹爆炸成功，成为各大国中最快从原子弹发展到氢弹的国家。

1970 年 4 月 24 日，我国用“长征一号”运载火箭成功发射第一颗人造卫星“东方红一号”。这是“东方红一号”资料照片。（新华社发）

1970 年 4 月 24 日，中国第一颗人造地球卫星在酒泉卫星发射中心成功发射，中国成为世界上第五个独立研制并发射人造地球卫星的国家。经历了逾百年积贫积弱历史的古老东方大国为之振奋，神州遍传《东方红》乐音。中国第一颗人造地球卫星“东方红一号”的成功发射，拉开了中国人探索宇宙奥秘、和平利用太空、造福人类的序幕。为了纪念这一壮举，我国 2016 年 3 月 18 日将每年的 4 月 24 日设立为“中国航天日”。旨在宣传中国和平利用外层空间的一贯宗旨，大力弘扬航天精神，科学普及航天知识，激发全民族探索创新热情，唱响“探索浩瀚宇宙、发展航天事业、建设航天强国”的主旋律，凝聚实现中国梦、航天梦的强大力量。

20 世纪 60 年代初，我国技术队伍自力更生、突破封锁，科技人员仅用较少的投入和较短的时间，突破了核弹、导弹和人造卫星等尖端技术。

“两弹一星”（核弹、导弹和人造卫星）的研制成功，成为彰显新中国最初几十年科技实力的标志性事件，而“两弹一星”精神也一直是中国在科技领域自力更生、艰苦攻关决心的象征。

在医药科技领域，我国中药曾为世界作出重大贡献，青蒿素是中国传统医药献给人类的礼物，“小草青蒿”惠泽世界。

广西融安一家青蒿素提炼加工企业培育的青蒿苗（2020 年 4 月 13 日摄）。（新华社发　崔博文 摄）

20 世纪 60 年代，全球面临传统抗疟药失效的燃眉之急。大洋彼岸的美国于 1963 年启动耗资巨大的抗疟药研制计划。至 1972 年，已筛选 21.4 万种化合物，然而最终无果。

屠呦呦带领课题组钻研历代医籍，走访老中医，编写了以 640 种中药为主的《疟疾单验方集》。“青蒿一握，以水二升渍，绞取汁，尽服之。”在青蒿提取物对疟原虫抑制率始终上不去的情况下，东晋葛洪《肘后备急方》中的这句话，启发屠呦呦用低沸点的乙醚来提取青蒿素。

1971 年 10 月，191 号青蒿乙醚中性提取物的动物抗疟实验结果出炉：对疟原虫抑制率达到 100%。1972 年，屠呦呦提取分子式为 $C_{15}H_{22}O_5$ 的无色结晶体，并研发成药物，将其命名为青蒿素。

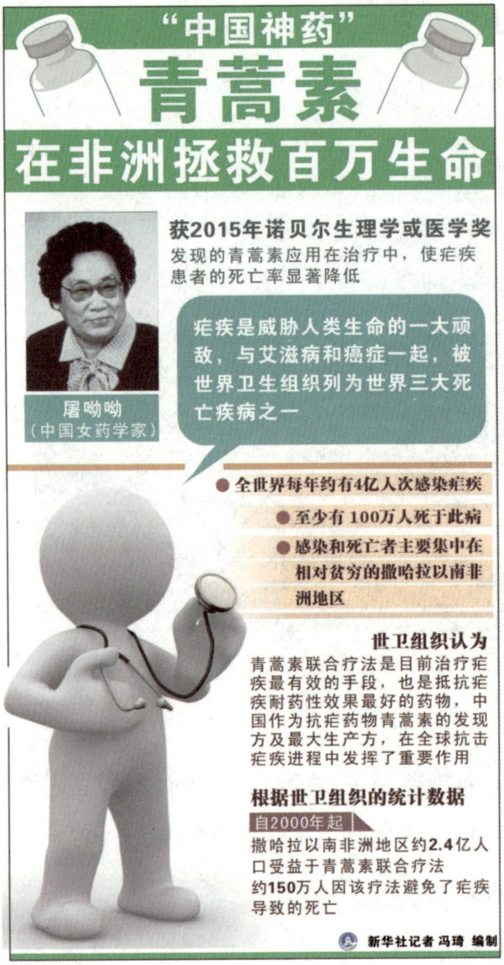

1986年，青蒿素获得由原卫生部颁发的第一张一类新药证书。青蒿素的发现，无疑是我国以屠呦呦为代表的老一辈科研人员在资源贫乏的条件下，临危受命、艰苦攻关，并最终取得原始性创新的伟大成就。

2015年，屠呦呦教授因此获得诺贝尔生理学或医学奖。

青蒿素至今仍是全球抗疟利器。根据世界卫生组织公布的《2019年世界疟疾报告》，2018年，全世界估计发生疟疾病例2.28亿例，其中40.5万人死亡，5岁以下儿童占死亡人数的67%。青蒿素至少降低了20个百分点的整体死亡率及30个百分点的儿童死亡率。

民以食为天，粮食关乎国运民生。

20世纪，世界很多农学家尝试杂交水稻研究，但水稻的远缘杂交很难实现。1973年，以袁隆平为首的我国科研团队，在世界上首次成功培养出籼型杂交水稻。1976年，杂交水稻种植扩大到208

万亩，并在全国范围开始大面积应用于生产，中国成为世界第一个在生产上成功利用水稻杂种优势的国家。2000年度，中国工程院院士、世界著名杂交水稻专家袁隆平获得国家最高科学技术奖，他是我国杂交水稻研究领域的开创者和带头人，在杂交水稻的应用与推广方面作出了杰出贡献。2011年，袁隆平院士续写了水稻高产神话，其指导的超级稻第三期目标亩产900公斤高产攻关获得成功，其隆回县百亩试验田亩产达到926.6公斤。

籼型杂交水稻被外国人誉为“东方魔稻”，大大丰富了水稻遗传育种的理论和实践，为水稻大幅度增产开辟了新的途径。它的应用被称为“新的绿色革命”，为改善人类的粮食供应立下了汗马功劳。

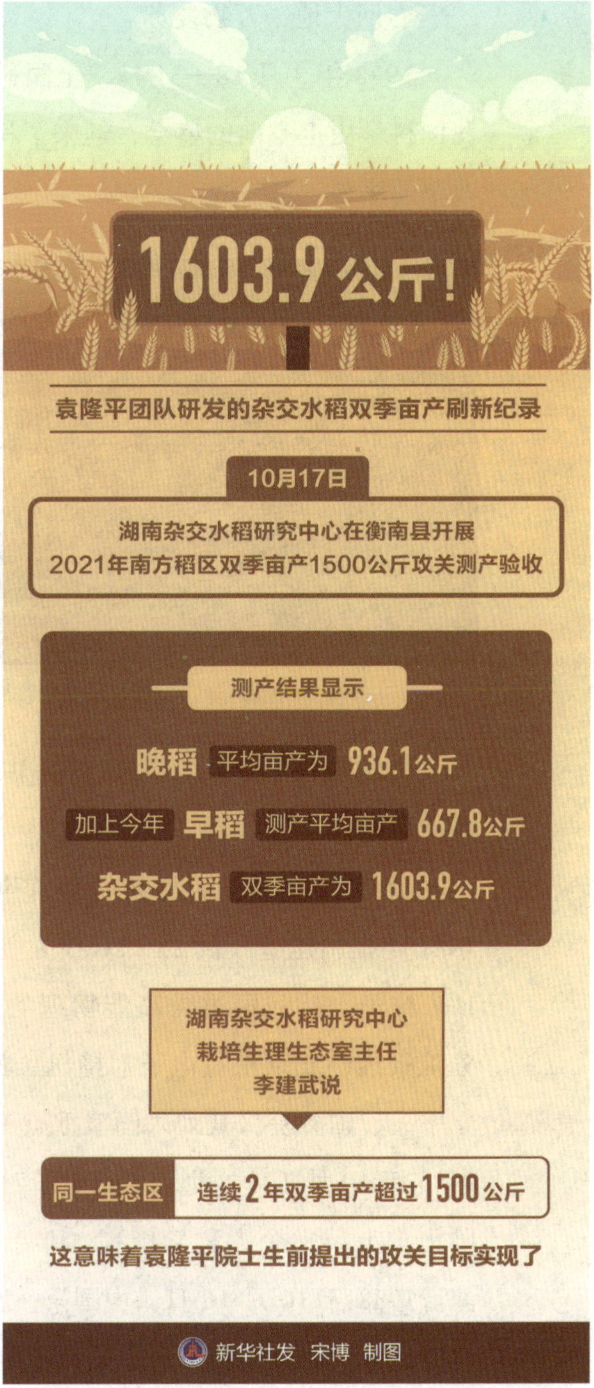

春回大地，万物复苏。

1978年3月18—31日，全国科学大会在北京隆重举行。这是我国科学史上空前的盛会，迎来了科学的春天，也拉开了科技体制改革的序幕。

图为1978年3月召开的全国科学大会会场。（新华社发）

伴随着科学春风的到来，中国一项项重大科技工程纷纷上马，泽被后世。

北京正负电子对撞机历经多年充分科学论证后，中科院在1981年提出建造一台2X2.2GeV的正负电子对撞机，目标产生更多J/Ψ粒子，让我国进入高能物理的前沿研究。1983年4月，经国务院批准，北京正负电子对撞机（BEPC）方案立项实施，12月，党中央、国务院将其列入国家重点工程项目，代号“8312工程”。1984年10月7日，北京正负电子对撞机工程破土动工，这是共和国历史上第一个大科学工程，邓小平等党和国家领导人为工程奠基。1988年10月16日，中国第一座高能加速器——北京正负电子对撞机首次对撞成功，为中国粒子物理和同步辐射应用研究开辟了广阔的前景。

2009 年 7 月 17 日，北京正负电子对撞机重大改造工程在中科院高能物理研究所通过国家验收。北京正负电子对撞机重大改造工程的建成，将我国对撞机和谱仪技术推进到国际前沿，是我国高能物理发展的又一个重大的里程碑。改造后的北京正负电子对撞机将在世界同类型大科学装置中继续保持领先地位，成为国际上最先进的双环对撞机之一。

图为北京正负电子对撞机的大型探测系统——谱仪。（资料照片　新华社发）

2021 年 11 月 2—3 日，北京正负电子对撞机（BEPC Ⅱ）因其在完成运行任务、取得科学成果、运行管理工作、执行经费等方面表现优异，获得中国科学院 2021 年度国家重大科技基础设施运行评比一等奖，这是 BEPC Ⅱ 在 2018—2021 年连续四年获得年度运行一等奖。

从“科学的春天”到“创新的春天”，从科教兴国战略、人才强国战略再到创新驱动发展战略，从自主创新到实现高水平科技自立自强……党中央牢牢把握着我国科技创新发展的正确方向。

党的十八大以来，我国科技研发投入持续扩大，全年研究与试验发展（R&D）经费支出从2012年10298亿元增长到2020年24426亿元，与国内生产总值之比为2.40%。

“十三五”期间，我国全社会研发经费支出从1.42万亿元增长到2.44万亿元，研发投入强度从2.06%增长到2.40%，位居世界第二，超过欧盟最发达的15国平均水平。

“十四五”规划和2035年远景目标纲要提出，持之以恒加强基础研究。未来5年，这一比重有望达到8%左右。

2020年，全国共投入研究与试验发展（R&D）经费比上年增加2249.5亿元，增长10.3%；研究与试验发展（R&D）经费投入强度（与国内生产总值之比）比上年提高 0.16 个百分点。按研究与试验发展（R&D）人员全时工作量计算的人均经费为 46.6 万元，比上年增加 0.5 万元。

2020 全年授予专利权 363.9 万件，比上年增长 40.4%；PCT 专利申请受理量 7.2 万件。截至 2020 年年末，有效专利 1219.3 万件，其中境内有效发明专利 221.3 万件。

2020 年专利授权和有效专利情况

指标	专利数（万件）	比上年增长（%）
专利授权数	363.9	40.4
其中：境内专利授权	350.4	42.6
其中：发明专利授权	53.0	17.1
其中：境内发明专利	43.4	22.5
年末有效专利数	1219.3	25.4
其中：境内有效专利	1111.5	27.9
其中：有效发明专利	305.8	14.5
其中：境内有效发明专利	221.3	18.8

数据来源：国家统计局

制造强国：从“中国制造”到“中国创造”

全面建成小康社会，在中华民族伟大复兴进程中具有重要里程碑意义。中国制造业发展水平的提升、实力的增强，既是全面建成小康社会的重要内容、重要成果，也是全面建成小康社会的坚实物质技术基础。

党的十八大以来，以习近平同志为核心的党中央把发展实体经济特别是制造业放在更加突出的位置，作出建设制造强国的重大战略部署，制造业发展取得历史性成就、发生历史性变革，显著增强了国家的经济实力、科技实力和综合国力，为提升人民生活质量和水平，为全面建成小康社会作出了重要贡献。

制造业大国地位进一步巩固。自2010年以来，我国制造业已连续11年位居世界第一。主要体现在：一是体量大，从2012年到2020年，我国制造业增加值由16.98万亿元增长到26.6万亿元，占全球比重由22.5%提高到30%。二是体系完备，我国工业拥有41个大类、207个中类、666个小类，是世界上现代化工业体系最完备的国家。在500种主要工业产品中，有40%以上产品的产量世界第一。三是产品竞争力增强，光伏、新能源汽车、家电、智能手机、消费级无人机等重点产业跻身世界前列，通信设备、工程机械、高铁等一大批高端品牌走向世界。

2016年1月28日，辽宁沈阳北方重工集团工人在拆解出口到巴西圣保罗的盾构机。近年来，北方重工集团有限公司抓住“一带一路”沿线国家资源开发及基础设施建设的市场机遇，加快推进大型装备出口，为“一带一路”沿线国家经济建设提供了“中国制造”解决方案。（新华社记者 杨青 摄）

产业结构加快升级。高技术制造业和装备制造业引领带动作用显著增强，高技术制造业占规模以上工业增加值比重从2012年的9.4%提高到2020年的15.1%；装备制造业占规模以上工业增加值比重从28%提高到33.7%，2020年对规模以上工业增长的贡献率超过70%。传统产业焕发新活力，化解过剩产能取得重大成果，提前两年完成“十三五”钢铁行业去产能1.5亿吨目标。技术改造投资占工业投资比重提高到47.1%，新技术、新材料、新装备、新工艺广泛应用，规模以上工业企业新产品销售收入占主营业务收入比重提高到20%左右。

与此同时，规模以上工业单位增加值能耗在“十二五”大幅下降的基础上，“十三五”进一步下降16%。制造业数字化转型全面提速，重点领域关键工序数控化率由2012年的24.6%提高到2020年的52.1%，数字化研发设计工具普及率由48.8%提高到73%。产业区域布局不断优化，京津冀、长三角、粤港澳大湾区等重点区域的龙头带动作用进一步提升，电子信息、轨道交通、工程机械、汽车等领域形成一大批先进制造业集群。

制造业企业实力显著增强。骨干龙头企业加快发展壮大，中国制造业企业500强资产总额、营业收入分别从2012年的19.7万亿元、21.7万亿元，增长到2020年的39.19万亿和37.4万亿元；最新发布的世界500强企业榜单中，我国工业领域企业有73家入围，比2012年增加28家，增幅非常大。“隐形冠军”是决定中国迈向制造强国的关键点。重视培养“专精特新”中小企业，因为产业链中可能被“卡脖子”的某些关键产品、核心技术、重点环节，往往是由这些中小企业提供的。我国中小企业创业创新十分活跃，专业化

水平持续提升，已培育4万多家“专精特新”企业、4700多家“小巨人”企业、近600家制造业单项冠军企业。企业创新主体作用显著增强，2020年规模以上工业企业研究与试验发展机构总数、研发经费支出均比2012年翻了一番，有效发明专利申请数增长了两倍多。据《2020中国制造强国发展指数报告》显示，中国制造强国发展指数位居全球第四，增长显著。

在制造业数字化网络化智能化方面，截至2021年6月底，制造业重点领域关键工序数控化率、数字化研发设计工具普及率分别达53.7%和73.7%，比2012年分别提高29.1和24.9个百分点，智能制造装备国内市场满足率超过了50%。当前，数字经济发展势头依然十分强劲，新业态、新模式不断涌现，这必将为制造业发展提供强力的支撑。

“十四五”中国加快推动“互联网＋制造业”，引领制造业向数字化、网络化、智能化转型升级，全面提升企业研发、生产、管理和服务的智能化水平，通过互联网与制造业的聚合裂变，实现“制造大国”向“制造强国”迈进。

航天科技：走向航天强国

从嫦娥奔月的神话传说到莫高窟的飞天壁画，从战国诗人屈原的《天问》到明朝万户飞向空中的首次尝试……飞天梦，与中华民族的沧桑历史一样悠远。直到新中国成立，最早仰望星空的民族才真正迈出探索太空的步伐。

——长征运载火箭：运载火箭的能力有多大，太空探索的舞台就有多大。我国自主研发的运载火箭不仅以“长征”为名，更继承了“长征精神”勇往直前。2021 年 12 月 10 日，由中国航天科技集团八院抓总研制的“长征四号乙”运载火箭在酒泉卫星发射中心，成功将实践六号 05 组卫星送入预定轨道，这是我国长征系列运载火箭的第 400 次成功发射。

2021 年 11 月中国大火箭“长征五号”首飞成功。“长征八号”也完成研制并首飞，重型运载火箭工程关键技术已突破。截至目前，我国长征火箭退役、现役共有 19 种型号。

——神舟飞船：从无人飞行到载人飞行，从一人一天到多人多天，从舱内实验到出太空行走，从单船飞行到组合体稳定运行……天地往返、出舱活动、交会对接，随着完整掌握载人航天三大基础性技术，中国开始迈向空间站时代。载人航天工程是我国航天史上技术最复杂的重点工程，也是一步一个脚印的系统性工程。2003 年 10 月 15—16 日，“神舟五号”载人飞船升空并安全返回，首次载

我国长征系列运载火箭迎来第400次发射

12月10日

长征四号乙运载火箭
成功将实践六号05组卫星送入太空

这次任务是长征系列运载火箭的第**400**次飞行

1970年

长征一号运载火箭“第一飞”

长征火箭**51**年间

实施了我国**92.1%**的航天发射任务

先后将**700**余个航天器送入太空

发射成功率为**96.25%**

在400次发射里

前三个100次	分别用时37年、7年半和4年多
而最新的100次	仅用了33个月

在最近100次发射中

我国
- 首个空间站核心舱
- 嫦娥五号月球探测器
- 天问一号火星探测器
- 神舟载人飞船
- 天舟货运飞船
- 北斗三号导航卫星

等

“国之重器”均由长征火箭送入太空

据航天科技集团有关专家介绍

目前，新一代载人运载火箭、重型运载火箭等正在按计划开展研制，将有力推动

探月工程四期　小行星探测　木星探测
载人月球探测　首次火星采样　等

航天重大工程开展

新华社发（宋博 制图）

人航天飞行获得圆满成功，中国成为世界上第三个独立掌握载人航天技术的国家。

2008 年 9 月 25 日，中国第三艘载人飞船“神舟七号”成功发射，3 名航天员翟志刚、刘伯明、景海鹏顺利升空。9 月 27 日，指令长翟志刚身着中国研制的“飞天”舱外航天服，在刘伯明的辅助下，进行了 19 分 35 秒的出舱活动。中国成为世界上第三个掌握空间出舱活动技术的国家。

2012 年 6 月 18 日、24 日，“神舟九号”载人飞船与“天宫一号”目标飞行器先后成功进行自动交会对接和航天员手控交会对接。标志中国空间站开启太空建设阶段。

九天之上的安心家园

2021 年 4 月 29 日，中国在海南文昌用“长征五号”B 遥二运载火箭成功将空间站天和核心舱送入预定轨道，标志着我国空间站建造进入全面实施阶段。

这是中国空间站建造阶段的首次发射。中国空间站以天和核心舱、问天实验舱、梦天实验舱三舱为基本构型。天和核心舱是空间站发射入轨的首个舱段，也是目前我国自主研制的规模最大、系统最复杂的航天器，起飞质量达 22.5 吨。

截至 2022 年 5 月 8 日，天和核心舱成功发射已一年有余，接待了“神舟十二号”“神舟十三号”航天员乘组的 6 名航天员。此时此刻，离地近 400 公里的轨道上，天和核心舱“感觉良好”，等待着今年空间站建成的那一刻。这一年，核心舱上的环控生保系统在轨稳定运行，保障了 6 名航天员的安全和生活，成功实现了由补给式向再生式的重大跨越。

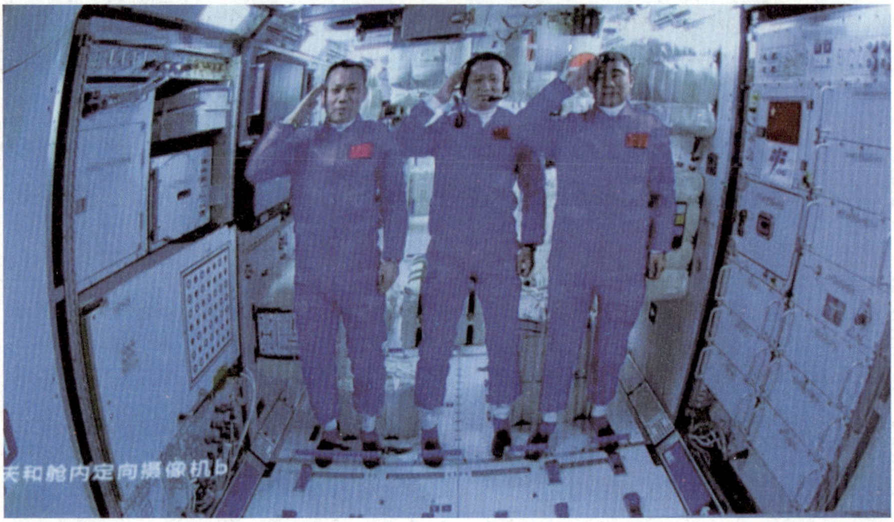

2021 年 6 月 17 日在北京航天飞行控制中心拍摄的进驻天和核心舱的航天员向全国人民敬礼致意的画面。（新华社记者 金立旺 摄）

——高分辨率对地观测：2013 年 4 月 26 日，中国成功发射高分辨率对地观测系统高分一号，此后，又成功发射高分二号至高分十四号卫星，初步构成中国自主高分率对地观测系统并形成体系能力。高分辨率对地观测系统是国家科技重大安排的光学立体测绘卫星，可高效获取全球范围高精度立体影像，测制大比例尺数字地形图，生产数字高程模型、数字表面模型和数字正摄影图等产品，将为“一带一路”建设提供基础地理信息保障。2020 年年底，高分遥感数据在 20 多个行业、30 多个区域得到广泛应用。在国土、环保、农业、林业、测绘等领域应用中取得了一系列重要成果。

——探月工程：“嫦娥四号”探测器通过“鹊桥”卫星中继通信，首次实现月球背面软着陆和巡视勘察，“嫦娥五号”地外天体采样返回，将 1731 克月球样品成功带回地球，为人类捧回 21 世纪的第一批月壤，中国成为世界上第三个带回月壤的国家。

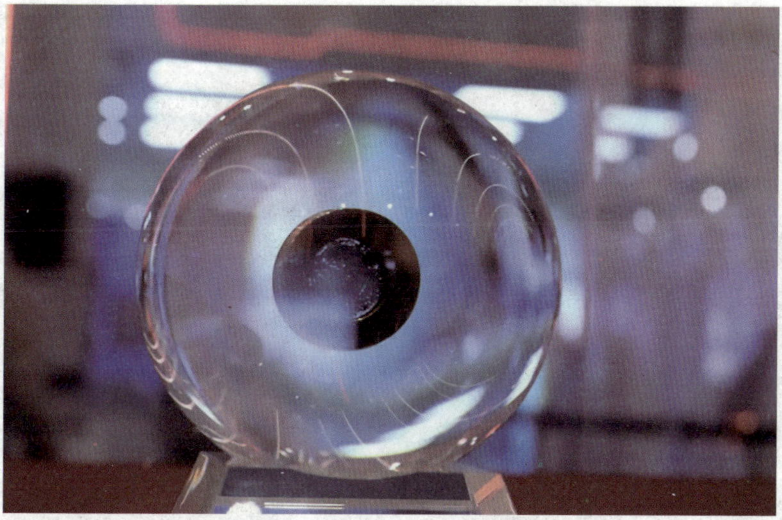

2021年10月21日，国家“十三五”科技创新成就展在北京展览馆开幕。图为展出的月壤样品。（新华社记者　金立旺　摄）

古有“奔月”神话，今有探月壮举。从“嫦娥一号”到“嫦娥五号”，中国探月工程“绕、落、回”三步走规划圆满收官。60多年来，中国航天事业从无到有、从小到大、从弱到强，攻克了一个又一个难关，实现了一批重大跨越，我国全面开启航天强国建设新征程。

——火星探测：中国首次火星全球遥感与区域巡视探测获国家批复立项，2020年飞向4亿公里外的火星，一步实现“绕、落、巡”。

乌托邦平原，科幻中经常出现的大本营、太空船的建造基地以及超级太空舰队驻守的基地。

2021年5月15日，中国“天问一号”探测器成功着陆于火星乌托邦平原南部预选着陆区，中国成为第二个成功着陆火星的国家。

“天问一号”探测器着陆火星首批科学影像图，已于2021年6月11日公布，这标志着中国首次火星探测任务取得圆满成功。

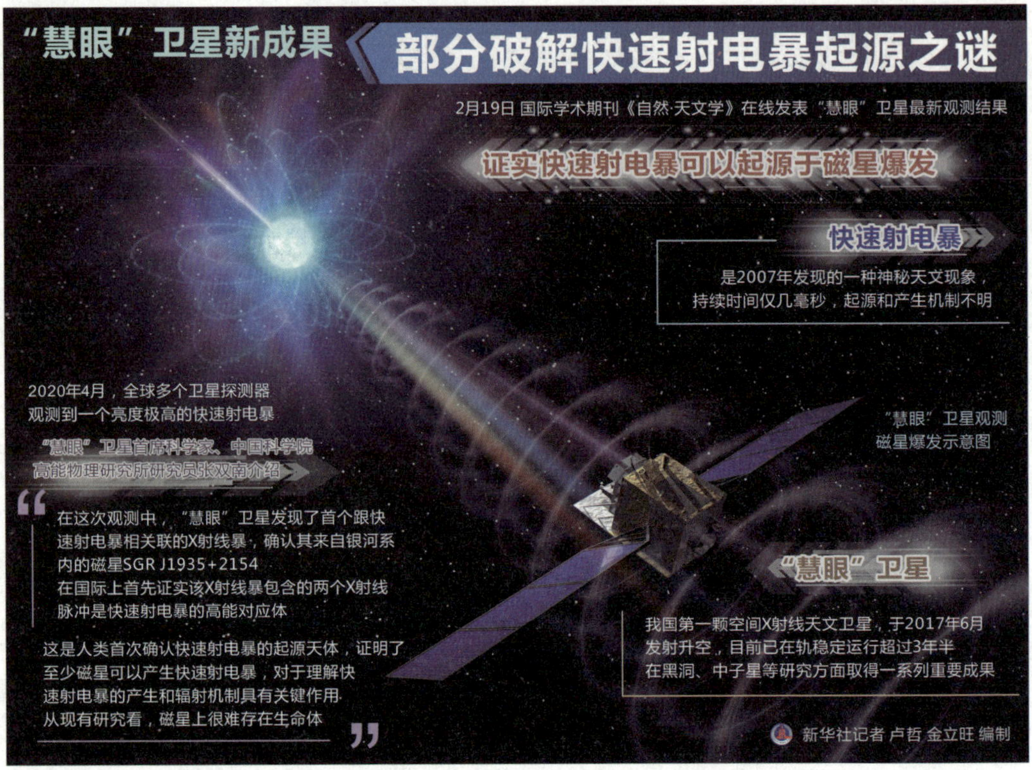

——"慧眼"卫星直接测量到迄今宇宙最强磁场：2017 年 6 月 15 日，"慧眼"硬 X 射线调制望远镜卫星发射升空。它装载着高能、中能、低能 X 射线望远镜和空间环境监测器等 4 个有效载荷。"慧眼"卫星升空后，陆续取得一系列重大科学成果，包括观测到双中子星并合引力波事件、黑洞双星爆发过程的全景、第 24 太阳活动周最大耀斑的高能辐射过程，以及直接测量到宇宙最强磁场、高精度实现了脉冲星导航的在轨验证、发现距离黑洞最近的相对论喷流、发现逃离黑洞的高速等离子体、发现并证认了首例和快速射电暴同时发生并且来自磁星（磁场极强的中子星）的 X 射线暴等。

……

“航天技术应用产业既能直接创造巨大产出改善民生，又能有力助推整个国家的产业升级。”中国空间技术研究院院长张洪太说。

如今，北斗导航系统“指挥”收割机飞驰在广袤农田；万艘装有北斗海洋渔业终端的渔船可获得实时应急求救、海况、渔讯服务……“北斗+”正深刻改变传统产业的发展方式。

2020年6月，“北斗三号”全球组网系统提供覆盖全球的定位、导航和授时服务，国内卫星导航与位置产业服务产值超过4000亿元。

1987年我国返回式卫星首次搭载植物种子试验以来，已进行了30余次1000多个品种的植物种子太空育种。诱变培育出200多个高产、优质、多抗的新品种，太空作物的年种植面积达到3000万—5000万亩。

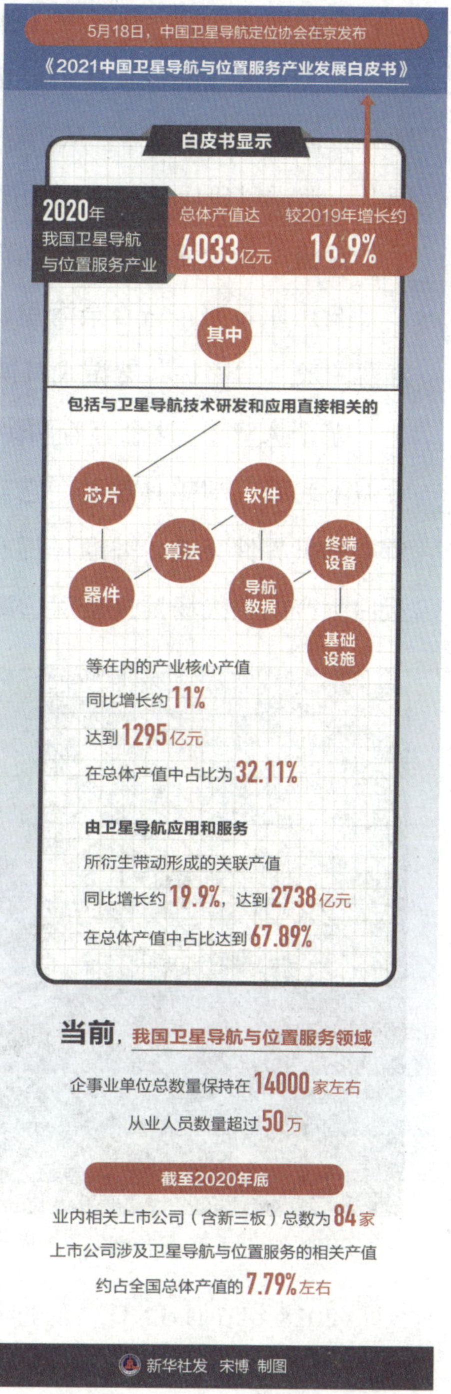

坚持陆海统筹 建设海洋强国

人类对海洋的探索从未停止。党的十八大以来，中国正加速海洋科技创新，成果显著。从“深渔”到“深潜”，从“深钻”到“深网”，海洋科研成就“中国深度”。

深渔 为全面小康生活加料

自山东日照东行百余海里，黄海冷水团中，“深蓝 1 号”犹如襁褓一般，“呵护”着游弋其间的三文鱼。

茫茫大海中，这个有着两个足球场大小、重1500吨的八角网箱，看似不起眼，却颇具意义。它实现了我国在温暖海域养殖鲑鳟冷水鱼类的世界性突破，并通过拥有自主知识产权的渔业装备，将优质蛋白生产的主战场推进至深远海。

2021 年 6 月 21 日拍摄的“深蓝 1 号”。（新华社发 彭照军 摄）

2018 年 6 月 12 日，习近平总书记在青岛海洋科学与技术试点国家实验室考察时强调，海洋经济、海洋科技将来是一个重要主攻方向，从陆域到海域都有我们未知的领域，有很大的潜力。

随着“深蓝1号”“国信1号”“国鲍1号”等越来越多的渔业“大国重器”次第投放和海洋科技的不断创新突破，我国将在深远海智能养殖上再掀浪潮。

与此同时，攻破渔业卡脖子的翻身仗也不断打响。陆基孵育、前海驯化、深远海养殖的陆海统筹新局面不断开创，人海和谐，美美“渔”共的精致画卷徐徐展开。

作为国家唯一的海洋牧场建设综合试点省份，山东目前省级以上海洋牧场示范区（项目）达到105处，其中，国家级44处，占全国的40%以上，居全国首位。

在多种“黑科技”的加持下，“深蓝1号”在黄海冷水团养殖出的三文鱼，与国外主产区相比，成鱼快、品质优、病害少、人工与物流成本低。水温适宜的前提下，预计每年可收获30万条成品三文鱼，产量超过1500吨，年产值超过1亿元。

向海图强。在山东，海洋牧场建设直接带动水产苗种培育、水产品精深加工、渔业装备制造、渔业休闲旅游等产业快速发展，促进三产融合，推动海洋经济向质量效益型转变。2020年山东实现海洋生产总值1.32万亿元，今年一季度同比增长21.9%，海洋经济成为新动能、新产业增长最快领域之一。

深潜　深海设备谱系化国产率高

深海潜水领域成功研制了“海翼”“潜龙”“探索”“海斗”“海星”等谱系化深海科研设备。“海斗一号”完成万米海试，“奋斗者”号成功坐底。

“蛟龙”号、“深海勇士”号、“奋斗者”号深海载人潜水器，

“海斗”“潜龙”“海燕”“海龙”号无人潜水器……这一个个名字，彰显的是中国深海装备技术的发展完善。1986年，中国第一艘载人潜水器研制成功，它的下潜深度只有300米。2012年，中国自行设计的“蛟龙”号载人潜水器成功下潜至7062米，让中国具备了载人到达全球99.8%以上海洋深处进行作业的能力。从300米到7062米，在不到30年的时间内，中国人在深海装备领域取得了一个又一个突破性进展。2018年3月，中国又推出第二代载人深潜器“深海勇士”，相较于“蛟龙”号，“深海勇士”国产化率更高，达到95%，载人舱等核心设备也实现了国产化。2021年3月，万米载人潜水器“奋斗者”号横空出世，不仅再次刷新了深潜深度，还实现了诸多“中国创造”，其核心部件国产化率超过96.5%。

2020年11月28日8时30分许，创造了10909米中国载人深潜新纪录的“奋斗者”号，完成第二阶段海试，胜利返航。（新华社发）

深钻 “深海一号”和“海基一号”

“深海一号”是中国首个自主完成设计、建造和安装的大型深水项目，对中国海洋石油事业来说具有里程碑式的意义。每年将为粤、港、琼等地稳定供气30亿立方米，对保障国家能源安全、优化能源结构和提升我国深海资源开发能力具有重要意义。

40层楼高的海上“巨无霸”、24万个零部件组成的“机器岛”、最大投影面积相当于两个标准足球场……

这就是“深海一号”作业平台——全球首座十万吨级深水半潜式生产储油平台，名副其实的大国重器。

2021年5月12日，在海南岛东南陵水海域拍摄的“深海一号”能源站。（新华社记者 蒲晓旭 摄）

2021年6月，在距离海南三亚约150公里的陵水海域，我国目前自主发现的水深最深、勘探开发难度最大的海上深水气田——“深海一号”大气田投产。由生物遗体分解而成、深埋于海底的天然气，从1500余米水深处、数千米深的开发井底“涌”向“深海一号”作业平台，经处理达标后，顺着海底管线“游”向千家万户。

天然气完成从海底至灶头这趟“旅途”只需 1 天，背后却是几代科研人员对“卡脖子”技术的接力攻关。

3 项世界级创新、13 项国内首创技术、12 项关键核心技术突破……“深海一号”标志着我国深水油气开发和深水海洋工程装备技术取得重大突破，我国海洋石油勘探开发能力实现了从 300 米水深到 1500 米水深的历史性重大跨越，迈入了“超深水时代”。

“海基一号”是我国自主设计的 300 米级深水导管架，实现了我国深水导管架设计、建造、安装等技术质的飞跃，对推动海上油气增储上产、保障国家能源安全具有重要战略意义。

“海基一号”是一个“大家伙”：高达 302 米，堪比埃菲尔铁塔，重达 3 万吨，所用钢材可制造 1 艘中型航空母舰，是亚洲首例 300 米级深水导管架。

滑移下水、扶正坐底、精准安装……2022 年 4 月 11 日，我国自主设计建造的亚洲第一深水导管架“海基一号”在南海东部珠江口盆地海域精准就位，将服役于我国陆丰 15–1 油田开发。

这是国内首次尝试 300 米级深水导管架平台开发模式，标志着我国深水超大型导管架成套关键技术和安装能力达到世界一流水平。“海基一号”的成功应用为经济有效开发我国 200–400 米水深海域的油气资源开拓了一条新路。

深网　加快构建海底观测网络

海底长期观测是未来趋势已成为共识。2009 年，中国科学家汪品先院士领衔建成东海海底观测小衢山试验站。2012 年 11 月，第一届海底观测科学大会在同济开幕，国内外近 300 位专家到会；

2013 年 4 月，同济大学联合厦门大学、上海交通大学和浙江大学，建设海洋科学与技术相结合的“海底观测科学工程协同创新中心”……经过多年的努力，2017 年，同济大学牵头的国家“十二五”重大科技基础设施建设项目——“国家海底科学观测网”获批。国家海底科学观测网将在我国东海和南海分别建立主要基于光电复合缆连接的海底科学观测网，实现中国典型边缘海（东海和南海）从海底向海面的全方位、综合性、实时的高分辨率立体观测；在上海临港建设监测与数据中心，对整个海底科学观测系统进行监测与数据存储和管理。

目前，发达国家纷纷布局海底观测系统，将其作为新一代海洋科学的制高点之一。汪品先院士说：“深海观测是国际前沿科技手段，其难度极高、风险极大，中国科学家要敢于知难而进，贡献自己的智慧。”未来，结合海底长期观测网项目，还将建设海洋科学研究中心，助推上海科创中心建设。

信息技术：建设网络强国

全面建成小康社会，我国开启了全面建设社会主义现代化国家的新征程。信息技术领域使命光荣、责任重大。坚持以习近平新时代中国特色社会主义思想为指导，认真贯彻落实党中央、国务院决策部署，增强“四个意识”、坚定“四个自信”、做到“两个维护”，心怀“国之大者”，坚持走中国特色新型工业化道路，锐意进取、开拓创新、扎实工作，全力推进信息网络强国建设，为全面建设社会主义现代化国家作出新的更大贡献。

从 300 人一部电话到一人一部手机，让我随时联系到你改革开放40多年来，得益于通信技术的升级革新和通信方式的嬗变，人们的生活方式也在不断变迁。BP机、“大哥大”等一批风光无限的物件，在人们的生活中来了又去了；接线员、寻呼机话务员等当时的新兴职业，迅速出现后又快速消失；曾经让很多人感到甜蜜温馨的写信、寄信、收信、回信等生活场景，如今却成为“00后”们听来极其陌生的生活片段。不过，种种改变背后，能随时随地联系到家人、朋友，正是变迁当中的一个重要内涵。

1979年10月，成都市电信局成都—宜宾的长途话务员洪子倩，业务操作熟练，是长话科单项熟记电话号码的标兵，她能熟背全市2075个单位的电话号码，对用户的问号回答如流。她所包的线路被评为全省的红旗线路。（新华社记者 熊汝清 摄）

改革开放40多年来，特别是近些年来，我国互联网基础设施建设不断优化升级，提速降费政策稳步实施，推动移动互联网接入流量显著增长，网络信息服务朝着扩大网络覆盖范围、提升速度、降低费用的方向发展，互联网更加普惠化。截至2020年12月，我国网民规模达9.89亿人，我国手机网民规模达9.86亿人。

党的十八大以来，我国深入落实网络强国建设和数字经济发展战略，加快完善新型基础设施建设。

我国建成全球最大规模光纤和移动通信网络，固定宽带从百兆提升到千兆，光网城市全面建成；移动通信从 4G 演进到 5G，中国 5G 基站、终端连接数全球占比分别超过 70% 和 80%。全国行政村、脱贫村通光纤和 4G 的比例均超过 99%，我国农村通信难问题得到历史性解决，农村通信和网络“数字鸿沟”消除。

网络应用从消费向生产拓展。移动支付广泛普及，网络购物、在线学习、远程办公等成为工作生活新方式。

截至 2021 年 8 月，我国累计建成 5G 基站 103.7 万个，全球占比超 70%；5G 终端连接数近 4.2 亿，全球占比超 80%。

量子信息世界领先

党的十八大以来，我国科技加速发展，国家创新体系更加健全，创新能力大幅提升，涌现了一批重大科技成果。创新国家建设取得决定性进展，有力支撑引领了全面小康社会的进程。

原始创新能力方面，取得了以量子通信、量子计算为代表的重大原创性科技成果。

量子通信技术方面，中国科学技术大学科研团队研发取得了举世瞩目的成就，处于世界领先水平。

2016 年 8 月 16 日，由中科大主导研制的“墨子号”成功发射，在世界上首次实现了卫星和地面之间的量子通信。

2017 年，总长超过 2000 公里的量子保密通信“京沪干线”正式开通，中国成为目前世界上最远距离的基于可信中继方案的

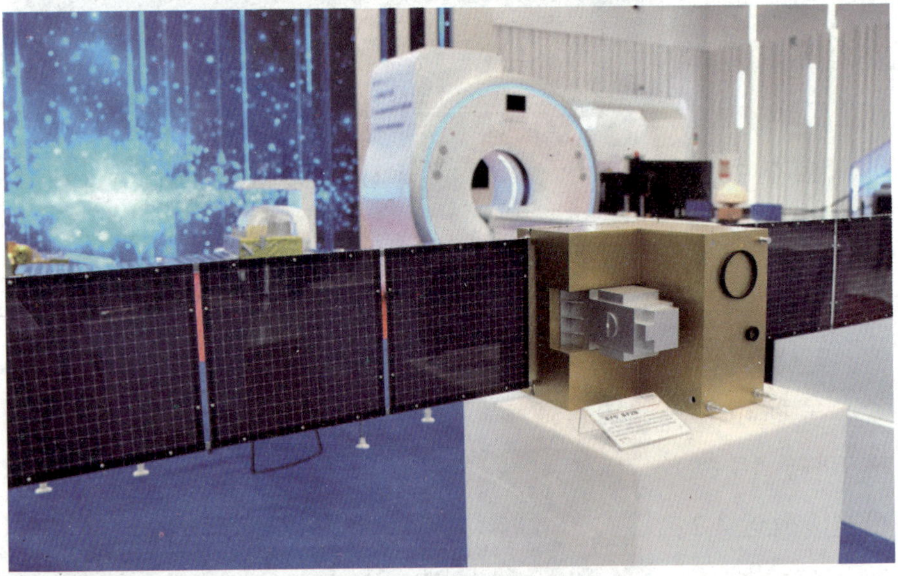

这是在安徽创新馆拍摄的“墨子号”量子卫星模型（2020 年 8 月 25 日摄）。（新华社记者 刘军喜 摄）

量子安全密钥分发干线。

2022 年 5 月 6 日，据中国科学技术大学获悉，该校科研团队利用“墨子号”量子科学实验卫星，在近期首次实现了地球上相距 1200 公里两个地面站之间的量子态远程传输，向构建全球化量子信息处理和量子通信网络迈出重要一步。

从量子科技上升为国家战略，到被写入“十四五”规划中，量子通信行业发展加速。据业内机构预测，到 2023 年，我国量子通信行业市场规模将达到 805 亿元。

在量子计算方面，2021 年 10 月 27 日，据中国科学技术大学获悉，该校科研团队与中科院上海微系统与信息技术研究所、国家并行计算机工程技术研究中心合作，近期成功构建 113 个光子 144 模式的量子计算原型机“九章二号”，求解高斯玻色取样数学问题比目前全球最快的超级计算机快 10 的 24 次方倍（亿亿亿倍），在研制量子计算机之路上迈出重要一步。

2020 年，该校团队成功构建 76 个光子的量子计算原型机“九章”，处理高斯玻色取样问题的速度比超级计算机快一百万亿倍，使中国成为全球第二个实现“量子优越性”的国家。

2021 年以来，该校团队进行了一系列概念和技术创新，于近期成功研制出“九章二号”。

主要有三大突破，首先显著提高了量子光源的产率、品质和收集效率，将光源关键指标从 63% 提升到 92%。其次，将多光子量子干涉线路从 100 维度增加到 144 维度，操纵的光子数从 76 个增加到 113 个。最后，新增了可编程功能。

结果显示，“九章二号”的算力实现巨大提升。根据目前已发

表的最优经典算法，“九章二号”求解高斯玻色取样问题的处理速度，比全球最快的超级计算机快亿亿亿倍，比“九章”快100亿倍。“九章二号”1毫秒可算出的问题，全球“最快超算”需30万亿年。

2021年10月25日，国际权威学术期刊《物理评论快报》发表了该研究成果。

据悉，未来的通用型量子计算机可望在密码破译、天气预报、材料设计、药物分析等领域发挥作用。目前的“九章二号”还只是“单项冠军”，但其超强算力，在图论、量子化学等领域具有潜在应用价值。量子科技的重大突破，是中国创新发展的一个缩影。

第二节
尊师重教助小康稳步推进

教育是民族振兴和社会进步的基石，是国之大计、党之大计。

70 多年来，我国教育改革发展波澜壮阔，全民族的思想道德素质和科学文化素质全面提升，为经济社会持续健康发展作出了基础性、全局性、先导性贡献。

国将兴　必贵师而重傅

新中国成立初期，我国教育水平低下，人口文化素质差，学龄儿童入学率和初中毛入学率分别为 20% 和 3.1%，全国 80% 以上人口是文盲。新中国高度重视发展教育事业，1950—1969 年，我国先后开展 4 次扫盲识字教育，至 1964 年文盲率降为 33.58%。1978 年，基本普及小学教育，学龄儿童入学率达到 95.5%；1982 年，文盲率降至 22.8%；2020 年，文盲人口占总人口的比例下降至 2.67%（见下表），15 岁及以上人口平均受教育年限提高至 9.91 年，高中教育全面普及。我国教育不让一个人掉队，不让一个区域落下，不让一个民族滞后，体现了实现人的全面发展和实现全体人民发展的有机统一。

改革开放以来，我国教育进入全面发展时期，义务教育不断完善，高等教育逐步加强，国民受教育程度不断提高。2020 年，九年义务教育巩固率达 95.2%；普通本专科在校学生 3285.3 万人，比

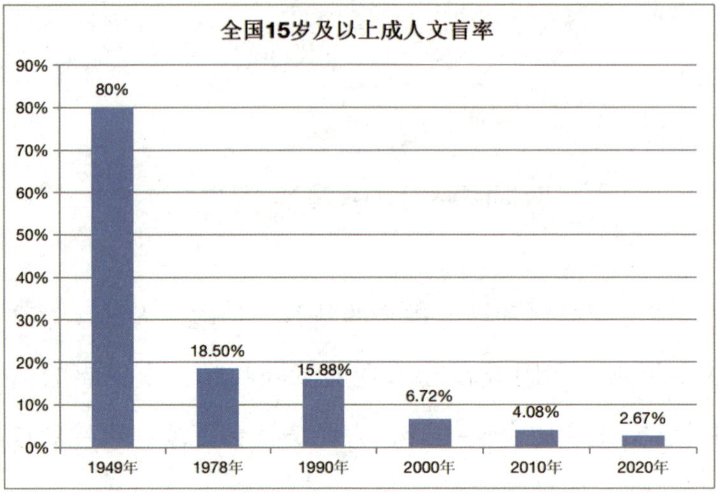

数据来源：国家统计局

1978 年增长 37 倍。

党的十八大以来，我国教育事业取得新的历史性进展，总体发展水平跃居世界中上行列，现代职业教育体系初步建立。2020 年，我国高等教育毛入学率已达到 54.4%，高于中高收入国家平均水平；中等职业教育学校达到 9865 所。全国中小学（含教学点）网络接入率达到 100%，未联网学校实现动态清零，98.35% 的中小学拥有多媒体教室。教育事业发展有效提升了全民族的科技文化素质，为社会主义现代化建设培养了大量人才资源。

各级教育普及情况

指标 / 年度	1949 年	1978 年	2000 年	2020 年
学前教育毛入园率	0.4%（1950 年）	10.6%	46.1%	85.2%
小学学龄儿童净入学率	20.0%	94.0%	99.1%	99.96%
初中阶段毛入学率	3.1%	66.4%	88.6%	102.5%
高中阶段毛入学率	1.1%	35.1%	42.8%	91.2%
高等教育毛入学率	0.26%	2.7%	12.5%	54.4%

数据来源：国家统计局

新中国成立以来，我国教育事业攻坚克难，建立了世界上规模最大、体系完善、结构合理的现代化教育体系。2020年，各级各类学校53.71万所，比1949年增加18.5万所；在校生2.89亿人，是1949年的7.3倍。

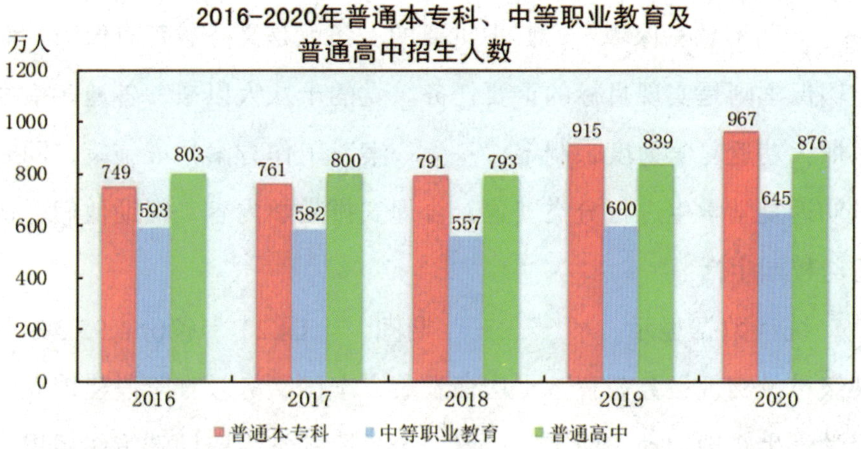

党的十八大以来，国家加大教育经费、国家财政性经费投入，两项经费总额显著增长。

2012—2020年，我国教育经费从28655亿元增至53014亿元，国家财政性教育经费从23148亿元增至42891亿元。

教育事业的长足发展，保障了亿万人民群众受教育的权利，有效提升了全民族的科技文化素质，培养了数以亿计的高素质劳动者和技术技能人才。

教育是民生大事　须筑牢公平之基

党中央始终把教育摆在优先发展的战略位置，国家财政性教育经费占国内生产总值比例连续保持在4%以上，优先向农村地区、困难群体、少数民族地区、贫困地区教育发展倾斜，城乡义务教育一体化稳步推进，区域、城乡、校际差距逐步缩小，高校招生持续向中西部和农村地区倾斜，学生资助制度不断健全，更多孩子拥有了人生出彩的机会。

让每个孩子享有受教育的机会

“两不愁三保障”，其中重要的一条就是义务教育有保障，而控辍保学则是实现目标的重要任务。党的十八大以来，各地多措并举加大劝返复学力度，制定“一生一案”工作方案精准施策，同时对劝返复学学生进行分类安置，合理安排教学内容，帮助他们尽快适应校园生活。

统计数据显示，“十三五”期间，全国 23 个省份、95.3% 的县级单位实现义务教育基本均衡发展，全国义务教育阶段建档立卡辍学学生实现“动态清零”；覆盖全学段的学生资助政策体系累计资助贫困生 3.91 亿人次、资助金额达 7739 亿元。

2021 年，全国九年义务教育巩固率达到 95.4%，比 2012 年提高了 3.6 个百分点，义务教育普及程度超过世界高收入国家平均水平。义务教育阶段建档立卡脱贫家庭辍学学生自 2020 年年底保持动态清零，历史性解决了长期存在的辍学问题，全面实现了义务教育有保障。

“努力让每个孩子享有受教育的机会”，这是庄严的承诺，也是奋进的方向。

——随迁子女入学不再难。各地积极贯彻落实随迁子女入学相关政策，以流入地政府管理为主、以公办学校为主安排随迁子女就学；进一步健全以居住证为主要依据的入学办法，简化证明材料，降低入学门槛；全面实行免试就近入学和“公民同招”，严禁收取借读费、赞助费，发现一起查处一起。2021 年，全国义务教育阶段随迁子女在公办学校就读和享受政府购买民办学校学位服务的占比达到 90.9%。

2014 年 7 月 14 日，孟诗佳看着父亲填写入学申请表。2014 年合肥市继续扩大定点学校数量，共确定进城务工人员随迁子女就读定点学校 206 所，比去年增加 11 所。（新华社记者　刘军喜　摄）

——家门口就有普惠幼儿园。党的十八大以来，“幼有所育”取得显著成效，各地以县为单位制订普惠性幼儿园布局规划，大力发展公办园，积极扶持民办园提供普惠性服务。同时落实政府投入为主、家庭合理分担、其他多渠道筹措经费的学前教育投入机制。2021 年，全国学前三年毛入园率达 88.1%，普惠性幼儿园覆盖率达到 87.8%，公办园在园幼儿占比达 51.9%。

——残疾孩子受教育机会大幅增加。按照精准核查、科学评估、分类安置的原则，各地就近就便优先安排适龄残疾儿童就读，对重度残疾、无法到校就读的残疾儿童提供送教上门服务。2021 年，适龄残疾儿童义务教育入学率 95% 以上，在此基础上，全面向学前、高中以上阶段两端延伸，确保各类适龄残疾儿童“应入尽入”。

让亿万孩子同在蓝天下共享优质教育

在历史性地解决了“有学上”问题之后，教育公平实现新跨越，如今正乘势而上，向着“让亿万孩子同在蓝天下共享优质教育”的愿望迈进。

党的十八大以来，国家先后实施义务教育全面改薄、乡村小规模学校和乡镇寄宿制学校建设、义务教育薄弱环节改善与能力提升等工程项目，重点加强农村学校建设，99.8% 的学校办学条件达到基本要求。

目前，全国中小学（含教学点）联网率达100%，未联网学校实现动态清零，国家数字教育资源公共服务体系已将32个省级平台全部接入，教育信息化水平大幅提高。

左图：2003年6月13日，云南省澜沧拉祜族自治县木戛乡哈卜吗村小学的学生张扎妥（右）在教室上课（新华社记者 秦晴 摄）；右图：2021年3月3日，张扎妥的女儿张娜妥（右二）在哈卜吗村小学一年级的课堂上（新华社记者 江文耀 摄）。

在硬件设施改善的同时，乡村教师队伍建设也不断加强。党的十八大以来，“特岗计划”规模不断扩大，中央财政累计投入779亿元，为中西部地区乡村学校补充103万名教师，覆盖中西部地区22个省份的1000多个县、3万多所学校。2021年，中西部欠发达地区优秀教师定向培养计划启动实施，每年将为脱贫县及中西部陆地边境县中小学校培养1万名左右师范生。

“推进义务教育优质均衡发展和城乡一体化是一项重大任务，目前全国所有县（市、区）都通过了国家义务教育基本均衡督导评估验收，下一步将从基本均衡向优质均衡迈进。”教育部相关负责人介绍。

让每个孩子都有人生出彩的机会

扶贫必扶智，治贫先治愚。要让广大学生健康快乐成长，让每个孩子都有人生出彩的机会，就要不断拓宽贫困学生纵向流动的通道，为贫困地区学生创造更为公平的受教育机会。

“多亏了好政策，我才能到北京读大学。”谢非是来自宁夏回族自治区固原市西吉县的贫困学生，得益于国家实施的重点高校招收农村和贫困地区学生专项计划，考入中国农业大学。

像谢非一样受益于“专项招生计划”的学生还有很多。党的十八大以来，通过单列计划、单独录取等方式，保障农村和贫困地区学生上重点高校的长效机制逐步建立。10 年来，专项计划每年招生规模不断扩大，由 2012 年的 1 万人扩至 2021 年的 12.2 万人，累计录取学生 82 万余人，极大增加了贫困地区学生获得优质高等教育资源的可能。

职业教育也让众多年轻人获得了改变命运的机会。在四川省成都市第一人民医院，护士扎西祝玛照顾着几位患者，无微不至。“我原本以为自己要放一辈子的羊，没想到还能继续学习，甚至有一天能定居成都，成为一名医院职工。”扎西祝玛心怀感激。

当前，我国职业院校 70% 以上的学生来自农村，“职教一人，就业一人，脱贫一家”成为许多家庭的生动写照。2013—2020 年年底，累计有 800 多万贫困家庭学生接受中高等职业教育，更多技能改变人生的故事正在发生。

让更多的孩子走出大山、带着梦想飞得更高更远，离不开完善的资助体系。党的十八大以来，学生资助制度不断健全、资助资金投入力度不断加大，帮助数千万家庭经济困难学生顺利入学、完成学业。

据介绍，目前我国学生资助项目实现了“三个全覆盖”，即所有学段全覆盖、公办民办学校全覆盖、家庭经济困难学生全覆盖，从制度上保障了“不让一个学生因家庭经济困难而失学”。

一项项政策、一组组数据、一张张笑脸，都是教育公平的阳光洒向祖国大地的印记。在以习近平同志为核心的党中央坚强领导下，更加公平更高质量的教育体系正在形成，教育发展成果必将更多更公平惠及全体人民。

从“双一流”建设到教育强国

新中国成立之初，我国仅有普通高等学校 205 所，经过数十年发展，尤其是 1999 年中国高等院校开始实行扩大招生之后，高等院校的数量、招生人数、在校生人数、毕业生人数以及学校的规模都有很大的增长。

截至 2020 年 6 月 30 日，全国高等学校（未包含港澳台地区高等学校）共计 3005 所，其中：普通高等学校 2740 所，含本科院校 1258 所、高职（专科）院校 1482 所，成人高等学校 265 所。

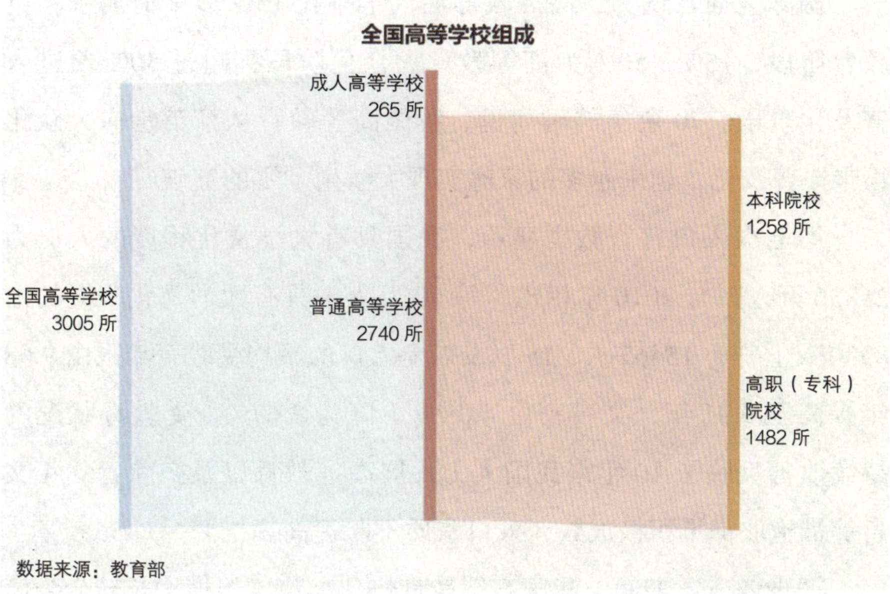

随着教育不断改革，我国高等教育招生规模不断增加，在校学生人数不断增长。

1949 年，我国普通高等学校在校学生数仅 11.7 万人，1978 年 85.6 万人，1990 年 206.3 万人……2020 年，我国普通高等学校在校学生数达 3285.3 万人。

高等教育规模的迅速扩大，让大学生不再是“凤毛麟角”，让更多中国人实现了接受高等教育的愿望。

高等教育进入普及化阶段

70 多年来，我国高等教育毛入学率不断提升。

1949 年，我国高等教育毛入学率仅 0.26%。1977 年恢复高考、1999 年的扩招开启了中国高等教育规模式的发展，2003 年，高等教育毛入学率快速突破 15%，进入大众化阶段。2020 年，高等教育毛入学率达到了 54.4%。

国际上通常认为，高等教育毛入学率在 15% 以下时属于精英教育阶段，15%—50% 为高等教育大众化阶段，超过 50% 便进入普及化阶段。70 余年的时间里，我国高等教育从精英走向大众化再走向普及化，越来越多的家庭实现大学生“零的突破”。

第七次人口普查数据显示，我国具有大学文化程度的人口为 21836 万人，与 2010 年相比，每 10 万人中具有大学文化程度的由 8930 人上升为 15467 人，15 岁及以上人口的平均受教育年限由 9.08 年提高至 9.91 年，文盲率由 4.08% 下降为 2.67%。受教育状况的持续改善反映了 10 年来我国大力发展高等教育以及扫除青壮年文盲等措施取得了积极成效，人口素质不断提高。

“十四五”期间，我国高等教育将从高速度规模增长转变为高质量内涵式发展。教育部发展规划司司长刘昌亚表示，到“十四五”末，高等教育毛入学率力争提升到60%。

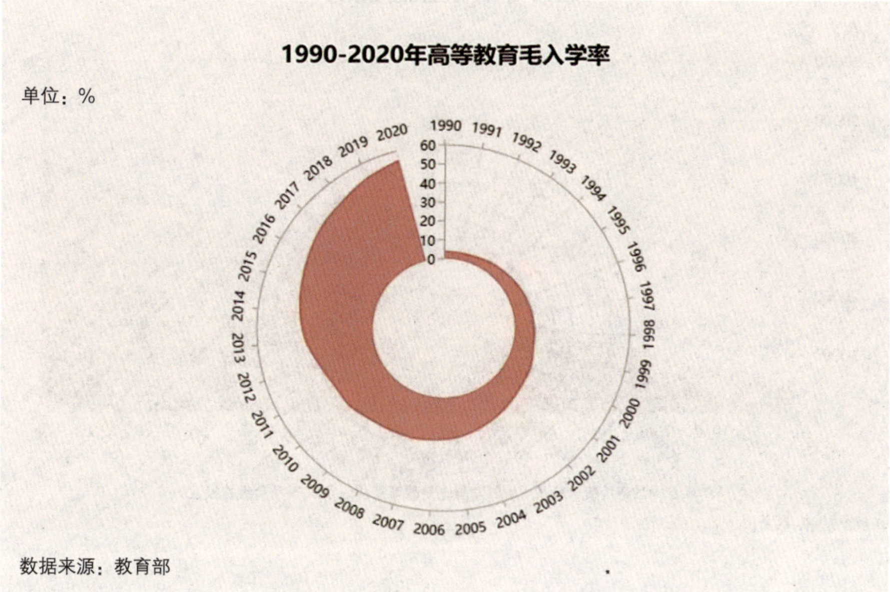

高等教育经费投入不断增加

充足的经费投入是推动高等教育快速健康发展的重要保障之一。“兵马未动，粮草先行”，我们的高等教育规模如此巨大，在经费上的巨大投入自然是少不了的。

高等教育事关国家发展、事关民族未来。高等教育的财政投入是提升高校师资力量、改善科研条件、加强基础建设等方面的关键点。目前，我国高等教育投入来源的渠道和方式多样，但主要分为政府投入和社会投入。

近年来高等教育经费投入不断增加。2005年我国高等教育经费投入3524亿元，2015年这一数据增长到9518亿元，十年间我国高等教育经费投入增长了1.7倍。2020年高等教育经费投入

13999 亿元，比上年增长了 535 亿元。

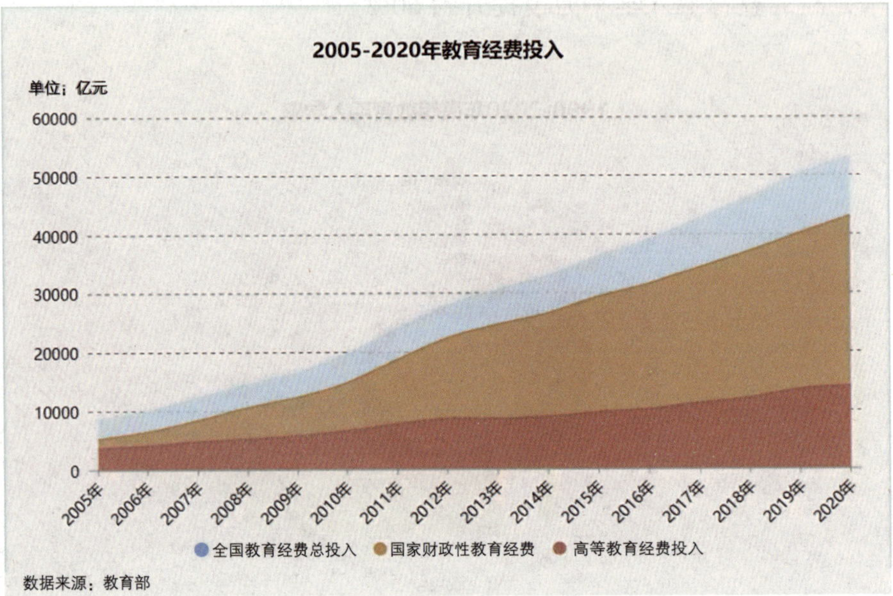

高校作为科技第一生产力、人才第一资源和创新第一动力结合点，是国家创新体系的重要组成部分。2016—2019 年，高校科技经费总额达到 7820 亿元。创新资源的汇聚，为高校原始创新能力提升和关键核心技术突破奠定了坚实基础。

经历了高等教育从精英化走向大众化再走向普及化，我国成为世界上最大规模的高等教育大国。同时，研究型、应用型等各类高校各安其位各展所长，学科专业结构不断优化，高等教育多样化发展体系正在形成。

当前中国的知识密度和知识资本正在崛起，在全世界范围内，没有任何一个国家，拥有如此大规模接受高等教育的人群。高等教育人群的创新力量一旦被激发，中国的经济又将再次迎来巨变。

扩大教育对外开放

中国大规模的出国留学热潮是在 1978 年实行改革开放政策之后。从 1978 年至 1998 年年底的 20 年间，中国累计共有 32 万人出国留学，分布在 103 个国家，其中国家公派 5 万多人，单位公派 10 万余人，自费出国留学近 17 万人，有 11 万多人先后学成回国。也有越来越多的留学人员短期回国参加学术会议、讲座，开展科研合作，以多种形式为国服务。

这是一个民族史上罕见的人才回流潮：党的十八大以来，我国正形成最大规模留学人才“归国潮”。截至 2016 年年底，中国留学回国人员总数达到 265.11 万人。仅 2016 年就有 43.25 万留学人员回国，较 2012 年增长 15.96 万人，增幅达 58.48%。2016—2019 年，中国出国留学人数 251.8 万人，回国 201.3 万人，学成回国占比达

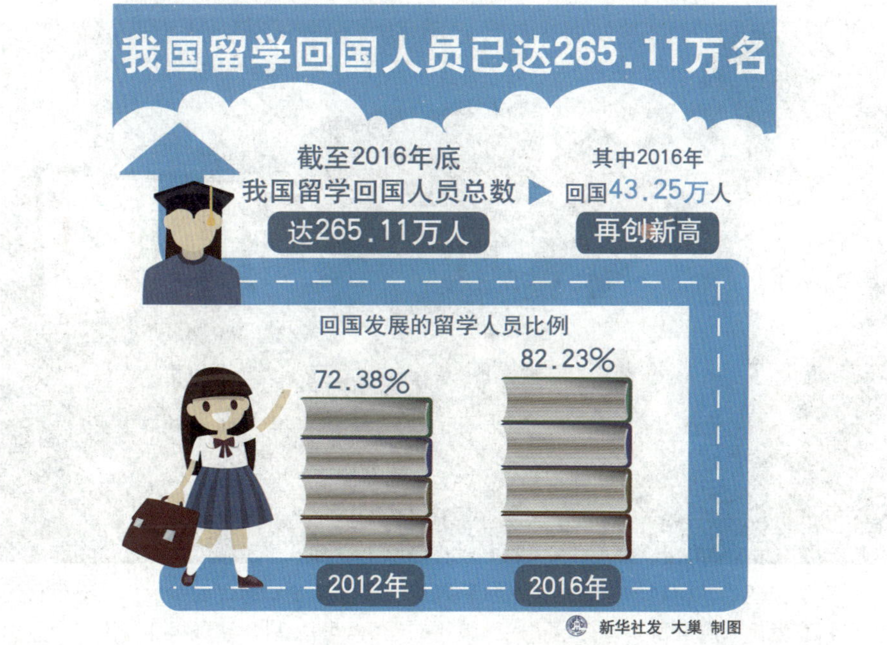

发布日期：2017 年 4 月 11 日

八成（79.9%）。

2021年回国创新创业的留学人员首次超过100万人。我国出国留学回国人员从1978年的248人增长到2021年超过100万人。

1978—2021年留学回国人员情况

年份	1978	1999	2000	2010	2021
人数	248	7748	9121	134800	1000000

数据来源：国家统计局

这是一个国家崛起于世界舞台的“磁场效应”：中国特色社会主义事业蓬勃发展的新局面和不断增长的国际影响力，对海外人才形成了强大的吸附力。拥抱“中国机遇”，投身“中国梦”，成为众多海外人才的共同选择。

科学无国界，但科学家有祖国。从李四光、钱学森到新时代的黄大年，一代代爱国科学家就像闪耀的群星，托起了民族腾飞的翅膀。图为科学家黄大年（中）带领科研团队成员研究问题（2010年11月22日摄）。（新华社发）

这是一个执政党求贤若渴的宽广胸怀：党的十八大以来，党中央明确提出“聚天下英才而用之”的战略目标，加快构建具有全球竞争力的人才制度体系，“千人计划”“人才签证”“留学生创业”……不拘一格招才引智，为海外人才创新创业提供了更广阔的舞台和空间。越来越多的海外学子，在“大磁场”的强大引力下纷纷归国，投身到这场伟大的民族复兴洪流，弄潮其中，风光无限。

“十三五”期间，习近平总书记在一系列重大场合多次对外宣示扩大教育对外开放，饱含深情给莫斯科大学中国留学生和北京科技大学全体巴基斯坦留学生回信并提出殷切希望。2020 年 5 月，我国出台《教育部等八部门关于加快和扩大新时代教育对外开放的意见》，突出“加快”和“扩大”，强调“提质”和“增效”，体现了教育对外开放在危机中育新机、于变局中开新局的主动作为。

教育对外开放领域着力加大制度建设和体制机制创新力度。来华留学聚焦提高质量。出台《学校招收和培养国际学生管理办法》《来华留学生高等教育质量规范（试行）》《中国政府奖学金工作管理办法》，规范高校接受国际学生的资格条件，来华留学质量规范与监管体系不断完善，来华留学生结构不断优化。

2019 年，来华留学学历生比例达 54.6%，比 2016 年提高 7 个百分点。

2016 年 7 月，教育部出台《推进共建“一带一路”教育行动》。2017 年 5 月，“丝绸之路”中国政府奖学金纳入首届“一带一路”国际合作高峰论坛成果。2019 年在我国学习的“一带一路”沿线国家留学生占比达 54.1%。同年，中国与俄罗斯双向留学交流人员规模突破 10 万人，提前一年实现两国元首确定的目标。“十三五”

期间，我国新签 11 份高等教育学历学位互认协议，已累计覆盖 54 个国家和地区。与此同时，我国各级各类教育赴境外办学稳步推进，发布《高等学校赴境外办学指南》，加快“鲁班工坊”建设，启动中国特色海外国际学校建设试点。2020 年 9 月 1 日，迪拜中国国际学校作为首批试点正式开学。

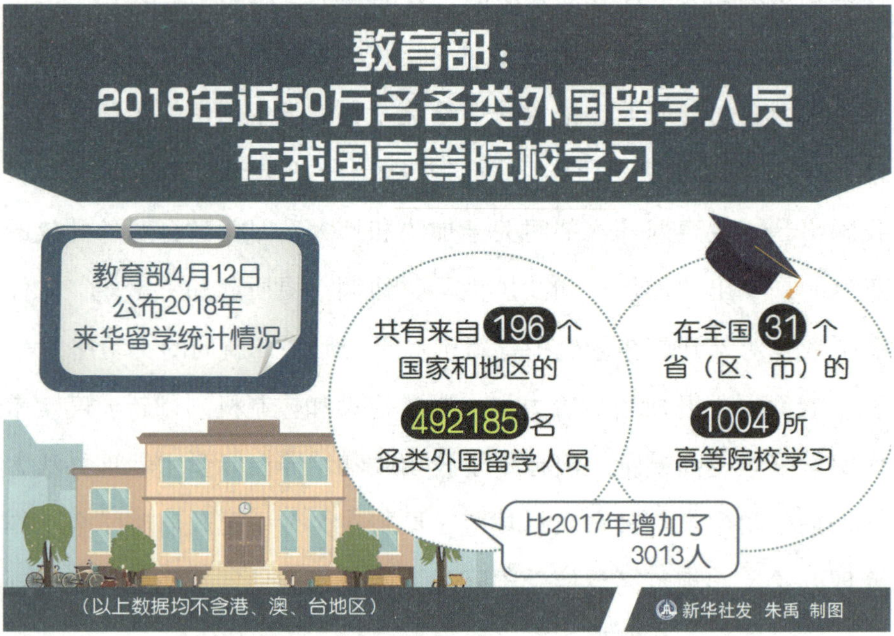

新冠肺炎疫情全球大流行是对教育对外开放的一场大考。疫情不仅给正常的教育合作交流按下“暂停键”，而且给跨国（境）流动的各类学生、教师的健康和学习、工作、生活带来严峻挑战。面对疫情，教育部、地方教育行政部门、各级各类学校和驻外使领馆教育部门迅速行动、全力应战，取得了阶段性成果。为缓解疫情导致的出国留学受阻问题，教育部推动 94 个中外合作举办的大学、机构和项目临时扩招，共录取 3031 人。

党的十九届五中全会规划了到2035年建成教育强国的远景目标，明确了“十四五”时期建设高质量教育体系的任务目标，为加快推进教育现代化指明了方向。坚持以习近平新时代中国特色社会主义思想为指导，谋划好“十四五”时期教育国际合作与交流，以高水平对外开放建设高质量教育体系。

第三节
科技领域大国工程

探索浩瀚宇宙，发展航天事业，建设航天强国，是中国不懈追求的航天梦。深空探测是当今世界高科技中极具挑战性的领域之一，是众多高技术的高度综合，也是体现一个国家综合国力和创新能力的重要标志。中国开展并持续推进深空探测，对保障国家安全、促进科技进步、提升国家软实力以及提升国际影响力具有重要的意义。

未来一个时期，中国将坚持创新、协调、绿色、开放、共享的发展理念，推动空间科学、空间技术、空间应用全面发展，为服务国家发展大局和增进人类福祉作出更大贡献。

瞰中国飞天

“长征五号”大火箭

从 3.35 米到 5 米，一次华丽的蜕变。国际上，大型火箭的直径不约而同都在 5 米左右。同样长度的火箭，直径越大可以装载更多的飞行器。此外，直径越大，火箭的整流罩可以做得更大，这样不光可以搭载重量更大的飞行器，也可以搭载体积更大的飞行器。

从 13.5 吨到 25 吨，一次能力的飞跃。2016 年 6 月 25 日，“长征七号”火箭发射升空，以 13.5 吨近地轨道运载能力成为我国火箭运载能力之最。

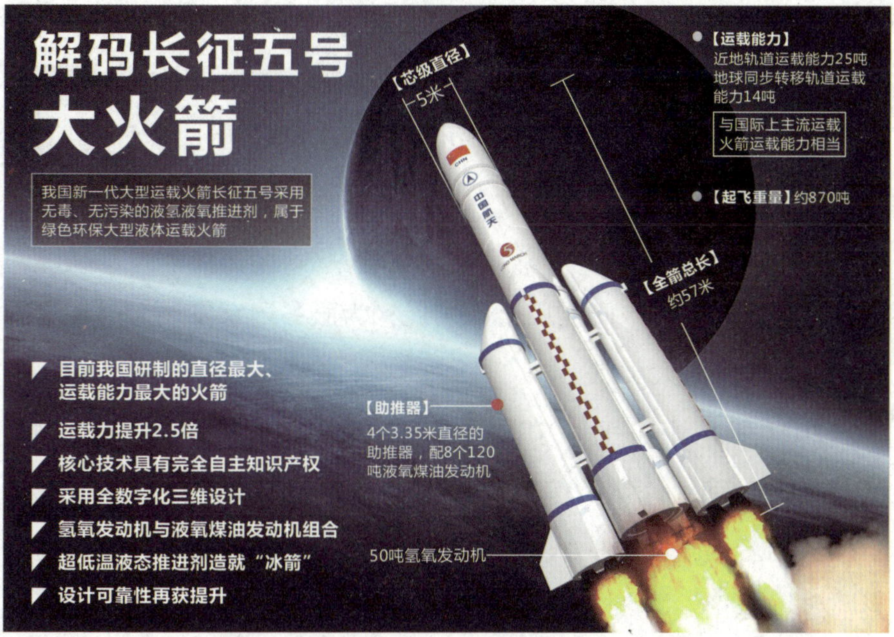

4个月后，“胖五”问世，其近地轨道运载能力更是达到25吨。

“胖五”全箭起飞时总推力达1060吨，主要来自8台120吨液氧煤油发动机。120吨液氧煤油发动机的威力到底有多大？专家打了个形象的比喻，120吨液氧煤油发动机产生的最高压强达500个大气压，相当于把上海黄浦江的水打到5000米高度的青藏高原。

熟悉航天的人知道，我国现役常规火箭发动机采用有毒的常温推进剂。推进剂无毒化是国家航天技术发展的趋势。“胖五”采用的液氧和煤油燃烧后产生的二氧化碳和水，不会对环境造成任何污染，而且成本仅为常规推进剂的十分之一。

从载人航天到登月探火，中国迈向深空一大步。

“天问一号”于2020年7月23日在文昌航天发射场由“长征五号”遥四运载火箭发射升空，成功进入预定轨道。

“天问一号”于2021年2月到达火星附近，实施火星捕获。2021年5月择机实施降轨，着陆巡视器与环绕器分离，软着陆火星表面，火星车驶离着陆平台，开展巡视探测等工作，对火星的表面形貌、土壤特性、物质成分、水冰、大气、电离层、磁场等科学探测，实现中国在深空探测领域的技术跨越。深空探测将推动空间科学、空间技术、空间应用全面发展，为服务国家发展大局和增进人类福祉作出更大贡献。

2021年6月11日，中国国家航天局举行了“天问一号”探测器着陆火星首批科学影像图揭幕仪式，公布了由“祝融号”火星车拍摄的着陆点全景、火星地形地貌、“中国印迹”和“着巡合影”等影像图。首批科学影像图的发布，标志着中国首次火星探测任务取得圆满成功。6月27日，国家航天局发布我国“天问一号”火星探测任务着陆和巡视探测系列实拍影像。其中，“祝融号”火星车火星表面移动过程视频是人类首次获取火星车在火星表面的移动过程影像。

“天问一号”任务成功是中国航天事业自主创新，跨越发展的标志性成就。在中国航天发展史上，“天问一号”任务实现了6个首次：一是首次实现地火转移轨道探测器发射；二是首次实现行星际飞行；三是首次实现地外行星软着陆；四是首次实现地外行星表面巡视探测；五是首次实现4亿公里距离的测控通信；六是首次获取第一手的火星科学数据。在世界航天史上，“天问一号”不仅在火星上首次留下中国人的印迹，而且首次成功实现了通过一次任务完成火星环绕、着陆和巡视三大目标，充分展现了中国航天人的智慧，标志着中国在行星探测领域跨入世界先进行列。

祝融号火星车
圆满完成　既定探测任务
我国首次火星探测任务于2021年5月15日成功实现火星着陆
截至2021年8月15日　祝融号火星车
在火星表面运行　90个火星日(约92个地球日)
累计行驶　889米
所有科学载荷开机探测，共获取　约10GB原始数据
祝融号行驶路线图
“祝融号”火星车
后避障相机拍摄的图片
当前，火星车状态良好、步履稳健、能源充足，
将继续向乌托邦平原南部的古海陆交界地带行驶，
实施拓展任务
资料来源：国家航天局

瞰中国“蛟龙”载人潜水器

“蛟龙”号载人潜水器是一艘由中国自行设计、自主集成研制的载人潜水器，也是“863 计划”中的一个重大研究专项。2010 年 5—7 月，“蛟龙”号载人潜水器在中国南海中进行了多次下潜任务，最大下潜深度达到了 7020 米。

2002 年科技部将深海载人潜水器研制列为国家高技术研究发展计划（“863 计划”）重大专项，启动“蛟龙”号载人深潜器的自行设计、自主集成研制工作。2009—2012 年，接连取得 1000 米级、3000 米级、5000 米级和 7000 米级海试成功。2012 年 6 月，在马里亚纳海沟创造了下潜 7062 米的中国载人深潜纪录，也是世界同类作业型潜水器最大下潜深度纪录。

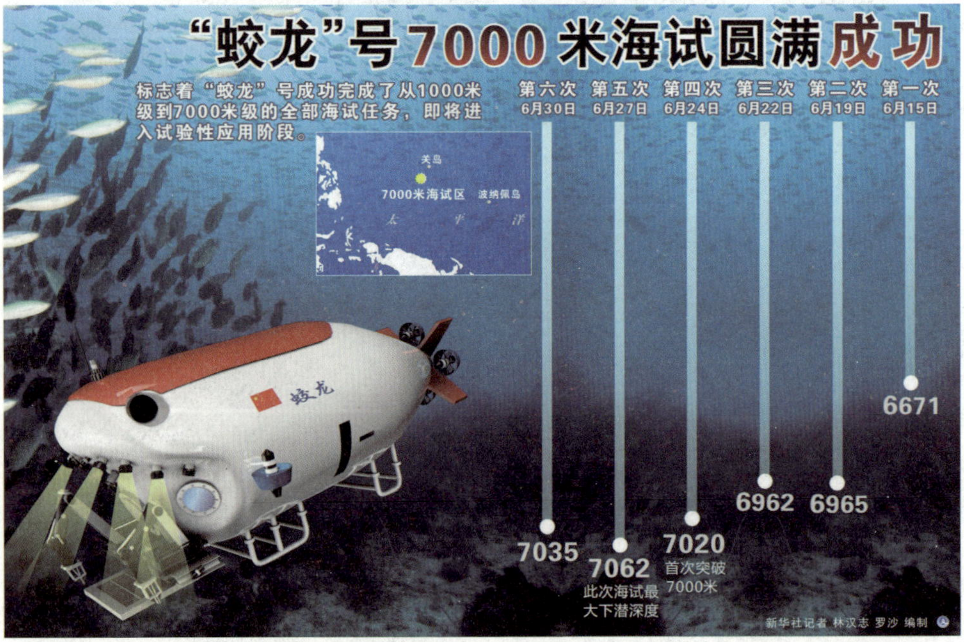

发布日期：2012 年 6 月 30 日

2014 年 12 月 18 日，首次赴印度洋下潜。

2015 年 1 月 14 日，在西南印度洋龙旂热液区执行印度洋科考首航段的最后一次下潜，这也是其在这个航段的第 9 次下潜。3 月 17 日，搭乘“向阳红 09”船停靠国家深海基地码头，正式安家青岛。

2016 年 5 月 22 日，成功完成在雅浦海沟的最后一次科学应用下潜，最大下潜深度达 6579 米。

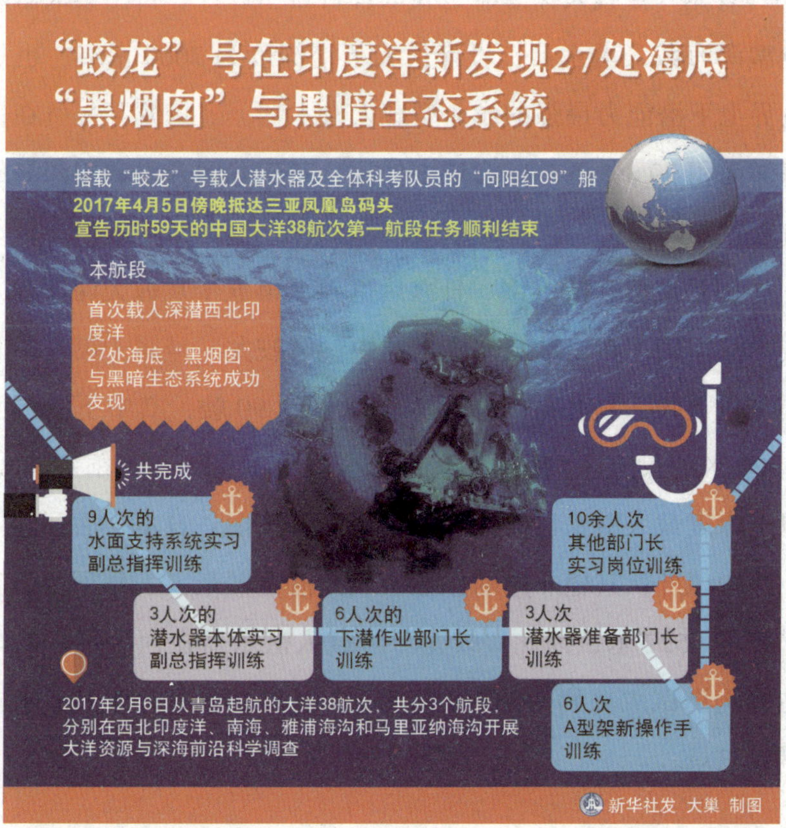

2017 年 3 月 4 日和 7 日，“蛟龙”号载人潜水器分别在西北印度洋卧蚕 1 号热液区和大糌热液区进行了中国大洋 38 航次第一航段的第 3 次下潜和第 4 次下潜。这两次下潜都在调查区域发现了

热液喷口并获取了硫化物样品。5 月 23 日，“蛟龙”号完成在世界最深处下潜，潜航员在水下停留近 9 小时，海底作业时间 3 小时 11 分钟，最大下潜深度 4811 米。

2018 年 5 月 8 日，国家深海基地管理中心副总工程师丁忠军透露，“蛟龙”号载人潜水器计划于 2020 年 6 月至 2021 年 6 月执行环球航次。

“蛟龙”号载人深潜器是我国首台自主设计、自主集成研制的作业型深海载人潜水器，设计最大下潜深度为 7000 米级，也是目前世界上下潜能力最强的作业型载人潜水器。“蛟龙”号可在占世界海洋面积 99.8% 的广阔海域中使用，对于我国开发利用深海的资源有着重要的意义。

中国是继美、法、俄、日之后世界上第五个掌握大深度载人深潜技术的国家。在全球载人潜水器中，“蛟龙”号属于第一梯队。目前全世界投入使用的各类载人潜水器约 90 艘，其中下潜深度超过 1000 米的仅有 12 艘，更深的潜水器数量更少，目前拥有 6000 米以上深度载人潜水器的国家包括中国、美国、日本、法国和俄罗斯。除中国外，其他 4 国的作业型载人潜水器最大工作深度为日本深潜器的 6527 米，因此“蛟龙”号载人潜水器在西太平洋的马里亚纳海沟海试成功到达 7020 米海底，创造了作业类载人潜水器新的世界纪录。

瞰国产大飞机

大飞机是指最大起飞重量超过 100 吨的运输类飞机，包括军用大型运输机和民用大型运输机，也包括一次航程达到 3000 公里的军用飞机或乘坐达到100座以上的民用客机。

C919是我国建设创新型国家的标志性工程。这架首次按照国际标准研制、拥有自主知识产权的大型客机，对于我国航空事业而言具有历史性意义，可以说是开启了中国民航的新时代。而且，“十年磨一剑”，这种技术的突破，会带动我国整体工业制造能力和水平的提升，加速中国从“制造大国”到“制造强国”的飞跃。

截至2018年，C919已获得全球28家用户815架订单。从市场价值来说，未来大飞机项目一旦形成产业，无疑将极大促进我国的经济发展，对中国航空产业及上下游其他相关产业和社会就业的拉动作用更是相当可观。

飞机设计研制是一项科技攻坚的大型工程，首飞是一款新型飞机研制的重要节点。C919 成功首飞，是我国大飞机项目破茧成蝶的关键一步。从它的一飞冲天里，我们不仅感受到又一大国重器让国人产生的欣喜和自豪，更读出了中华民族锲而不舍、永不放弃的基因，勇于探索、执着创新的精神，志存高远、发奋图强的壮志雄心。

运 –20 是中国研究制造的新一代军用大型运输机，于 2013 年 1 月 26 日首飞成功。该机起飞重量 220 吨，载重重量 66 吨。运 –20 机长 47 米，翼展 50 米，身高 15 米。作为大型多用途运输机，可在复杂气象条件下，执行各种物资和人员的长距离航空运输任务。与中国空军现役伊尔 –76 比较，运 –20 的发动机和电子设备有了很大改进，载重量也有提高，短跑道起降性能优异。

运 –20 飞机研发参考俄罗斯伊尔 –76 的气动外形和结构设计，融合美国 C–17 的部分特点。运 –20 采用常规布局，悬臂式上单翼、前缘后掠、无翼梢小翼，拥有高延伸性、高可靠性和安全性。运 –20 作为大型多用途运输机，可在复杂气象条件下，执行各种物资和人员的长距离航空运输任务。

瞰中国高铁

中国高铁运营里程突破4万公里!

据中国国家铁路集团获悉，京港高铁安庆至九江段于2021年12月30日开通运营，合肥至南昌间实现高铁直通，最快2小时22分钟可达，标志着“八纵八横”高铁网京港（台）通道商丘至深圳段全部贯通。至此，中国高铁运营里程突破4万公里，覆盖近95%的百万以上人口城市，总里程已能围绕地球赤道一周；中国铁路运营总里程突破15万公里。

中国铁路发展已有100多年的历史，从1909年詹天佑负责设计和建造的京张铁路建成，到1952年完工成渝铁路，再到2006年通车青藏铁路；从2008年第一条时速超过300公里的高速铁路——京津城际铁路开通运营，到如今已竣工通车的“四纵四横”高铁网和正加密成型的“八纵八横”高铁网，中国高铁发展不是一蹴而就的。

中国高铁发展主要分为三个时期：2004年之前为技术储备期，2004—2008年为技术引进期，2009年至今为自主创新期。

中国在20世纪80年代初开始着手规划高铁建设。2003年迈出了高铁发展史上的重要一步，开通运营了我国第一条客运专线高铁——秦沈客专。

从宏观上来说，高铁的发展是贯彻可持续发展战略、优化交通运输结构的重要手段，不仅提高了社会发展效率，更为人民生活质量提供了强有力的保障。此外，我国处于发展的上升期，城镇化的提高、区域经济发展的差异以及人们生活水平的提升，在促进了人群流动的同时也带动了对各种物资的需求量，对交通运输的需求和压力也随之而来。

打通最长一“横”
我国“八纵八横”高铁网加密成型

春节前夕2月8日 徐连高铁刚刚开通运营 徐州至连云港间**60分钟**可达

它的开通意味着我国“八纵八横”高速铁路网最长横向通道

——**连云港至乌鲁木齐的高速铁路**全线贯通

为新亚欧大陆桥经济走廊发展提供有力支撑

打通最长一“横”，也意味着我国“八纵八横”高铁主通道越织越密

到2020年末

全国铁路营业里程

达到14.63万公里

比“十二五”末的12.10万公里增长20.9%

其中 高铁营业里程

达到3.79万公里

比“十二五”末的1.98万公里翻了近一番

仅2020年一年间

全国铁路完成固定资产投资 7819亿元

较年初计划增加719亿元

其中 **基本建设投资完成 5550亿元以上**

超过2019年水平

新线投产4933公里，新开工项目20个

▶近年来，高铁的快速发展吸引了大量客流出行，动车组列车承担客运比重持续提高

2019年

国家铁路完成旅客发送量

35.7亿人次 同比增长7.7%

其中动车组

22.9亿人次 同比增长14.1%

▶高铁已经成为人们出行的首选

新华社记者 施鳗珂 编制

从前期储备阶段，扎实推进高铁理论和技术手段的基础学习；到引进阶段，通过与国外企业“联合设计”，学习了生产图纸、制造工艺、质量控制和检测方法；再到自主创新阶段攻坚克难，加快技术革新和产业升级，打造出了享誉世界的中国高铁。仅在十数年间，中国高铁以惊人的效率实现了跨越式发展。

中国高铁发展史是一部自强不息的奋斗史，实现了从设备落后、技术垄断到高速度高质量发展转变，也让我们感受到了中国速度和中国发展，中国高铁是当之无愧的中国名片！

从2004年最早提出明确规划的《中长期铁路网规划》颁布，到2008年“四横四纵”规划的提出，再到2016年，我国线路规划实现了从“四横四纵”向“八横八纵”高铁网络的升级。

在交通强国战略下，我国高铁网络越织越密。2021年8月，中国铁路集团有限公司发布了《新时代交通强国铁路先行规划纲要》，提出到2035年率先建成现代化铁路网。届时，全国铁路网将达到20万公里左右，形成全国1、2、3小时高铁出行圈。此外，列车也将拥有北斗卫星导航、5G、新型智能列控系统等新技术；到2050年，将全面建成更高水平的现代化铁路强国。

瞰超级计算机

银河计算机

银河计算机指由中国国防科技大学研制的一系列巨型计算机。

1983年12月22日，中国第一台每秒钟运算达1亿次以上的计算机——“银河”在长沙研制成功。

“银河”巨型计算机系统是我国当时运算速度最快、存储容量最大、功能最强的电子计算机。它是石油、地质勘探、中长期数值预报、卫星图像处理、计算大型科研题目和国防建设的重要手段，对加快中国现代化建设有很重要的作用。

国际上巨型机的研制起步于20世纪60年代。1976年美国CRAY-1巨型计算机研制成功，标志着巨型机走上了成熟和商品化阶段。之后，世界巨型机有了飞速发展，以CRAY系列为例，1983年推出CRAYX-MP双处理机并行巨型系列机，向量峰值速度为每秒10亿次以上，内存容量8兆字。1985年后，巨型机的向量峰值速度和内存量更快也更大。

从1983年起，国防科大邀请了石油部、国家气象局、总参、鞍钢等20来个单位，在巨型机上试算了42道过去在国内其他机型上难以运算的重大题目，都得到了圆满的结果。1983年11月，国家技术鉴定组对巨型机的各项性能，进行了我国计算机史上最严格的技术考核。按规定，允许主机24小时出一次故障，但在连续考机的12天里，主机运转了288小时无一故障。

"银河—Ⅰ号"巨型计算机其运算速度达每秒1亿次。这是我国自行研制的第一台每秒钟运算亿次以上的巨型计算机，使我国成为世界上少数几个拥有研制巨型计算机的国家之一，并在石油勘探、气象预报和工程物理研究领域广泛应用。

1992年11月19日，由国防科技大学研制的"银河— Ⅱ"10亿次巨型计算机在长沙通过国家鉴定。填补了我国面向大型科学工程计算和大规模数据处理的并行巨型计算机的空白。

1997年6月19日，由国防科技大学研制的"银河—Ⅲ"并行巨型计算机在京通过国家鉴定。该机采用分布式共享存储结构，面向大型科学与工程计算和大规模数据处理，基本字长 64 位，峰值性能为 130 亿次。该机有多项技术居国内领先，综合技术达到当时国际先进水平。

2015 年 11 月 16 日，新一期全球超级计算机 500 强榜单在美国公布，中国“天河二号”连续第六度称雄。一个引人注目的变化是，中国入围这一榜单的超算数量比上期激增了近 2 倍，从半年前的 37 台增至现在的 109 台，多于欧洲上榜的 107 台。

据国际 TOP500 组织当天发布的榜单，第一名“天河二号”浮点运算速度为每秒 33.86 千万亿次，第二名美国“泰坦”的浮点运算速度为每秒 17.59 千万亿次。第三是日本“京”超级计算机。

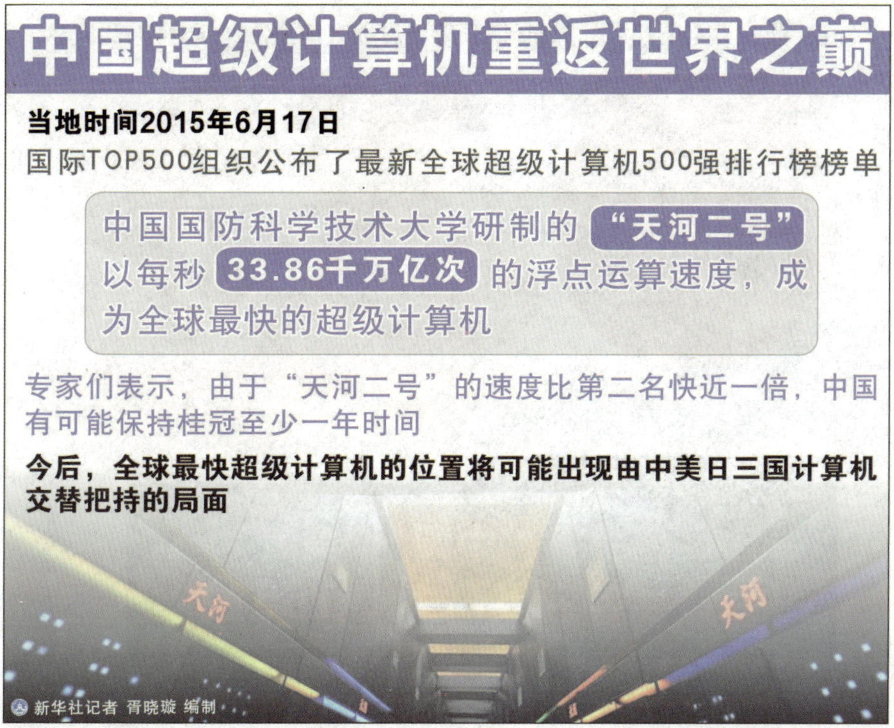

“神威·太湖之光”超级计算机是由国家并行计算机工程技术研究中心研制，安装在国家超级计算无锡中心的超级计算机。

2016 年 6 月 20 日，法兰克福世界超算大会国际 TOP500 组织发布的榜单显示，“神威”超级计算机系统登顶榜单之首，不仅速度比第二名“天河二号”快出近两倍，其效率也高出三倍。同年 11 月，新一期全球超级计算机 500 强（TOP500）榜单发布，中国“神威”以较大的运算速度优势轻松蝉联冠军。

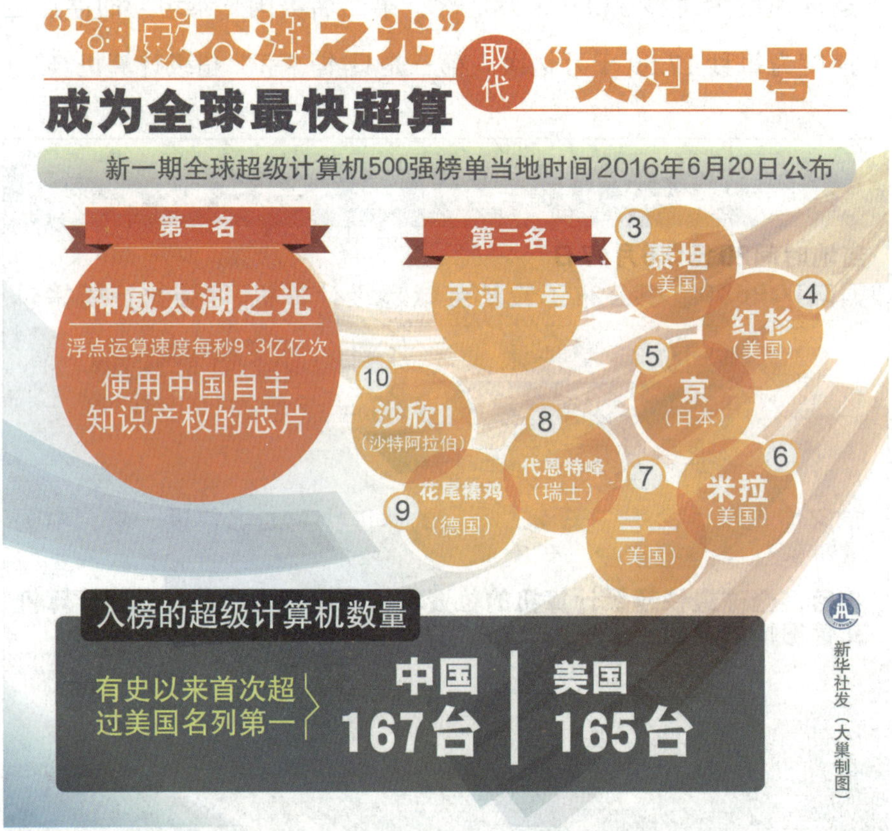

新华社发（大巢制图）

2016 年 6 月，中国已经研发出了世界上最快的超级计算机“神威 · 太湖之光”，该超级计算机的浮点运算速度达 9.3 亿亿次每秒。

2017 年的国际高性能计算大会上，“神威”再次夺冠。

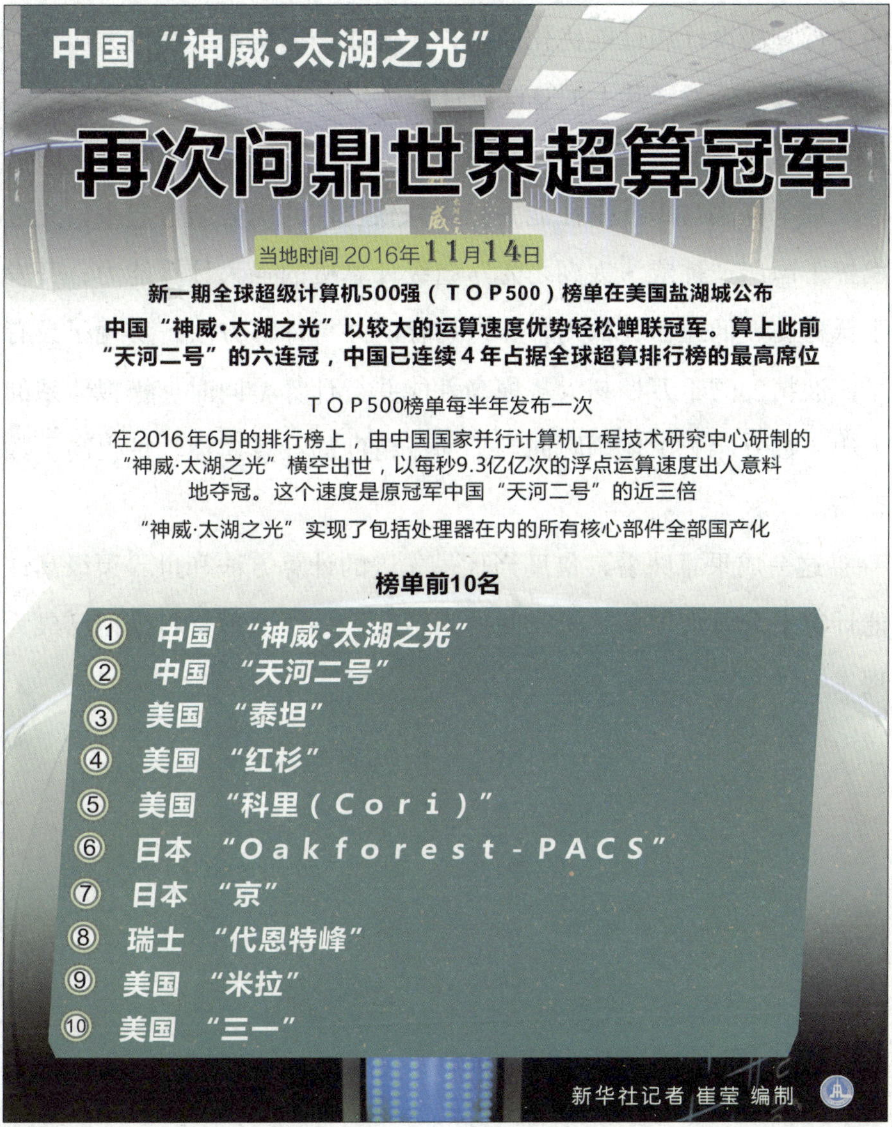

“神威·太湖之光”超级计算机系统是世界第一台理论浮点计算能力达到十亿亿次量级的超级计算机系统。其强大的理论浮点计算性能来自40960个我国自主设计的第二代申威26010众核处理器，具有更大规模的多级并行计算单元和独特的片上存储结构。但其上的并行算法设计和性能优化面临许多挑战，迫切需要在重大应用问题的驱动下，发展其上的算法设计和优化实现方法。

通过科研人员的紧密合作，把中国科大理论与计算化学的低标度理论算法与国产高性能并行计算软硬件的优势结合起来，充分发挥了国产“神威·太湖之光”超级计算机的强大计算能力；开发了低标度、低通信，低内存、低访存的并行计算方法；实现了具有平面波精度的千万核超大规模高性能并行计算。同时，模拟体系的大小（数万原子）比国际同等平面波精度的计算模拟软件提高了数百倍。

这一成果意味着，借助当代最先进的计算方法和世界顶级高性能计算平台，大体系、长时间的高精度第一性原理材料模拟已成为现实。

第四章

数说文化更加繁荣

党的十八大以来,在以习近平同志为核心的党中央坚强领导下,广大文化工作者坚定文化自信,坚守中华文化立场,坚持以人民为中心的工作导向,推动社会主义核心价值观和中华优秀传统文化广泛弘扬。

从每年数亿人次打卡博物馆、非遗走红到三星堆考古引发世界关注,从红色旅游升温到《山海情》《觉醒年代》《我和我的祖国》等主旋律影视剧“圈粉”年轻一代,从红火的乡村文化大院到城镇密布的图书馆、博物馆……

全面建成小康社会,收获的不仅是物质文明的胜利,更是精神文明的成长、人民精神力量的增强,包括文化建设在内的“五位一体”高质量发展汇聚成百姓全方位的幸福感、获得感。

把最好的精神食粮奉献给人民,丰富多彩的文化成果以社会主义核心价值观为引领,以文化人、培根铸魂。小康中国,正以更昂扬的文化自信走在大路上。

第一节
坚定文化自信 精彩精神生活

全面建成小康社会，收获的不仅是物质文明的胜利，更是精神文明的成长、人民精神力量的增强，包括文化建设在内的“五位一体”高质量发展汇聚成百姓全方位的幸福感、获得感。

把最好的精神食粮奉献给人民，丰富多彩的文化成果以社会主义核心价值观为引领，以文化人、培根铸魂。小康中国，正以更昂扬的文化自信走在大路上。

服务美好生活，弘扬时代新风

在东莞图书馆，有一支志愿者服务队让人印象深刻，他们默默地在读者身边提供服务，其中大部分都是外来打工者：电工、保安、厨师……职业身份五花八门。

2022年4月20日，市民从天津滨海新区图书馆外经过。（新华社记者 赵子硕 摄）

“想起这些年的生活，最好的地方就是图书馆了。”疫情期间，一位农民工手写留言深情告白东莞图书馆，感动亿万网友。

城市里的公共图书馆如同一座座灯塔，照亮人们的精神和灵魂。

2022 年 4 月 20 日拍摄的天津滨海新区图书馆内景。有着“滨海之眼”之称的滨海新区图书馆位于天津滨海文化中心，于 2017 年 10 月正式开馆，目前已成为天津滨海新区的文化“新地标”。（新华社记者 赵子硕 摄）

铺展开新时代的宏阔画卷，处处闪现着这样的动人细节。

数字跃升，见证“文化小康”的坚实步伐——

时间之钟拨回到新中国成立之初，我国公共文化服务设施极其短缺。1949 年，我国公共图书馆数量为 55 个，博物馆数量仅 21 个。

70 多年的持续努力，带来翻天覆地的变化。截至 2020 年年末，全国共有公共图书馆 3212 个，全国所有公共图书馆、文化馆（站）、美术馆和 5214 家博物馆免费开放，实现“无障碍、零门槛”进入。

公共图书馆

目前全国所有公共图书馆免费开放，实现“无障碍、零门槛”进入

数量　1949年 55个　截至2020年末 3212个

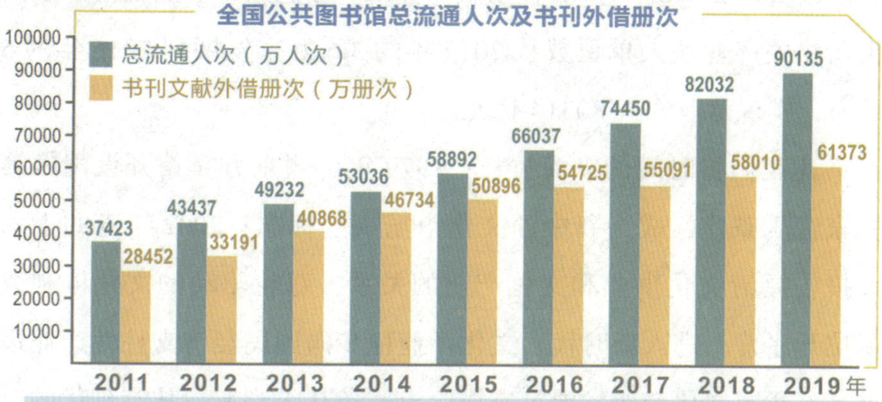

资料来源：文化和旅游部2019年文化和旅游发展统计公报

数说十八大以来我国文化产业发展成就

据国家统计局统计数据显示

	全国文化及相关产业增加值	占GDP比重
2016年	30254亿元　首次突破3万亿元	4.07%
2012年	18071亿元	3.48%

截至2016年12月底

- 全国文化及相关产业企业数量达297.65万户，注册资本14.29万亿元
- 全国规模以上文化及相关产业法人单位数从2012年的3.6万家发展到2016年的5万家，实现营业收入80314亿元

新华社记者 毛思倩 曲振东 编制

来看近年来文化产业发展成就：仅 2012 年至 2016 年，全国文化及相关产业增加值就从 18071 亿元增长到超过 30254 亿元，占同期国内生产总值比重从 3.48%上升到 4.07%。全国文化及相关产业企业数量达 297.65 万户，注册资本 14.29 万亿元，全国规模以上文化及相关产业法人单位数从 2012 年的 3.6 万家发展到 2016 年的 5 万家，实现营业收入 80314 亿元。

让我们将时间的纵深拉长：1979 年广州东方宾馆开设国内第一家音乐茶座，成为新中国文化市场兴起标志；2002 年党的十六大报告厘清文化事业和文化产业的关系，双轮驱动的文化体制改革拉开序幕；进入新时代，文化产业稳步向国民经济支柱性产业迈进——我国文化产业发展足迹描绘出一条从无到有、从有到优的上升曲线。

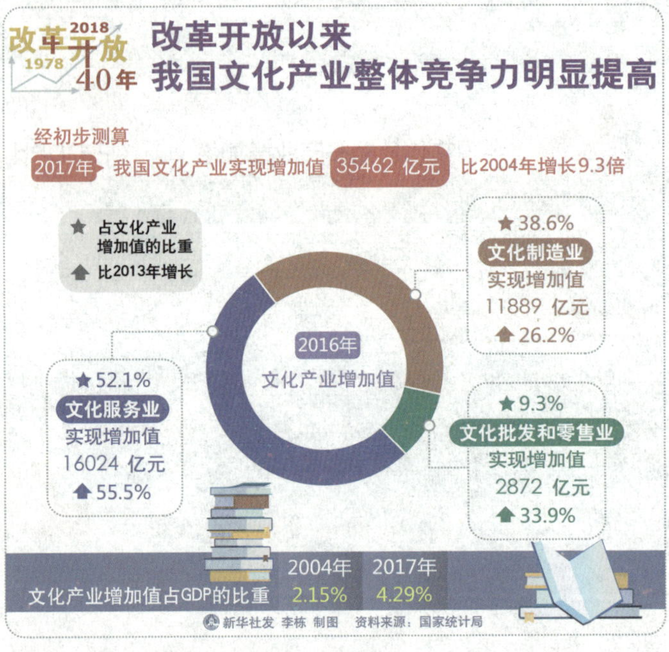

74个！

西藏新时代文明实践中心实现各县区全覆盖

西藏自治区数据显示

截至2021年初

西藏建成新时代文明实践中心74个

实现全区各县区全覆盖

近年来

西藏各级新时代文明实践中心（所、站）开展新思想入民心、新文化进万家、新风尚进头脑的特色文明实践活动，引导农牧民群众移风易俗，培育文明乡风、良好家风、淳朴民风，让城镇乡村焕发文明新气象

新华社发　梁晨　制图

风貌焕然，标注“文化小康”的丰硕成果——

在陕西安康，新民风建设引领乡村公共文化服务创新发展，几年来摆酒席减少三分之二，“人情份子”下降七成；在福建福安，旧民居变身新时代文明实践“新课堂”；在甘肃金昌，“好婆媳、好邻里点赞”“分餐夹”等文明实践推动完善村规民约、倡导文明风尚……

赋能美好生活，弘扬时代新风。近年来，结合决战决胜脱贫攻坚、推动乡村振兴和新时代文明实践中心建设，各地加快打通公共文化服务“最后一公里”，全国累计建成村级文化中心 57 万多个。甘肃“乡村大舞台”、湖南攸县“门前三小”（小广场、小书屋、小讲堂）等创新实践接地气、旺人气、正风气，广受群众好评。

随着覆盖城乡的公共文化服务体系逐步建立，公共数字文化服务能力也大幅提升，提供“菜单式”“预约式”服务成为常态。据统计，2020 年疫情防控期间，各地博物馆推出 2000 余个线上展览，吸引超 50 亿人次浏览，让“云生活”演绎出别样精彩。

“云阅读”　　新华社发　徐骏　作

提振精神力量，传承红色基因

重大革命历史题材电视剧《觉醒年代》掀起年轻人追剧热潮，陈独秀的扮演者于和伟喜提第27届上海电视节白玉兰奖“最佳男主角”；对口扶贫题材电视剧《山海情》从“出圈”迈向“出海”，在国际市场获得肯定，先睹为快的海外观众纷纷点赞……

2021年4月20日，电视剧《觉醒年代》主创团队走进北京大学，剧中主要演员与北大学生同台演出。（新华社记者 任超 摄）

2021年6月10日，第27届上海电视节10日晚落下帷幕，白玉兰奖揭晓。备受瞩目的白玉兰最佳中国电视剧奖由对口扶贫题材电视剧《山海情》摘得。（新华社记者 刘颖 摄）

文化自信是一个国家、一个民族发展中更基本、更深沉、更持久的力量。放眼新时代的中国，文化事业、文化产业蓬勃发展，文明之花处处绽放。用文化提振精神力量，传承红色基因，形塑亿万中国人的精神气质。

“改革开放之初我国每年出版图书 1.5 万种，如今每年出版图书约 50 万种。特别是近年来，更是涌现出一大批富有时代精神的‘中国好书’。”中国出版协会理事长柳斌杰说，“书荒”到“书海”的跨越，见证了国家发展、时代进步，也进一步满足了人民群众精神文化生活新期待。

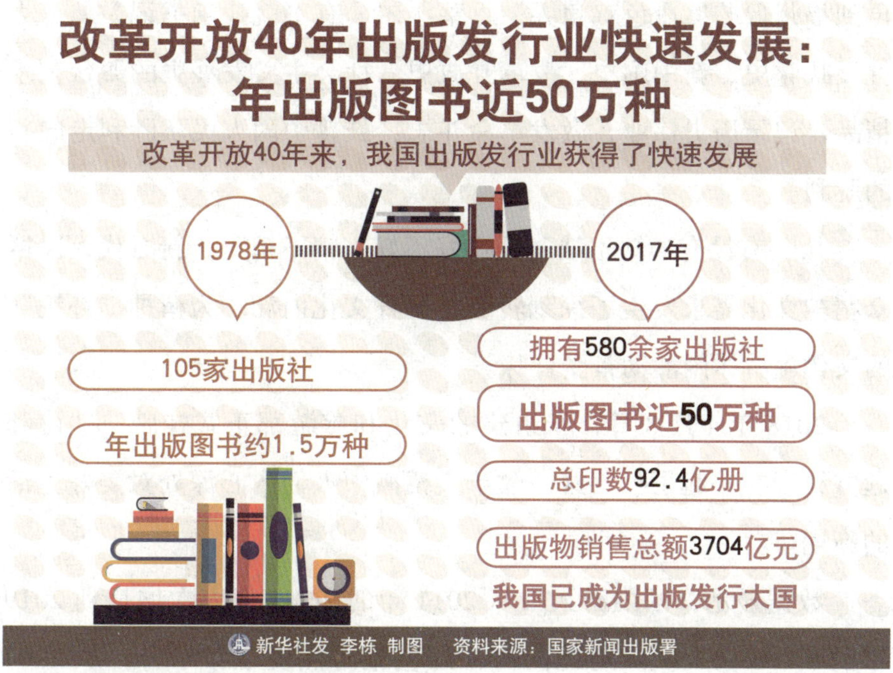

围绕建党百年、全面建成小康社会、脱贫攻坚、乡村振兴、科技强国、抗击疫情等主题，全国国有文艺院团复排、创排了数千部优秀革命历史题材、现实题材作品。从民族歌剧《白毛女》、芭蕾舞剧《红色娘子军》，到话剧《人民至上》、彩调剧《新刘三姐》，

2019年4月21日，演员在表演歌剧《白毛女》。（新华社记者 曹祎铭 摄）

2021年11月3日，中央芭蕾舞团演员在表演芭蕾舞剧《红色娘子军》。（新华社记者 肖艺九 摄）

再到福州伬艺《血色鸡角弄》、莱派尔《有事就找咱书记》，一大批反映党史、新中国史、改革开放史、社会主义发展史的舞台艺术精品，记录历史伟业，激发革命斗志，鼓舞中国人民从胜利走向新的胜利。

从“有没有、缺不缺”到“好不好、精不精”，新时代人民群众精神文化需求发生了深刻转变。提升文化内涵、为精神“补钙”的文化旅游休闲活动备受青睐。

2018 年 4 月 8 日，新组建的文化和旅游部正式挂牌。“诗和远方终于在一起了！”这一改革实招戳中人们内心深处对美好生活的新期待。

数据显示，国内游人数从 2011 年的 26.41 亿人次增长到 2019 年的 60.06 亿人次。与此同时，红色旅游热度逐年攀升，从 2004 年到 2019 年，每年参与红色旅游的人次从 1.4 亿增长到 14.1 亿。

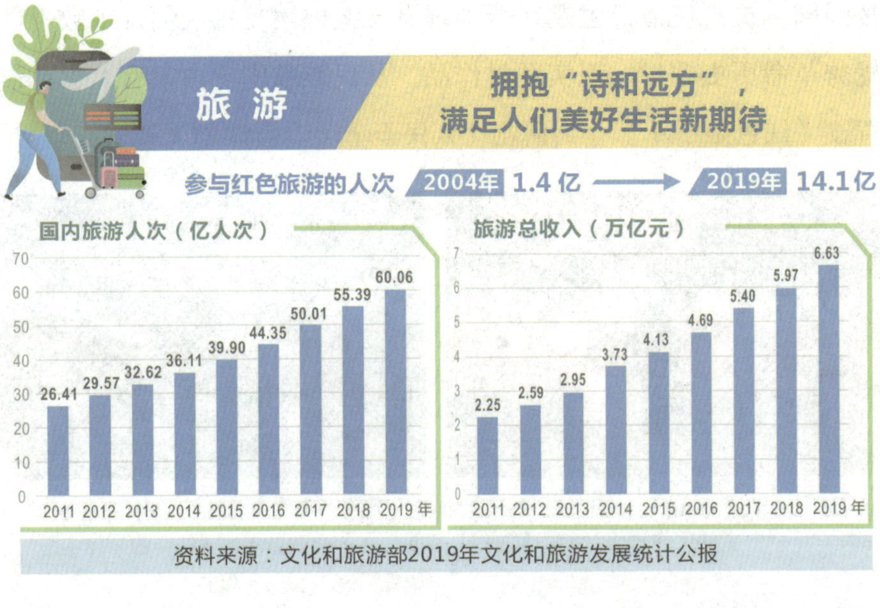

2021 年 5 月 31 日，文化和旅游部联合中央宣传部等推出“建党百年红色旅游百条精品线路”。沿着中华大地的“红色版图”，人们追寻红色记忆，感悟初心使命。

坚定文化自信，激发创新活力

古老的紫禁城外，身着雅致汉服的年轻人排起长队，构成一道颇具“穿越感”的独特风景。在这些“90 后”“00 后”眼中，这座 600 多岁的皇家宫殿是代表中国传统文化的“网红”。

从“紫禁城里过大年”到赏灯“上元之夜”，再到“丹宸永固——紫禁城建成六百年”大展，故宫正以新创意创造着新价值。

“保护文化遗产，真正的目的是传承，让文化遗产成为促进社会进步、增强文化自信的基石。”中国文物学会会长单霁翔说。

用心的故宫　　　　新华社发 王鹏 作

从 1987 年长城、故宫等成为我国首批入选的世界遗产，到如今以 55 项世界遗产位居世界前列；从 2002 年启动“抢救和保护中国人类口头和非物质遗产”工程，到我国 42 个非物质文化遗产项目列入联合国教科文组织非物质文化遗产名录（册）居世界第一，我们走出一条符合中国国情的传统文化保护传承之路。

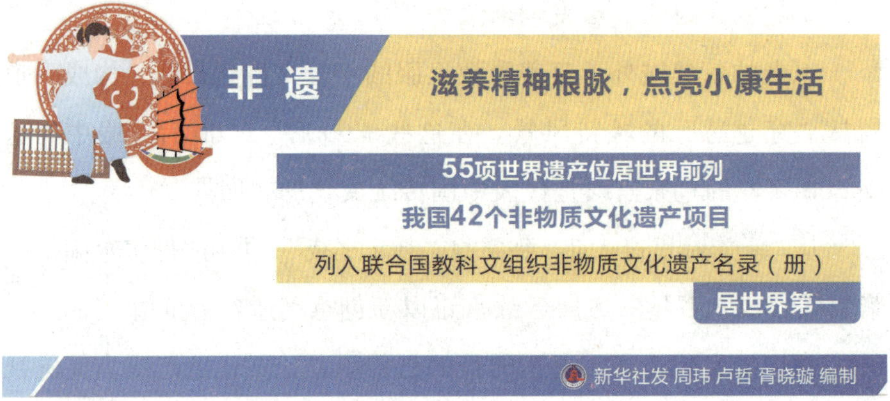

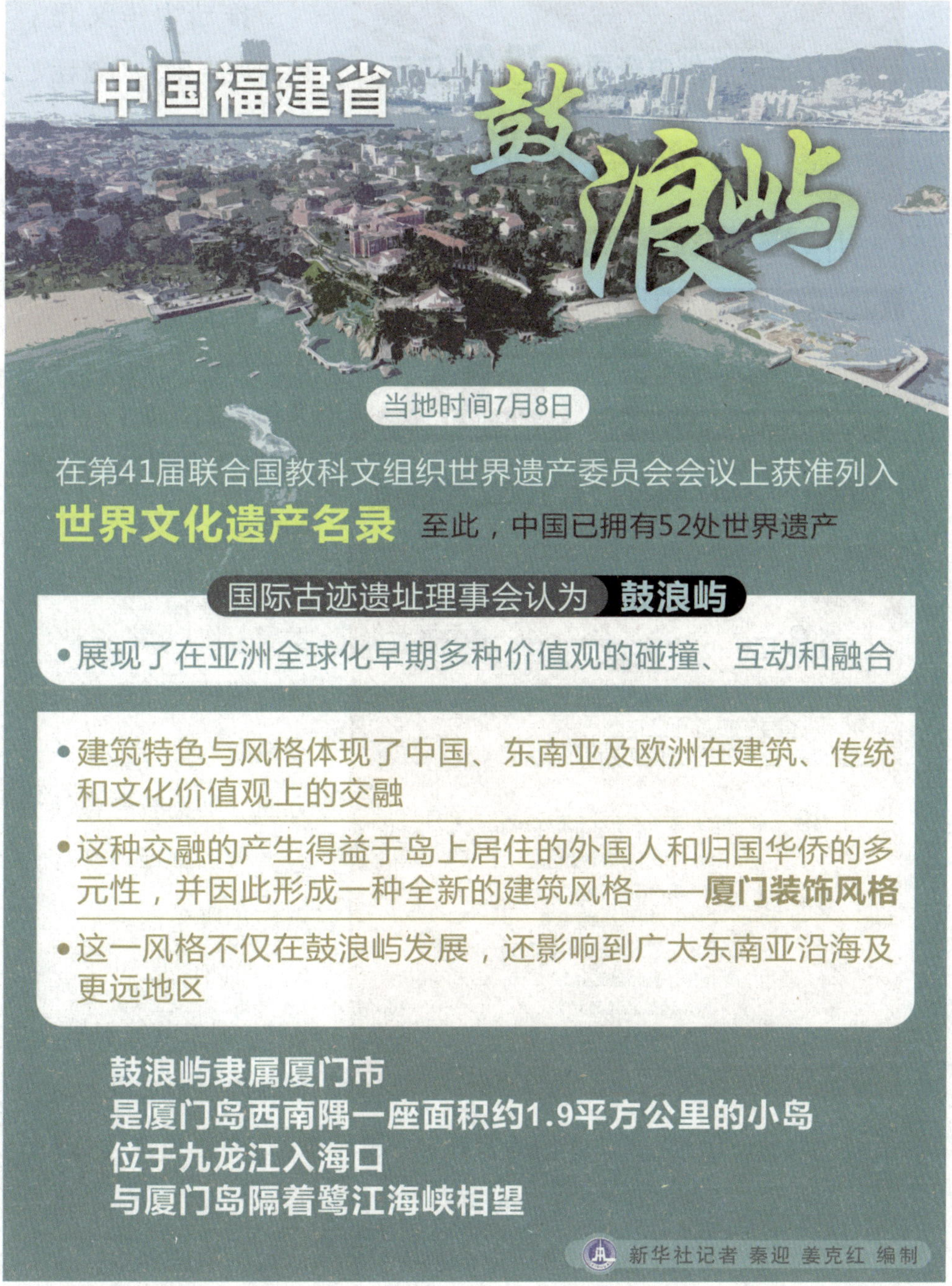
中国福建省
鼓浪屿
当地时间7月8日
在第41届联合国教科文组织世界遗产委员会会议上获准列入
世界文化遗产名录 至此，中国已拥有52处世界遗产
国际古迹遗址理事会认为 鼓浪屿
•展现了在亚洲全球化早期多种价值观的碰撞、互动和融合
•建筑特色与风格体现了中国、东南亚及欧洲在建筑、传统和文化价值观上的交融
•这种交融的产生得益于岛上居住的外国人和归国华侨的多元性，并因此形成一种全新的建筑风格——厦门装饰风格
•这一风格不仅在鼓浪屿发展，还影响到广大东南亚沿海及更远地区
鼓浪屿隶属厦门市
是厦门岛西南隅一座面积约1.9平方公里的小岛
位于九龙江入海口
与厦门岛隔着鹭江海峡相望
新华社记者 秦迎 姜克红 编制

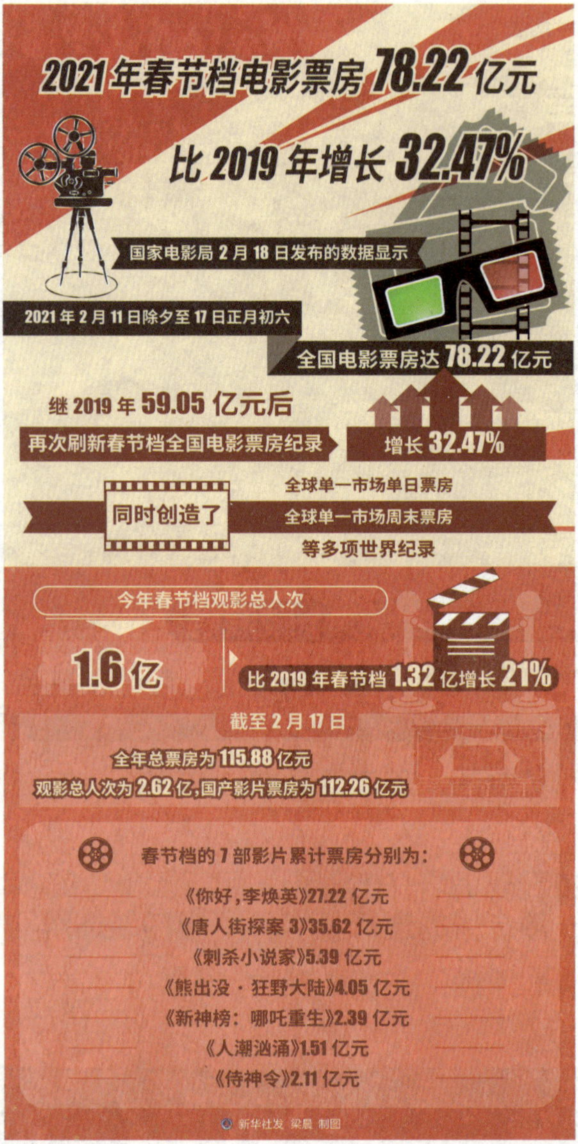

推动中华文化创造性转化、创新性发展，才能赓续中华民族的精神命脉。2017年春节前夕，中办、国办出台《关于实施中华优秀传统文化传承发展工程的意见》，首次以中央文件形式专题阐述中华优秀传统文化传承发展工作。4年多来，优秀传统文化更好更多地融入生产生活各方面、国民教育各领域，滋养精神根脉、点亮小康生活。

抓住春节、元宵节、端午节等契机，各地因地制宜举办一系列接地气、有生气的“我们的节日”主题活动，许多曾热衷过“洋节”的年轻人领略到传统节日的魅力。与此同时，戏曲进校园、进乡村让学戏、懂戏、爱戏的人越来越多，节令饮食、中医养生、传统体育渐成时尚。

螺蛳粉近日火了！这次，它晋级成了国家级非遗。6 月 10 日，第五批《国家级非遗代表性项目名录》共 185 项公布，柳州螺蛳粉制作技艺等上榜。

百姓小手艺，致富大产业。柳州螺蛳粉已发展成为面向全国的特色产业，带动了养殖、种植、加工以及服务业等相关产业的融合发展，在解决就业、脱贫致富、推动地方经济发展方面都发挥了重要作用。

“逆袭”　　新华社发　徐骏　作

在全国很多地方，传统手艺正转化为脱贫生产力。数据显示，“十三五”以来，有关部门支持各地设立各级非遗扶贫就业工坊超过 2000 家，带动数十万人就业增收。

文化兴国运兴，文化强民族强。

党的十九届五中全会明确提出到 2035 年建成文化强国。以文化焕发出的内生动力，凝聚起全面建成小康社会的精神力量。中华文化所蕴含的文明价值导向，滋养新时代、照亮复兴路。

文化和旅游部认定第五批国家级非物质文化遗产代表性项目代表性传承人

文化和旅游部近日确定并公布了第五批国家级非物质文化遗产代表性项目代表性传承人名单

共1082人

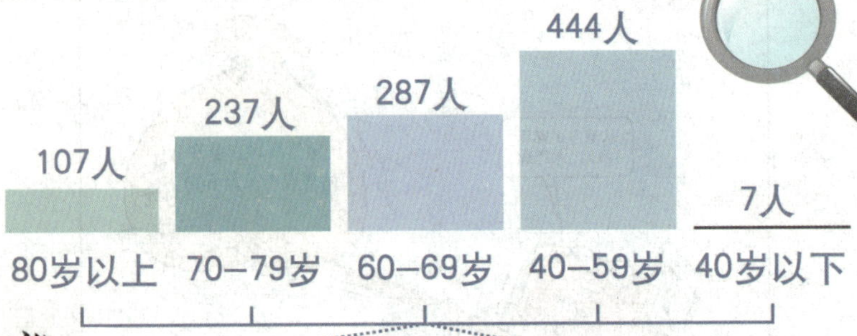

平均年龄63.29岁

属于少数民族的有339人，占比31%

目前国务院公布了4批1372个国家级代表性项目

包含3154个子项

第五批国家级非物质文化遗产代表性项目代表性传承人认定主要关注三个方面

1 国务院新公布的第四批国家级代表性项目

2 前三批中无国家级代表性传承人的项目

3 现有国家级代表性传承人已去世的项目

新华社发　金良快 朱禹 制图

第二节
贯通中华文脉　照亮复兴之路

文化如水，浸润无声，连接着一个民族的过去、现在和未来。

穿越历史的烟云，一个真理昭示天下——

一个民族的复兴需要强大的物质力量，也需要强大的精神力量。没有高度的文化自信，没有文化的繁荣兴盛，就没有中华民族伟大复兴。

党的十八大以来，习近平总书记以高瞻远瞩的战略眼光、清醒勇毅的历史自觉、深沉坚定的文化自信，融汇古今、联通中外，在波澜壮阔的伟大实践中唤醒激活、弘扬光大中华优秀传统文化，使之焕发出勃勃生机活力。

五千年文脉绵延不绝，一百载奋斗生生不息。气势磅礴的复兴气象，积淀起前所未有的自信自强，化作中华儿女内心更深沉、更持久的力量，照亮古老民族奋勇前进的伟大征程！

以史鉴今，资政治国

2021 年 7 月 1 日，庆祝中国共产党成立 100 周年大会，习近平总书记发表重要讲话。100 面红旗迎风飘扬，100 响礼炮声震寰宇，100 步正步震撼人心，“请党放心，强国有我”的誓言久久回荡……

礼序乾坤，乐和天地。承自古老礼乐文化的庆典，仿佛一种隐喻——只有涵养过辉煌灿烂的文明，一个民族才能砥砺复兴的壮志；

只有身处于风雷激荡的时代，一种文明才能焕发生命的光彩。

从哪里来，到哪里去。根植于历史的文化，往往已告诉我们未来的答案。

在创新、协调、绿色、开放、共享的新发展理念中，在“以国内大循环为主体、国内国际双循环相互促进”的新发展格局中，我们品读出“革故鼎新”“贵和尚中”“天人合一”等历史智慧。

从防汛救灾工作部署，到“粮食多了是问题，少了也是问题”的国家“大账”，再到“十四五”规划纲要设置专章对统筹发展和安全作出战略部署，习近平总书记关心的大事小情，我们看到“明者防祸于未萌，智者图患于将来”的清醒。

“如果没有中华五千年文明，哪里有什么中国特色？如果不是中国特色，哪有我们今天这么成功的中国特色社会主义道路？”

2021 年 3 月 21 日，游客走进福建武夷山朱熹园参观。（新华社记者 姜克红 摄）

2021 年仲春，福建武夷山。习近平总书记专程来到九曲溪畔的朱熹园，回望历史，感慨万千。

“问渠那得清如许？为有源头活水来。”跨越千年，朱子余音犹在。灿若星河的文化遗产，恰如“有源之水”，滋养中华民族绵延不绝。

穿越历史的回响，习近平总书记鲜明指出，要特别重视挖掘中华五千年文明中的精华，把弘扬优秀传统文化同马克思主义立场观点方法结合起来，坚定不移走中国特色社会主义道路。

以文培元，凝神铸魂

天安门广场东侧，国家博物馆游人如织。基本陈列《古代中国》和《复兴之路》，成为人们参观“打卡”的首选。

穿过历史的烽烟，展厅内现代中国历经沉沦与抗争、奋斗与崛起取得的辉煌成就，与中华民族的灿烂文化交相辉映，绘就一幅波澜壮阔的中华文明长卷。

时间拨回到 9 年前，习近平总书记在此抚今追昔，饱含深情提出“中国梦”：“我以为，实现中华民族伟大复兴，就是中华民族近代以来最伟大的梦想。”

只有创造过辉煌的民族，才懂得复兴的意义；只有经历过苦难的民族，才对复兴有着深切渴望。

赓续中华民族“自强不息”的特质，蕴藏中国人民“家国天下”的情怀，饱含近代以来“振兴中华”的探索，中国梦唤醒了中国人民最深厚的文化基因，成为团结海内外中华儿女的最大同心圆。

在厚植文化基因中凝聚精神力量，正是中国梦文化内涵激发出的澎湃动力。

如今，基层群众贴出对联：“雪梅映红中国梦，紫燕衔绿万家春”；异国他乡，旅美华侨写下心声：“他邦夜夜家国梦，天涯朝朝总相思”。中国梦蕴含的文化意蕴，极大焕发出中华民族“团结如一人”的归属感和向心力，凝聚起强大精神力量。

2012 年 7 月 8 日，中国国家博物馆外景。（新华社记者 陈建力 摄）

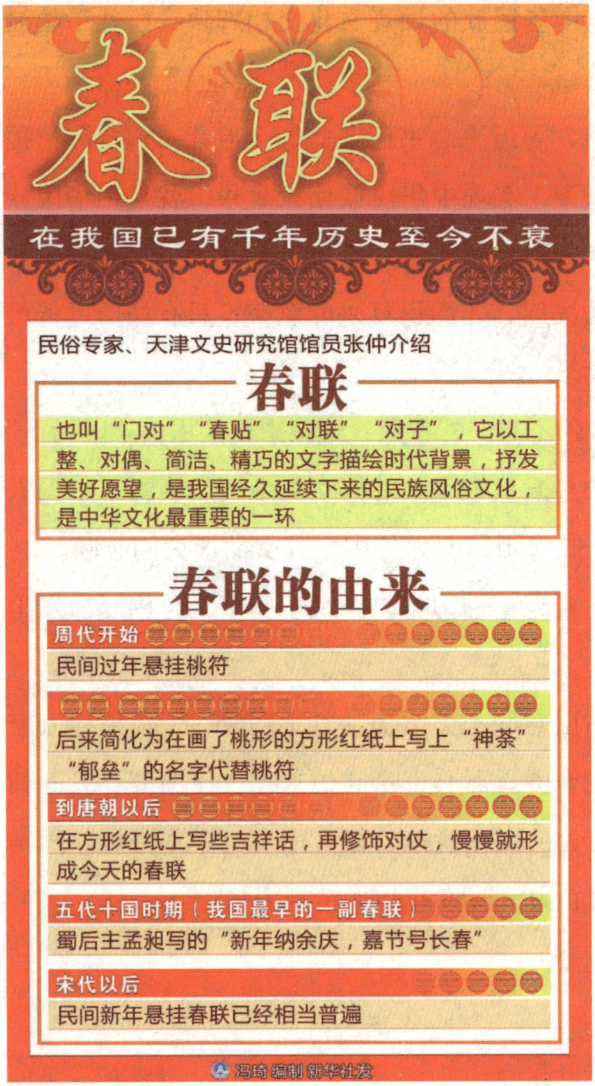

一个时代的价值观念，根植于一个国家特有的历史文化中。

面对复杂严峻的国际竞争，在当代中国坚守文化自信，应该树立怎样的价值观？

五四运动95周年之际，习近平总书记走进绿树婆娑的北大校园，在同师生座谈时这样回答：

“经过反复征求意见，综合各方面认识，我们提出要倡导富强、民主、文明、和谐，倡导自由、平等、公正、法治，倡导爱国、敬业、诚信、友善，积极培育和践行社会主义核心价值观。”

“富强、民主”与“民惟邦本”“本固邦宁”的质朴理想相互连通；

“爱国、敬业”汲取“丹心报国”“天道酬勤”的精神追求；

“诚信、友善”吸收“人而无信，不知其可”“己所不欲，勿施于人”的古代智慧；

……

扬起团结奋进的精神风帆

——落实两会精神积极培育和践行社会主义核心价值观

逐梦征程，需要价值追求的引领和精神力量的支撑。

“社会主义核心价值观决定着各民族共有精神家园的发展方向，必须在各民族中大力培育和践行”“以社会主义核心价值观为引领，深入挖掘优秀传统农耕文化蕴含的思想观念、人文精神、道德规范”“引导全社会积极培育和践行社会主义核心价值观，树立良好道德风尚”……今年全国两会期间，习近平总书记多次强调培育和践行社会主义核心价值观。

两会上，社会主义核心价值观被写入国家根本大法。

浩渺行无极，扬帆但信风。两会结束后，代表委员们奔赴大江南北，与各地干部群众一起，以实际行动推动社会主义核心价值观建设落细落小落实，持续构筑中国精神、中国价值、中国力量，为劈波斩浪的“中国号”巨轮扬起团结奋进的精神风帆。

凝聚时代共识，中国精神更加昂扬

弘扬时代新风，中国价值更加彰显

培养时代新人，中国力量更加磅礴

新时代东风浩荡，中国梦光辉在前。勤劳勇敢的中国人民展现更加自信自尊自强的精神风貌，以2018年全国两会为新的起点，从春天出发，向着胜利前进！

新华社记者 孟丽静 编制

以习近平同志为核心的党中央将传统文化内涵创造性凝结于核心价值观中，使之作为凝魂聚气、强基固本的基础工程，推动优秀传统文化跨越时空、历久弥新，在新时代绽放新光彩。

激活传统文化，使社会主义核心价值观的影响像空气一样无所不在、无时不有，习近平总书记念兹在兹：

“深入挖掘和阐发中华优秀传统文化讲仁爱、重民本、守诚信、崇正义、尚和合、求大同的时代价值。”主持中央政治局集体学习，提出使中华优秀传统文化成为涵养社会主义核心价值观的重要源泉。

“我们倡导的社会主义核心价值观，体现了古圣先贤的思想。”来到北京市海淀区民族小学，为他们上了一堂生动的“社会主义核心价值观”课程。

“要坚持以社会主义核心价值观为引领，坚持创造性转化、创新性发展。”在陕西考察，强调找到传统文化和现代生活的连接点。

在习近平总书记引领下，立足于中华优秀传统文化的社会主义核心价值观，化作百姓日用不觉的行为准则，成为凝聚社会共识的“最大公约数”。

新时代的中国，在优秀传统文化滋养下，用习近平新时代中国特色社会主义思想教育人，用党的理想信念凝聚人，用社会主义核心价值观培育人，用中华民族伟大复兴历史使命激励人，堪当重任的时代新人纷纷涌现，善行义举蔚然成风。

以文培元，习近平总书记注重在落细、落小、落实上下功夫。

这是发生在人民大会堂金色大厅里的感人一幕：

“你们这么大岁数，身体还不错。你们别站着了，到我边上坐下。”2017 年 11 月 17 日，在同全国精神文明建设表彰大会代表合影时，看到黄旭华和黄大发两位代表年事已高，习近平总书记关切地请他们坐在自己身边。

用行动诠释出礼敬贤德、尊老爱老的传统美德，习近平总书记暖人心窝的话语举动传为佳话。

2015 年 2 月 17 日，农历大年廿九，空气中充满春天的味道。当天，中共中央、国务院在人民大会堂举行春节团拜会。

“不论时代发生多大变化，不论生活格局发生多大变化，我们都要重视家庭建设，注重家庭、注重家教、注重家风”……

约1400字的讲话中，习近平总书记用三分之一篇幅讲述了“家”的意义，生动传递出“天下之本在国，国之本在家”。

“修身齐家”的传统美德薪火相传、生生不息，习近平总书记言传身教、身体力行。

把“严以修身”摆在“三严三实”之首，叮嘱“有什么样的家教，就有什么样的人”，勉励广大青年牢记“从善如登，从恶如崩”……

向您学习　　新华社发 韩鹤松 作

如今，伴随着文明家庭、文明校园等精神文明创建活动深入开展，尊老爱幼、勤俭节约等植根于传统文化的文明新风吹进百姓心田，广大人民以更加奋发有为的精神状态砥砺前行，迈向崭新征程。

文脉传承，历久弥新

浙江余杭良渚，“美丽的水中之洲”。几代考古学家在这里孜孜以求，探寻中华文明的最初印记。

“良渚遗址是实证中华五千年文明史的圣地”——2003年7月，时任浙江省委书记习近平对遗址的历史地位作出重要论断。2016年，习近平总书记又对良渚古城申遗作出重要指示。

2019年7月，良渚古城遗址成功列入《世界遗产名录》。外国专家评价：“良渚让我们对中国早期文明的认识提前一千多年。”

思接千载，视通万里，鉴往知来。

透视历史的深处，习近平总书记的目光坚毅而深邃：“中华民族在几千年历史中创造和延续的中华优秀传统文化，是中华民族的根和魂。”

从传统街区、古建筑保护到大运河文化带建设，从敦煌研究院座谈到云冈石窟考察，从指出“要像爱惜自己的生命一样保护好城市历史文化遗产”到强调“一个博物馆就是一所大学校”……

一次次触摸历史，一次次寻访传统，传递出习近平总书记守护中华民族文化根脉的历史自觉和文化自信。

“一片三坊七巷，半部中国近代史。”福州三坊七巷，是“里坊制度活化石”，见证了千百年的历史变迁。

20世纪80年代如火如荼的城市开发建设中，坐落于三坊七巷北隅的故居即将“一拆了之”。时任福州市委书记习近平听闻这一消息，立刻叫停拆迁。时隔半年，故居修缮工程悄然动工……

从拆到修，一字之差，天壤之别，考验的是历史远见。

2021年3月，正在福州市考察的习近平总书记再次来到三坊七巷。

“对待古建筑、老宅子、老街区要有珍爱之心、尊崇之心。”总书记的话又一次沸腾了古老街巷。

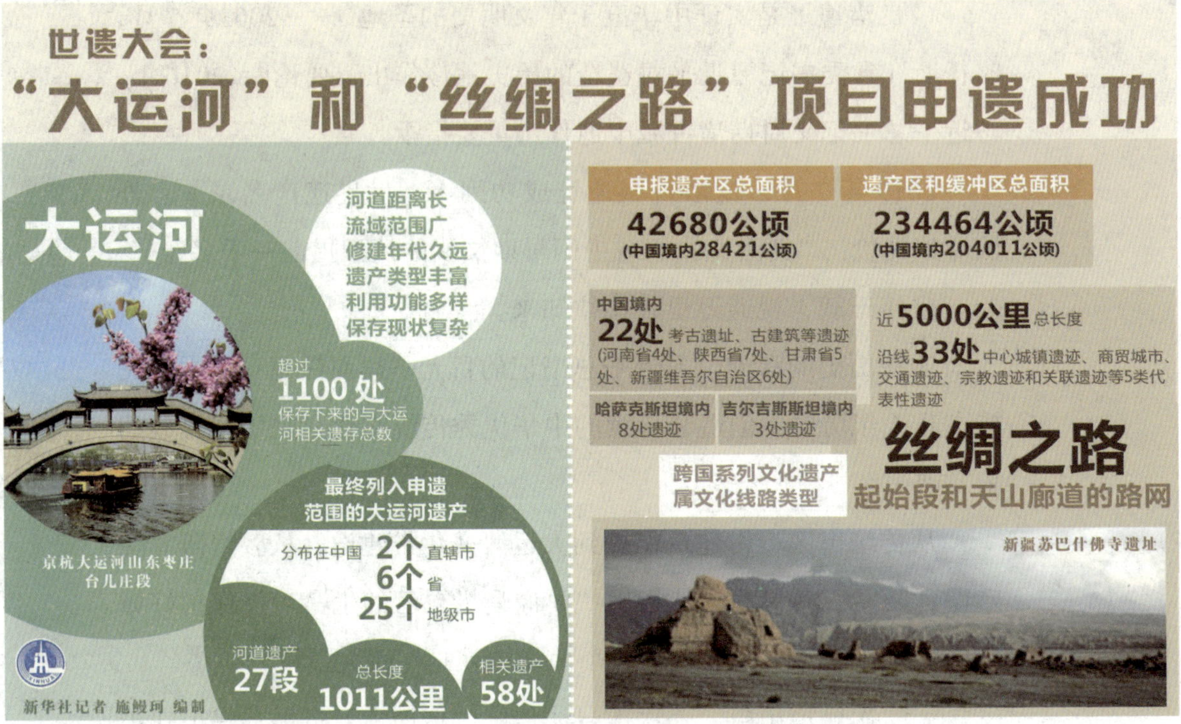

“保护好、传承好历史文化遗产是对历史负责、对人民负责。”习近平总书记对中华文化的自信、耐力和定力始终如一，身体力行推动历史文化遗产保护传承始终如一。

党的十八大以来，习近平总书记的考察足迹遍布全国多个省份的文博单位。“我们爱这个城市，就要呵护好她、建设好她”“避免‘千城一面、万楼一貌’”“保护文物功在当代、利在千秋”“不能搞过度修缮、过度开发”“发展旅游要以保护为前提，不能过度商业化”……殷殷嘱托寄寓习近平总书记对文脉延续的深刻思考。

中华大地上，登得上城楼、望得见古塔、记得住乡愁的文化长卷徐徐展开：

正定古城重现北方雄镇风貌，鼓浪屿演绎万国建筑博物馆风情，古城潮州留驻岭南文化穿越时光的精魂，北京胡同镌刻古都记忆与浓浓乡情，八廓街见证西藏翻天覆地历史巨变……

当历史文脉融入现代生活，山水人文交汇成现代宜居之地，文化自信构筑起共有精神家园。

从时隔 37 年再次召开中央城市工作会议明确“延续城市历史文脉”，到中央政治局就考古为题举行集体学习强调“努力建设中国特色、中国风格、中国气派的考古学”；从三星堆考古让古蜀文明之光再次闪耀，到阔别 160 年的马首铜像归藏圆明园；从历尽 600 年沧桑的《永乐大典》回归再造，到我国以 42 项联合国教科文组织非遗名录项目位居世界第一……

新的文化自觉助推收藏在博物馆里的文物、陈列在广阔大地上的遗产、书写在古籍里的文字活起来，丰富全社会历史文化滋养。

历史长河汹涌澎湃，唯有中华文明数千年历尽劫波从未中断；进入新时代，更加生气勃勃、刚健有为，每朵浪花都有奔腾故事。

2021 年春节前夕，习近平总书记来到贵州毕节化屋村，扶贫车间里精美的苗族传统服饰吸引了总书记的目光。

“苗绣既是传统的也是时尚的，你们一针一线绣出来，何其精彩！”习近平总书记勉励大家，一定要把苗绣发扬光大，这既是产业也是文化，发展好了既能弘扬民族文化、传统文化，同时也能为产业扶贫、为乡村振兴作出贡献。

以文化认同铸牢中华民族共同体意识，让活态的乡土文化传下去，习近平总书记考量深远。

习近平总书记提出创造性转化、创新性发展，正是新时代中华

福州
遇见世遗
FUZHOU CHINA 2021
第44届世界遗产大会
福州古厝

文化滚滚向前的强大内驱力。

以古人之规矩，开自己之生面。习近平总书记一再强调要把握好传承和创新的关系，“古为今用、推陈出新”“学古不泥古、破法不悖法”。

在习近平总书记关心部署下，《关于实施中华优秀传统文化传承发展工程的意见》颁布，第一次以中央文件形式推动延续中华文脉、传承文化基因。

坚持创造性转化、创新性发展，文脉传承弦歌不辍、历久弥新。

与群众包饺子、打糍粑共度传统节日，同戏迷一起听三弦、看花鼓戏，买香包、布鞋给民间手艺人“捧捧场”……习近平总书记引领垂范，传统文化日益融入日常生产生活、滋养当代心灵。

2014 年 10 月，与延安文艺座谈会时隔 72 年，习近平总书记主持召开文艺工作座谈会并发表重要讲话，为新时代文艺创作锚定航向。

“我们要坚守中华文化立场、传承中华文化基因，展现中华审美风范”的号召一呼百应，舞剧《大梦敦煌》、昆剧《临川四梦》、京剧电影《曹操与杨修》等优秀文艺作品涌现，电视节目《中国诗词大会》《典籍里的中国》《唐宫夜宴》海内外热播，中华文化独一无二的气度神韵增添民族自豪和文化自信。

2021 年 12 月 14 日，在中国文联十一大、中国作协十大开幕式上，习近平总书记再次强调“坚守中华文化立场”，“在世界文学艺术领域鲜明确立中国气派、中国风范”。

放眼新时代，中华文脉开枝散叶绵延勃发，升腾盛世图景，激荡复兴气象。

交流互鉴，命运与共

2021 年 10 月 26 日，北京冬奥会开幕倒计时百天之际，冬奥会和冬残奥会奖牌问世。宛如同心圆玉璧的奖牌上，铭刻冰雪纹和祥云纹。古老东方文明与奥林匹克精神，于方寸之间交相辉映。

一枚奖牌，是中华文明兼容并蓄的生动缩影，彰显着温润优雅的文明气度，寄托着人类的共同梦想。

观今宜鉴古，无古不成今。习近平总书记深刻指出，文明因交流而多彩，文明因互鉴而丰富。文明交流互鉴，是推动人类文明进步和世界和平发展的重要动力。

于历史深处探寻，中华文明绵延传承，从不具有排他性，而是在包容并蓄中不断衍生发展。

玄奘西行、鉴真东渡、张骞出使西域、郑和七下西洋……中华民族曾经谱写了万里驼铃万里波的浩浩丝路长歌，也曾经创造了万国衣冠会长安的盛唐气象。

夫物之不齐，物之情也。习近平总书记以茶酒作喻，一语中的："茶和酒并不是不可兼容的，既可以酒逢知己千杯少，也可以品茶品味品人生。"

2019 年 11 月，雅典卫城博物馆。正在希腊访问的习近平总书记来到这里参观。

从古希腊大理石雕像上的"拔火罐"图案谈到古代中医，由帕特农神庙三角楣上的众神雕像联系到中国古籍《山海经》……短短一个小时，虽道不尽历史沧桑，却打开了文明对话交流的新天地。

北京冬奥会奖牌榜

					总数
1	挪威	16	8	13	37
2	德国	12	10	5	27
3	中国	9	4	2	15
4	美国	8	10	7	25
5	瑞典	8	5	5	18
6	荷兰	8	5	4	17
7	奥地利	7	7	4	18
8	瑞士	7	2	5	14
9	ROC	6	12	14	32
10	法国	5	7	2	14
11	加拿大	4	8	14	26
12	日本	3	6	9	18
13	意大利	2	7	8	17
14	韩国	2	5	2	9
15	斯洛文尼亚	2	3	2	7
16	芬兰	2	2	4	8
17	新西兰	2	1	0	3
18	澳大利亚	1	2	1	4
19	英国	1	1	0	2
20	匈牙利	1	0	2	3
21	比利时	1	0	1	2
21	捷克	1	0	1	2
21	斯洛伐克	1	0	1	2
24	白俄罗斯	0	2	0	2
25	西班牙	0	1	0	1
25	乌克兰	0	1	0	1
27	爱沙尼亚	0	0	1	1
27	拉脱维亚	0	0	1	1
27	波兰	0	0	1	1

新华社发 秦迎 编制

西子湖畔，粼粼波光，倒映着 G20 峰会欢迎晚宴的东方神韵。

带着对“和而不同”的深刻理解，习近平总书记以文化为纽带，推动不同文明相惜相知，开拓了国与国之间交往的新路径。

当前，环顾全球，百年变局与世纪疫情交织激荡，文明冲突论、文明优越论沉渣泛起。冲突还是对话、对抗还是合作，已成为关乎人类前途命运的重大课题。

2013 年，访问哈萨克斯坦、印度尼西亚的习近平总书记，先后提出建设丝绸之路经济带和 21 世纪海上丝绸之路。

开通运营　　新华社发　翟桂溪 作

“我提出‘一带一路’倡议，就是要以互联互通为着力点，促进生产要素自由便利流动，打造多元合作平台，实现共赢和共享发展。”习近平总书记的话语掷地有声。

如今，这一植根于历史厚土的中国智慧，让“使者相望于道，商旅不绝于途”的丝路盛景再现于世，也为各国开拓出一条通向共同繁荣的机遇之路。

美美与共，才能天下大同。习近平总书记用构建人类命运共同体的宏阔胸襟，为各国携手应对风险挑战注入强大精神动力：

“推动构建人类命运共同体，不是以一种制度代替另一种制度，不是以一种文明代替另一种文明，而是不同社会制度、不同意识形态、不同历史文化、不同发展水平的国家在国际事务中利益共生、权利共享、责任共担，形成共建美好世界的最大公约数。”

博鳌亚洲论坛、中非合作论坛、上海进博会……党的十八大以来，我们用一场场主场外交，彰显开放自信的大国胸怀。

亚洲、欧洲、非洲、拉美……面对突如其来的新冠肺炎疫情，我们用一次次紧急驰援，展现兼济天下的大国担当。

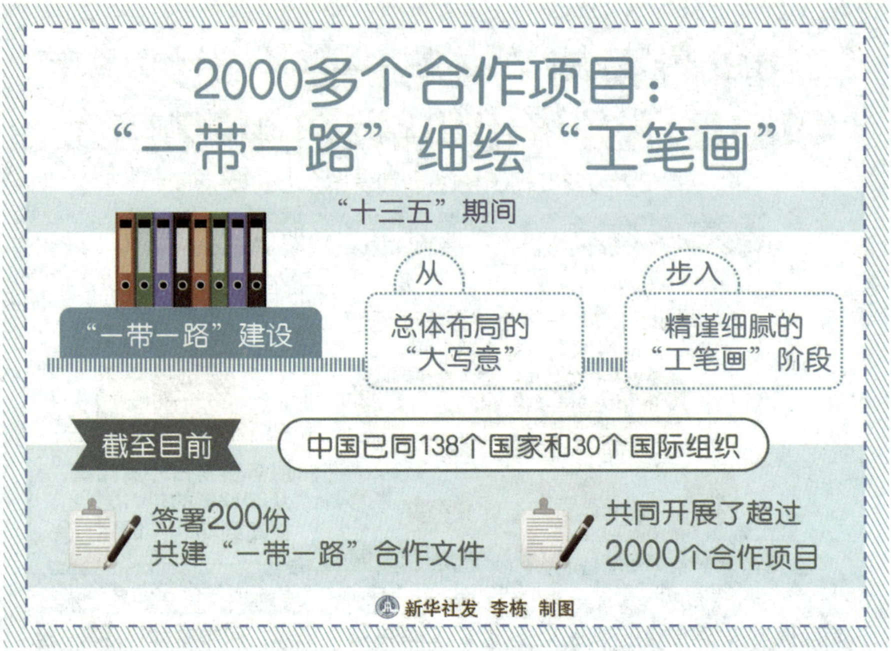

今天，带着深邃的历史视角和广阔的全球视野，中国人民更加认识到，复兴不仅是在经济社会发展赛道上的赶超，更是一个大国现代化进程中兼收并蓄的气度；不仅是物质条件的极大改善，更应是一个民族文明观的自信表达。

2019年5月15日，浩瀚夜空下，国家体育场“鸟巢”灯光璀璨。各国艺术家欢歌曼舞、激情飞扬，献上精彩的亚洲文化嘉年华，为亚洲文明对话大会增添浓墨重彩的一笔。

这一刻，不同国度的文明记忆、文明图景，在华夏大地上汇集。这一刻，古老的东方大国不仅以卓越的智慧启迪世界文明，更以海纳百川的气度拥抱世界文明。

大道之行也，天下为公。

一位外国政要这样表达对构建人类命运共同体等中国方案的高

度赞赏："一个国家、一个民族对世界和人类作出的贡献，不仅在于创造了多少物质，还在于提出了什么理念。"

今日之中国，不仅是中国之中国，而且是亚洲之中国、世界之中国。

厚植沃土，萃就精华

上下五千年，纵横九万里。知所从来，方明所往。

2013 年 11 月 26 日，习近平总书记来到位于山东曲阜的孔府和孔子研究院考察，强调："一个国家、一个民族的强盛，总是以文化兴盛为支撑的，中华民族伟大复兴需要以中华文化发展繁荣为条件。"

文化兴则国家兴，文化强则民族强。

传统中有我们的精神基因，文化中有民族的志气底蕴。只有读懂古老而伟大的中华民族为何生生不息，领悟源远流长的中华文明如何博大精深，才能坚定守护中华民族文化根脉的历史自觉和文化自信。

"坚定中国特色社会主义道路自信、理论自信、制度自信，说到底是要坚定文化自信。"习近平总书记将文化自信置于前所未有的高度，为民族复兴凝聚更基本、更深沉、更持久的力量。

湘江之畔的岳麓书院，历经千年而弦歌不绝。讲堂上，高悬"实事求是"匾额。

2020 年 9 月 17 日，细雨飘飞中，正在湖南考察的习近平总书记来到这里，望着匾额，久久凝思。

近 2000 年前，东汉史学家班固在《汉书》中写下"修学好古、实事求是”，记述古人传承文化、求索真知的故事。

100多年前，意气风发的青年毛泽东常在此流连，思索“改造中国和世界”的方法。

“共产党怎么能成功呢？当年在石库门，在南湖上那么一条船，那么十几个人，到今天这一步。这里面的道路一定要搞清楚，一定要把真理本土化。”习近平总书记语重心长。

在近代中国最危急的时刻，中国共产党人寻到马克思主义“真经”，唤醒沉睡已久的民族，激活曾经蒙尘的伟大文明。

进入新时代，习近平总书记创造性提出马克思主义中国化“两个结合”重大论断，坚持把马克思主义基本原理同中国具体实际相结合、同中华优秀传统文化相结合，孕育出中华文化和中国精神的时代精华，实现了马克思主义中国化新的飞跃。

历史的长河奔流不息，思想的波涛卷起巨澜。

马克思主义与中华优秀传统文化之间具有内在的契合性，在很多方面相融相通。习近平总书记以“我将无我，不负人民”的博大胸怀，将马克思主义同传承千年的中华优秀传统文化、渗透民族基因的价值观念融会贯通，进行了新的具有开拓性意义的理论创造，推动马克思主义与时俱进、深入人心——

坚持“人民至上”，以人民为中心，汲取民本理念，发展了马克思主义的民众观；

强调铸牢中华民族共同体意识，吸取“多元一体”的民族史观，凝聚起各族儿女对中华文化的强烈认同，深化了马克思主义民族理论；

推动构建人类命运共同体，闪耀“大道之行也，天下为公”“协和万邦”“天下一家”的和合智慧，发展了马克思主义世界历史理论……

思想的火炬，照亮着崭新的时代。

当渴盼千年的小康之梦成为现实，当古老箴言融入核心价值观，当饱含东方智慧的“人类命运共同体”日益成为世界共识，当“人类文明新形态”为人类社会发展描绘出文明新篇章……万千气象，铺展在新时代的舞台上。

当代中国，江山壮丽，人民豪迈，前程远大。

面向未来，习近平总书记豪迈宣示：“中华民族创造了源远流长的中华文化，中华民族也一定能够创造出中华文化新的辉煌！”

第三节
激发创新活力　建设文化强国

这是一个崭新的大时代，厚积薄发的中国文化正在努力书写繁荣兴盛的历史新篇章。新中国成立以来的伟大实践，为新时代文化强国建设蓄积了雄厚的物质基础和丰盈的精神动力。坚定文化自信、锐意进取创新，坚定不移将文化体制改革引向深入，不断激发文化创新创造活力，为实现中华民族伟大复兴凝心聚力。

公共文化服务标准化均等化，提升百姓获得感幸福感

党的十九大报告中将人民对美好生活的向往作为奋斗目标。优质的公共文化服务供给正是人民美好生活的重要组成部分。

山东省东营市在完善基层综合性文化服务中心的同时配套建设了乡村剧场，许多村民反映“乡村剧场让村里多了一个阵地，少了几桌麻将；多了一些交流，少了一些埋怨；多了一支队伍，少了一些纠纷”。

2014年6月6日，经历数个小时降雨后，北京雨过天晴。
这是傍晚的国家大剧院一角。（新华社记者 罗晓光 摄）

上海市嘉定区推进公共文化服务迈进“云时代”，“文化嘉定云”平台形成了“文化菜单—场馆预订—文化众筹—网上书房—数字展馆—精品资源”等板块和一个综合性的“文化分享圈”，百姓登录后可尽享“互联网+文化”带来的种种文化福利。

当前，我国公共文化设施和产品供给从相对紧缺迈入大繁荣大发展的新时代。党的十八大以来，按照国家基本公共文化服务指导标准，各地大力推动基层公共文化服务共建共享。这些实践推进了基本公共文化服务的均等化、标准化，保障了广大群众特别是农村群众的基本文化权益。

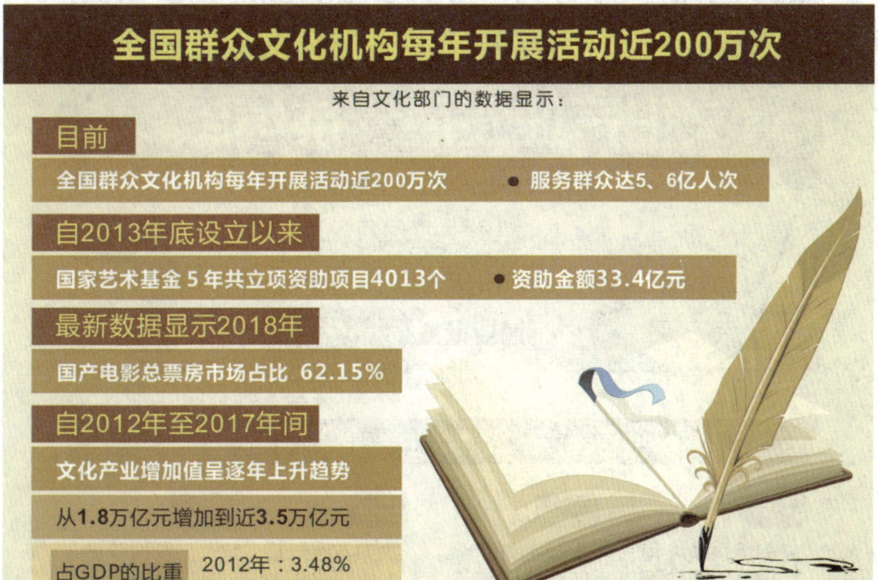

来自文化部门的数据显示，全国群众文化机构每年开展活动近200万次，服务群众达五六亿人次。以公共图书馆、文化馆、博物馆、乡镇（街道）综合文化站、村（社区）综合性文化服务中心为重点，

以流动文化设施和数字文化设施为补充，基层公共文化服务网络不断完善。

近年来，公共文化服务领域密集出台一系列政策，提质增效精准出招。如出台的《“十三五”时期贫困地区公共文化服务体系建设规划纲要》《文化和旅游部办公厅关于大力振兴贫困地区传统工艺助力精准扶贫的通知》等，以文化助力精准扶贫。

文化产业健康持续加快发展，成为经济社会发展新引擎

文化产业健康持续加快发展，正在成为经济社会发展新引擎。

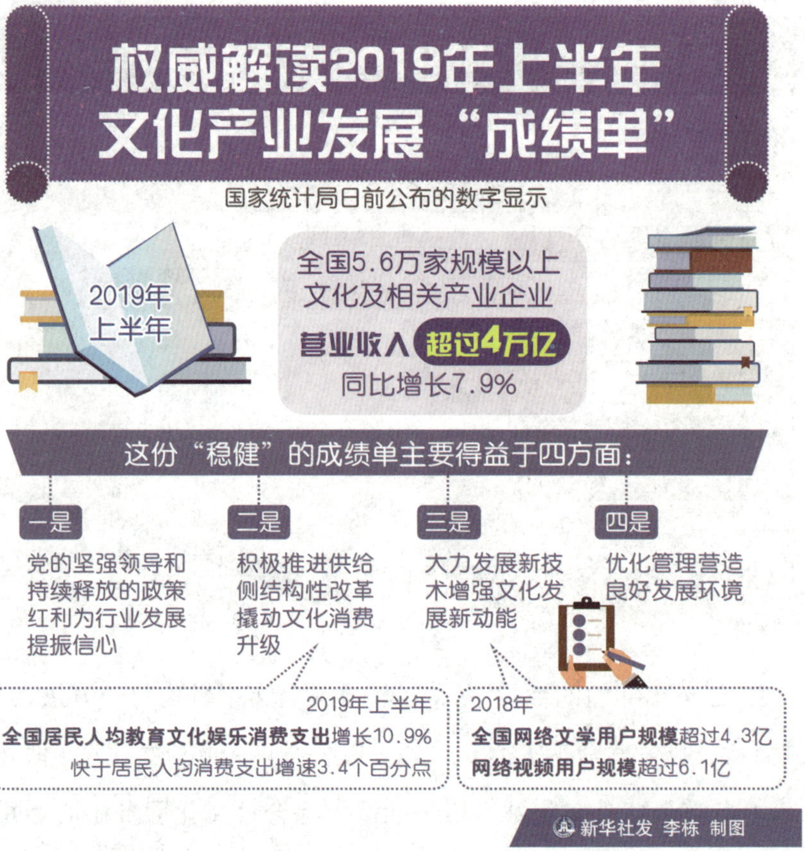

改革开放以来，我国文化产业发展描绘出一条从无到有、从有到优的上升曲线。进入新时代，现代文化产业体系加快构建，供给侧结构性改革持续深化，一批文化企业和品牌做大做强，文化产业发展质量和效益不断提升。

着力培育和发展文化市场主体。加大骨干文化企业培育力度，鼓励和引导社会资本进入文化产业，形成以公有制为主体、多种所有制共同发展的文化产业格局。开展引导城乡居民扩大文化消费试点工作，选择有条件的地方采取发放文化惠民卡、实行票价优惠等方式，促进文化消费，扶持艺术街区、实体书店、小剧场等文化消费场所建设。

优化产业结构布局，新型文化业态不断涌现。对接“互联网+”

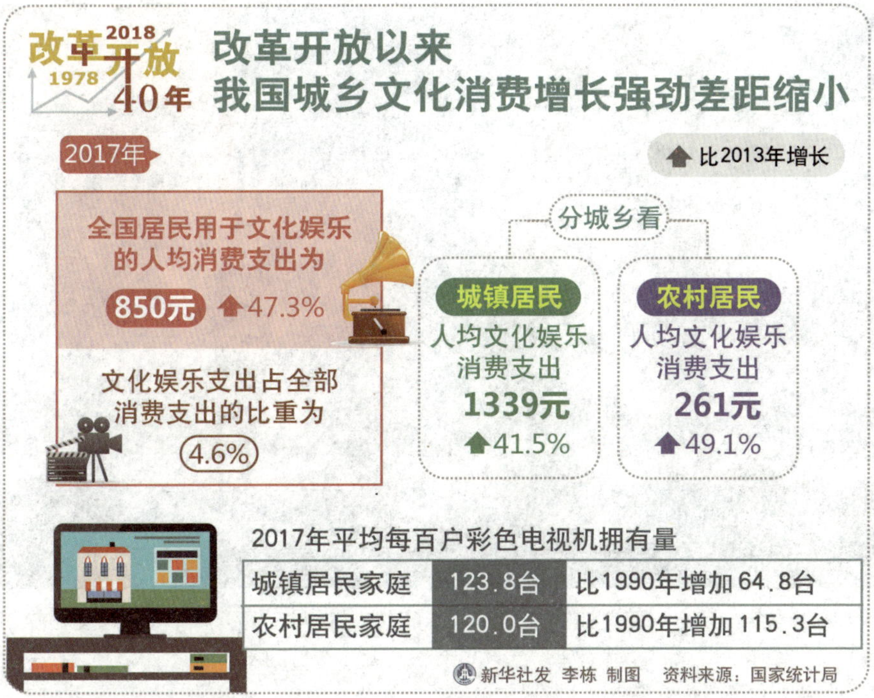

战略，依托云计算、大数据、物联网、虚拟现实等科技手段，改造提升传统产业，加快发展移动多媒体、网络视听、数字出版、动漫游戏等新兴产业。实施“文化+”行动，结合城镇化和乡村振兴战略、生态文明建设、智慧城市建设等，推动文化产业与教育、旅游、体育、建筑设计及相关制造业等深度融合，拓展文化产业发展空间。

创造性转化创新性发展，时代精神激活优秀传统文化生命力

《中国诗词大会》引起广泛关注，古风音乐、汉服元素逐渐普及，“为你读诗”App流行……近年来，越来越多的人在传统文化的创造性转化和创新性发展中找到文化归属感。

党的十八大以来，习近平总书记高度重视传承和弘扬中华优秀

2018年3月21日，王立群（左二）、康震（右一）、蒙曼（中）、郦波（右二）等四位《中国诗词大会》点评嘉宾出席该节目在北京举行的发布会。（新华社记者 金良快 摄）

传统文化，鲜明提出创造性转化、创新性发展的方针。2017 年春节前夕，中办、国办出台《关于实施中华优秀传统文化传承发展工程的意见》，首次以中央文件形式专题阐述中华优秀传统文化传承发展工作。

一年多来，中宣部、文化和旅游部、教育部等部门启动实施了中华文化资源普查、非物质文化遗产传承发展、中华老字号保护发展、中华经典诵读等重点项目。中华优秀传统文化传承有抓手、发展有新路，取得了实际成效。

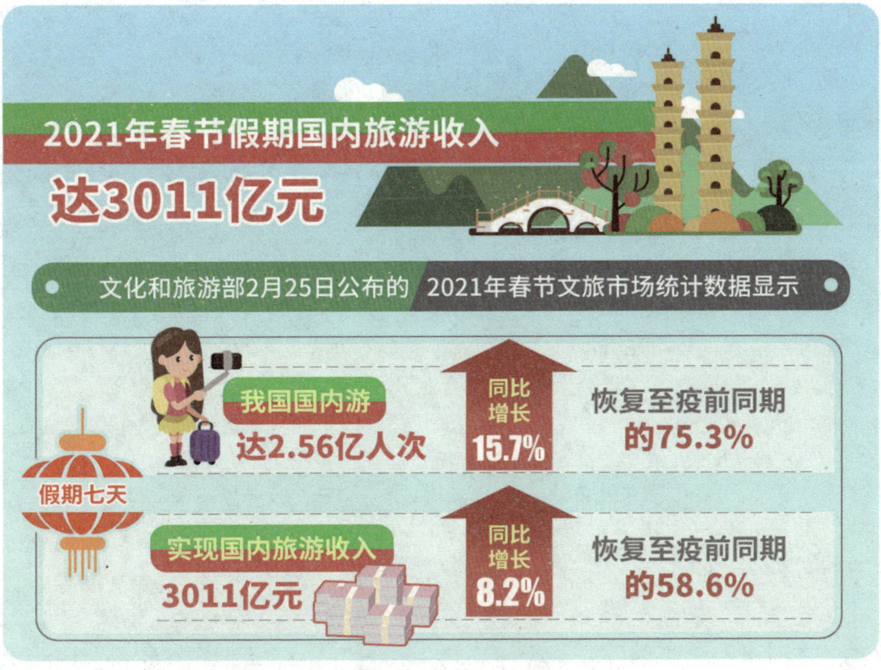

新华社发 程硕 制图

与此同时，全国的特色实践遍地开花：江苏以“旅游＋文化”融合发展战略，建设城市休闲街区、博物馆、古典园林、古街水乡等历史遗存的文化旅游区；江西发挥南昌、井冈山、瑞金、萍乡等地的革命文化资源，策划导向鲜明、内容丰富的革命文物陈列；安徽省探索传统艺术与现代技术有机融合，打造融合现场、电视、手机、网络于一体的全新戏曲传播模式；贵州利用文化产业助推脱贫攻坚，融合蜡染、苗绣等非遗技艺的服饰还亮相巴黎时装周，登上世界时尚舞台……坚守中华文化立场，推动创造性转化、创新性发展，中华优秀传统文化正焕发出新的时代风采。

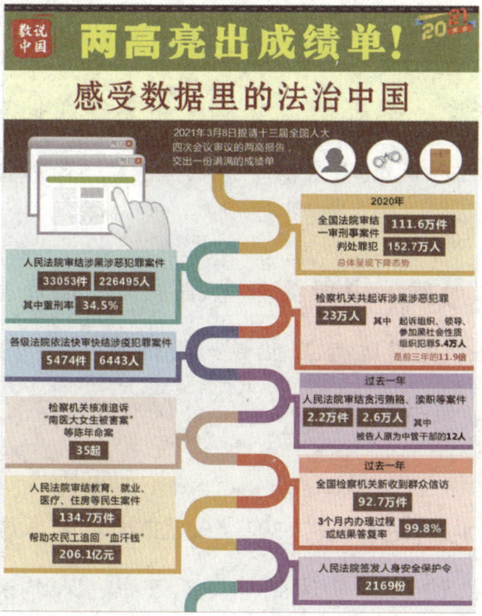

第五章

数说社会更加和谐

1921年，中国诞生了共产党。那时候，中华民族呈现在世界面前的是一派衰败凋零的气象，人民食不果腹、衣不蔽体、颠沛流离，被西方人称为“东亚病夫”。

1949年，新中国成立。那时候，中国共产党接手的是国民党留下的千疮百孔的烂摊子。当年，我国医疗卫生机构数仅有3670个，卫生技术人员数仅有50.5万人，医疗卫生机构床位数仅有8.5万张；人均预期寿命只有35岁。

1978年，我国医疗卫生机构数达到16.97万个，卫生技术人员数达到246.4万人，医疗卫生机构床位数达到204.2万张；人均预期寿命达到68岁。

我国建成了世界上规模最大的社会保障体系，基本医疗保险覆盖超过13亿人，基本养老保险覆盖近10亿人。2020年，医疗卫生机构数是1949年的278.7倍，卫生技术人员数是1949年的21.1倍，医疗卫生机构床位数是1949年的107.2倍。2019年，我国人均预期寿命达到77.3岁，是1949年的两倍多，已接近发达国家水平。2021年，我国全面建成了小康社会。中华民族向世界展现出一派欣欣向荣的气象，中国人民过上了前所未有的幸福安康的生活。

第一节
民生福祉显著提升

全面小康，以人为本，民生为先。党坚持以人民为中心的发展思想，把改善人民生活、增进人民福祉作为出发点和落脚点，不断解决关系人民切身利益的突出问题，不断提升人民的获得感、幸福感、安全感。14 亿多中国人民过上了几千年梦寐以求的好日子，生存权和发展权得到有效保障，幼有所育、学有所教、劳有所得、病有所医、老有所养、住有所居、弱有所扶更好实现。

社会保障惠及全民

中国基本建成包括社会保险、社会救助、社会福利、社会优抚在内的世界上规模最大的社会保障体系，正向全覆盖、保基本、多层次、可持续的目标迈进。截至 2021 年 6 月底，全国基本养老、失业、工伤保险参保人数分别达到 10.14 亿人、2.22 亿人、2.74 亿人，基本医疗保险覆盖超过 13 亿人。生育保险依法覆盖所有用工单位及职工。住房保障力度不断加大，累计建设各类保障性住房和棚改安置房 8000 多万套，帮助 2 亿多困难群众改善住房条件，低保、低收入住房困难家庭基本实现应保尽保，中等偏下收入家庭住房条件有效改善。积极应对人口老龄化上升为国家战略，居家社区机构相协调、医养康养相结合的养老服务体系加快建立，多数城市社区初步形成助餐、助医、助洁等为主体的“一刻钟”居家养老服务圈，越来越多的农村社区建起村级幸福院、日间照料中心等养老

社会保险基本情况

单位：万人

年份	年末参加基本养老保险人数	城镇职工基本养老保险					城乡居民基本养老保险
		合计	职工	企业	离退休人员	企业	
1990	6166.0	6166.0	5200.7	5200.7	965.3	965.3	
2000	13617.4	13617.4	10447.5	9469.9	3169.9	3016.5	
2010	35984.1	25707.3	19402.3	17822.7	6305.0	5811.6	10276.8
2020	99864.9	45621.0	32858.7	29123.6	12762.3	10784.2	54243.8

数据来源：国家统计局

服务设施，城乡普惠型养老服务、互助型养老进一步发展，广大老年人不离家、不离村就能享受到专业养老服务，老有所养、老有所依、老有所乐、老有所安的目标不断实现。残疾人权益保障更加有力，8500万残疾人同步迈入小康。儿童福利和未成年人保护体系不断完善，有力保障了儿童健康和全面发展。越织越密的社会保障安全网，充分发挥可持续的托底作用，人们工作更安心、生活更舒心、对未来更有信心。

全民健康托起全面小康

疫情暴发初期，中国举全国之力实施了规模空前的生命大救援，从全国调集最优秀的医生、最先进的设备、最急需的资源千里驰援武汉市和湖北省。2020年1月24日至3月8日，全国共调集346支国家医疗队、4.26万名医务人员、900多名公共卫生人员驰援湖北；紧急调集4万名建设者和几千台机械设备，分别仅用十多天时间就建成了有1000张病床的火神山医院、有1600张病床的雷神山医院和共有1.4万余张床位的16座方舱医院。湖北省共成功治愈3000余

中医医疗机构
增至6万多个
我国中医药服务能力持续提升
“十三五”期间
我国中医医疗机构数量快速增长
中医药服务能力持续提升
国家中医药管理局
统计显示
2019年末
全国中医类
医疗卫生机构总数
达65809个
比“十二五”末增加了
41.4%
2019年总诊疗人次
达11.6亿
备案中医诊所数量
2017年
195家
2018年
8376家
2019年
15917家
2020年9月时
已多达
1.9万多家
能够提供中医药服务
2019年末
全国
98.3%的社区卫生服务中心
97.1%的乡镇卫生院

新华社发　程硕　制图

位80岁以上、7位百岁以上患者，多位重症老年患者都是从死亡线上抢救回来，充分体现了对每一个生命的尊重和保护。

新中国成立以来，从疫病横行到可防可控，从缺医少药到病有所医，从只能本地报销到逐步异地结算，从单纯医院就医到家庭医生签约服务覆盖面不断扩大，中国医疗卫生体系逐步健全，医疗资源配置进一步优化，人们看病难、看病贵的问题逐步得到缓解。医疗技术水平和服务能力不断提升，“互联网+医疗健康”持续发展，医药价格逐步回归合理水平，越来越多的常用药、救命药纳入医保目录，人民群众看得上病、看得起病、看得好病。城乡基本医疗公共服务均等化不断推进，农村医疗卫生服务体系持续改善，医疗保障制度不断健全，农村居民看病就医有地方、有医生、有保障，因病致贫、因病返贫问题得到有效解决。健康中国行动加快推进，全民健身和全民健康持续融合，有利于健康的生活方式、生产方式、经济社会发展模式和治理模式正在形成。人民健康水平不断提升，从新中国成立之初处于世界平均水平到现在处于中等收入国家前列。中国取得抗击新冠肺炎疫情重大战略成果，中国医疗卫生体制的优越性进一步彰显，人民生命健康得到有效维护。

中国立足国情，坚持预防为主工作方针，不断健全覆盖城乡的三级医疗卫生服务网络，保障了占世界近20%人口的看病就医问题。全国医疗卫生机构（包含医院、基层医疗机构、专业公共卫生机构）由1978年的17万个大幅增长到2020年的102.3万个。医疗卫生机构床位数、卫生技术人员数分别为910.1万张、1067.8万人。基本形成了包括疾病预防控制、健康教育、妇幼保健、精神卫生防治等各种专业机构在内的公共卫生服务体系，持续推进基本公共卫生服务均等化，人均基本公共卫生服务经费补助标准从2009年的15元提高到2020年的74元，将国家基本公共卫生服务项目12类和地方病防治等19项服务项目合并为基本公共卫生服务，免费向全体城乡居民提供。

持续实施脑卒中、心血管疾病高危筛查、口腔疾病综合干预、癌症早诊早治等项目，慢性病防控效果显著增强。主要传染性疾病得到有效遏制。通过提升免疫规划疫苗接种率，中国在2000年消灭了脊髓灰质炎，在2012年消除了新生儿破伤风，在2020年消除了疟疾，2021年被世界卫生组织认证为无疟疾国家。艾滋病整体疫情控制在低流行水平，结核病成功治疗率保持在90%以上。

医疗卫生服务体系不断健全。中国致力于建立优质高效的整合型医疗卫生服务体系，改善医疗卫生资源的可及性和便利性，提高医疗服务质量和效率，居民就医感受明显改善。2020年，执业医师和执业助理医师408万人，注册护士471万人；全年总诊

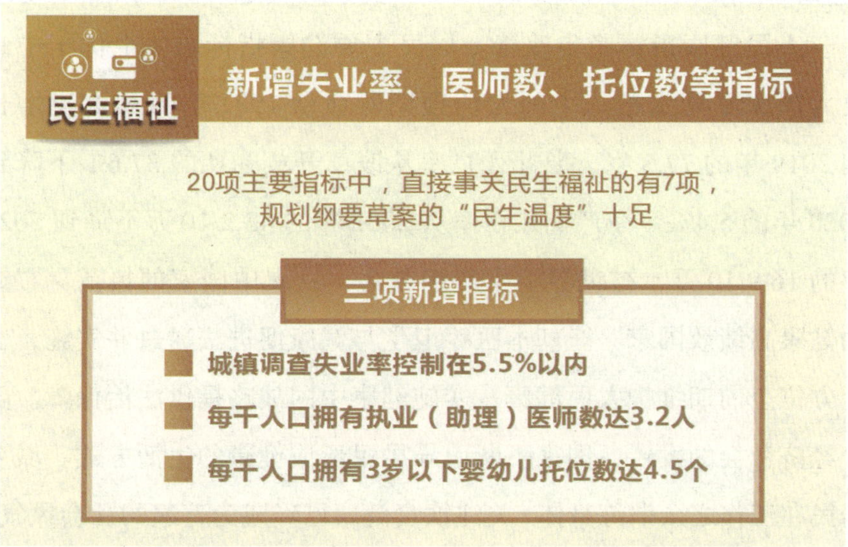

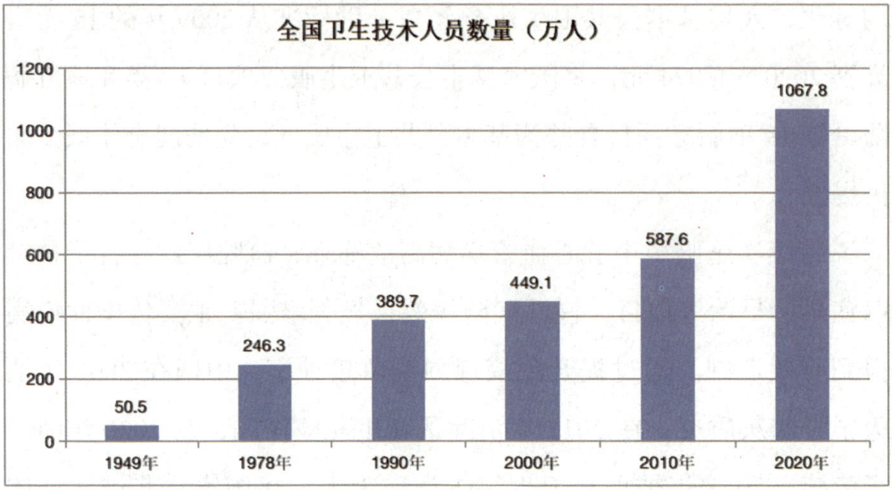

数据来源：国家统计局

疗人次78.2亿人次，孕产妇产前检查率达96.8%，住院分娩率为99.9%。合理配置医疗资源，构建“基层首诊、双向转诊、急慢分治、上下联动”的分级诊疗服务体系。取消以药补医机制，建立基本药物制度，各级各类公立医疗机构全面配备优先使用基本药物，实行零差率销售。

人民健康指标稳步改善。居民主要健康指标总体上优于中高收入国家平均水平。中国人均预期寿命从1981年的67.8岁增长到2019年的77.3岁。婴儿死亡率从改革开放初期的37.6‰下降到2020年的5.4‰。孕产妇死亡率从2002年的43.2/10万下降到2020年的16.9/10万，被世界卫生组织誉为“发展中国家的典范”“妇幼健康高绩效国家”。基本医疗卫生与健康促进法通过并实施，为全方位全周期维护人民健康、实施健康中国战略提供法治保障。随着经济社会的发展，国家不断引导居民形成健康的生活方式。城乡居民在工作之余锻炼身体、关注饮食健康已经成为普遍的社会风气。

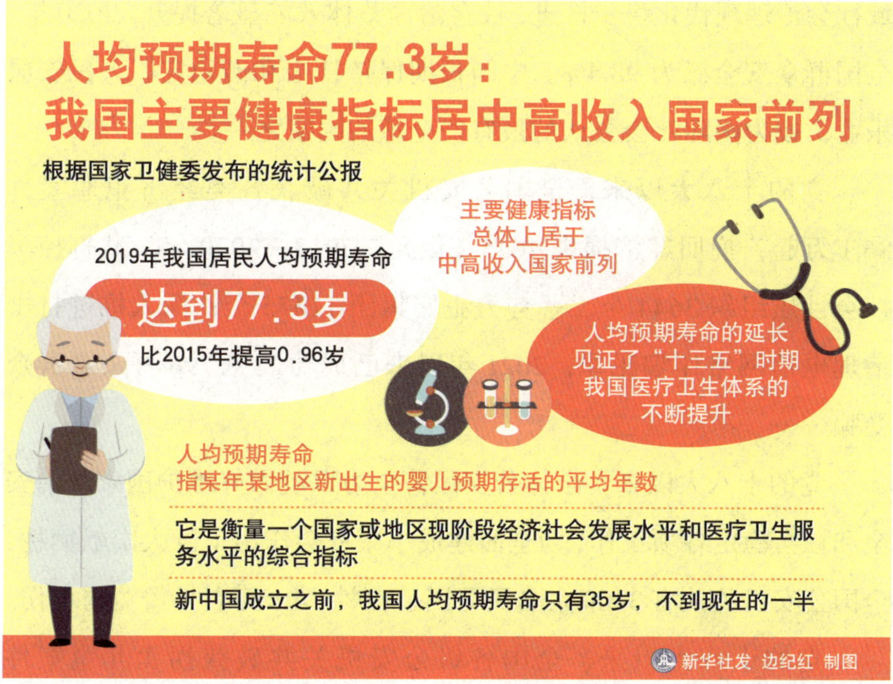

人民群众安全感不断提升

从社会管理到社会治理，从加快形成科学有效的社会治理体制到打造共建共治共享的社会治理格局，社会治理的社会化、法治化、智能化、专业化水平不断提升，建设更高水平的平安中国成效显著。社会治安防控体系持续完善，防控触角延伸到“最后一公里”，人民群众的安全感和满意度显著提高。扫黑除恶专项斗争深入开展，打“网”破“伞”重拳出击，黑恶势力有效铲除，黑恶犯罪根本遏制，社会治安环境显著改善，法治权威充分彰显，人民群众拍手称快。小事不出村、大事不出镇、矛盾不上交，基层社会矛盾预防和化解能力显著增强。网格化管理、精细化服务、信息化支撑、开放共享的基层管理服务体系不断完善，基层治理新格局逐步形成，市域社会治理现代化稳步推进，社会治理整体效能显著提升。2020年，全国群众安全感为98.4%。中国长期保持社会和谐稳定、人民安居乐业，成为国际社会公认的最有安全感的国家之一。

党的十八大以来，全国公安机关共破获各类经济犯罪案件86.1万起，挽回经济损失4645.2亿元；2018—2020年，共打掉黑社会性质组织3644个、恶势力犯罪集团11675个；深入推进打击治理电信网络诈骗犯罪，2021年以来已成功避免796万余名群众受骗……

党的十八大以来，全体公安民警全力以赴做好维护国家政治安全和社会稳定各项工作，为全面建成小康社会作出了巨大奉献牺牲，全国公安机关共有3400余名民警因公牺牲，4.8万名民警英勇负伤。

党的十八大以来，全国各级公安机关共破获拐卖儿童案件5135起，抓获犯罪嫌疑人2.3万名。

2018—2020年，共侦办侵犯公民个人信息案件1.7万余起，抓获犯罪嫌疑人4万余名。同时加大宣传力度，切实助推群众树立个人信息保护的意识。2021年1—8月，侵犯公民个人信息案件发案同比下降了9.1个百分点。

2021年以来，公安部推进高频户政业务“跨省通办”试点，全国公安机关共办理户口迁移“跨省通办”业务2万余笔，办理户籍类证明“跨省通办”业务1万余笔。

第二节
以发展促人权

在全面建成小康社会进程中，中国坚持以发展促人权，推动全面落实各项权利，人民生活更加富足安康，和谐幸福。

生态环境持续改善

良好生态环境是最普惠的民生福祉。中共十八大以来，将生态文明建设纳入国家发展“五位一体”总体布局，倡导“绿水青山就是金山银山”绿色发展理念，严守生态保护红线，坚决打好污染防治攻坚战，推进美丽中国建设，切实保护公民环境权利。坚决打赢蓝天保卫战，空气更加清新。2020年，全国万元国内生产总值二氧化碳排放较2005年下降48.4%，提前完成比2005年下降40%至45%的碳排放目标。天然气、水电、核电、风电等清洁能源消费量占能源消费总量比重从2016年的19.1%上升到2020年的24.3%。全国337个地级及以上城市中，2020年空气质量达标的城市占59.9%。着力打好碧水保卫战，水质持续优化。2020年，1940个国家地表水考核断面中，水质优良（Ⅰ—Ⅲ类）断面比例为83.4%，比2019年上升8.5个百分点；劣Ⅴ类断面比例为0.6%，比2019年下降2.8个百分点；全国近岸海域优良（一、二类）水质比例为77.4%，比2019年上升0.8个百分点；劣四类水质比例为9.4%，比2019年下降2.3个百分点。扎实推进净土保卫战，土壤环境风险得到有效管控。制定土壤污染防治法，实施土壤污染防治行动计划。以农用地和重点行业企业用地为重点，开展土壤污染状况详查。2014—2019 年，全国依法依规关停涉重金属行业企业 3500 余家，实施金属减排工程 850 多个。开展农用地土壤环境质量类别划分、治理修复等工作，农用地土壤环境状况总体稳定。全面禁止洋垃圾入境，基本实现固体废物零进口。人居环境不断改善。2020 年，全国农村卫生厕所普及率超过 68%，生活垃圾进行收运处理的行政村比例超过 90%，全国农村生活污水治理率达 25.5%；46 个重点城市生活垃圾分类覆盖居民 8300 万户，居民小区覆盖率 94.6%，地级及以上城市建成区黑臭水体消除比例超过 90%。实施最严格的生

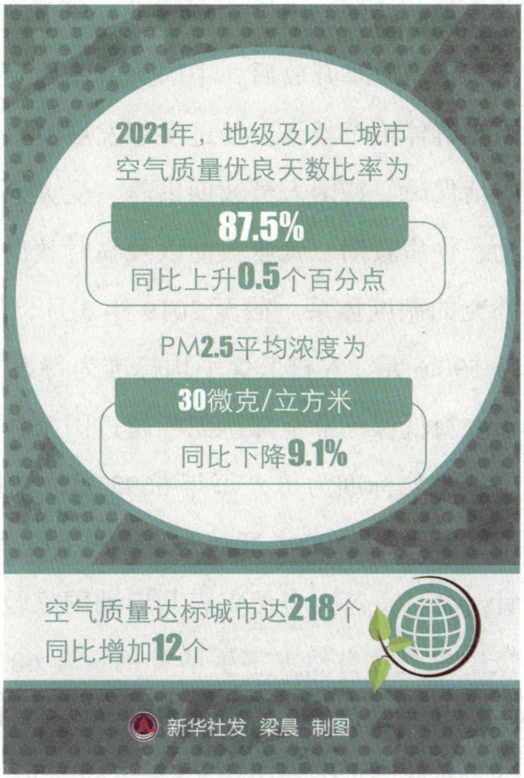

态保护。截至2020年，全国共建立自然保护地近万处，保护面积覆盖陆域国土面积的18%，约90%的陆地生态系统类型和85%的重点野生动物种群得到有效保护。全国森林覆盖率由20世纪70年代初的12.7%提高到2020年的23.04%。在全球森林面积持续净损失达1.78亿公顷的不利形势下，中国森林面积近十年年净增约249.9万公顷，居全球第一。2012—2021年6月，累计完成防沙治沙任务面积超过1900万公顷，封禁保护面积达到177.2万公顷。中国率先实现了荒漠化土地零增长，为实现《联合国2030年可持续发展议程》提出的2030年全球退化土地零增长目标作出重要贡献。

社会救助制度不断完善

新中国成立之初，各地经济停滞、民生凋敝，灾民、贫民、无依无靠的孤老残幼等城乡贫困人口众多。中国共产党和中国政府及时开展临时性、应急性救助，为贫困人口发放款物，妥善解决了历史遗留问题。此后，城市的就业单位和农村生产大队承担了主要的社会保障功能，国家和集体对五保户、孤残人员等特殊困难群体进行救济。改革开放后，中国进一步建立完善城乡救济制度，对特殊困难群体给予救济。经过多年发展，中国的社会救助形成了以最低生活保障、特困人员救助供养、受灾人员救助、医疗救助、教育救助、住房救助、就业救助以及临时救助为主体，以社会力量参与为补充的制度体系。截至 2019 年 3 月，城市低保平均标准为每人每月 590.6 元，农村低保平均标准为每人每年 4953.1 元，所有涉农县市农村低保标准全部达到或超过国家扶贫标准；农村特困人员基本生活平均标准为每人每年 6693 元，城市特困人员基本生活平均标准为每人每年 9096 元。中共十八大以来，截至 2019 年 8 月 15 日，针对各种重特大自然灾害共启动国家救灾应急响应 157 次，累计下拨中央财政自然灾害生活补助资金 602.65 亿元。2013—2018 年，年均紧急转移安置 900 余万人次，救助受灾群众 7000 多万人次，恢复重建因灾倒损民房 50 余万间。2018 年，共资助 7673.9 万困难群众参加基本医疗保险，实施住院和门诊救助 5361 万人次，救助生活无着的流浪乞讨人员 155 万人次。

不断加强人权法治保障

深化司法公开。全面推进阳光司法，不断加强审判流程、庭审活动、裁判文书、执行信息司法公开平台和人民检察院案件信息公开平台建设。截至 2019 年 2 月，中国审判流程信息公开网公开案件信息 3.7 亿项，中国庭审公开网直播庭审 259 万件，中国裁判文书网公开文书 6382 万份，访问量 226 亿次。人民检察院案件信息公开网自 2014 年 10 月 1 日开通以来，公开案件程序性信息 928 万

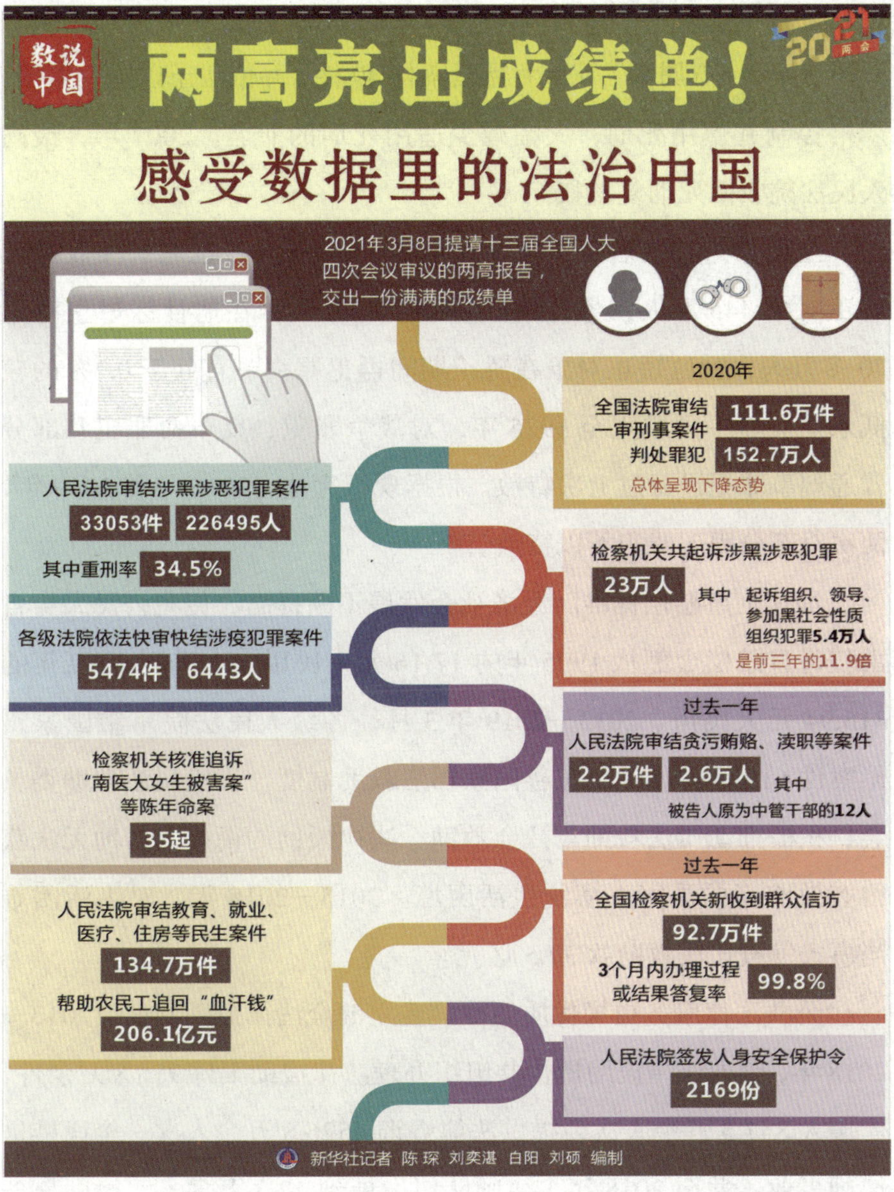

余件，发布重要案件信息 58 万余条，公开法律文书 386 万余份，接受辩护与代理网上预约 30 万余人次。2013—2019 年 3 月，各级人民法院依法对 5876 名被告人宣告无罪，确保无罪的人不受刑事

追究；再审改判刑事案件 8568 件，其中依法纠正呼格吉勒图案、聂树斌案、“五周案”等重大冤错案件 49 件，并依法予以国家赔偿。严格控制并慎用死刑，大幅减少适用死刑的罪名。2007 年，最高人民法院收回死刑复核权。

全面推进社区矫正制度，截至 2019 年 5 月，已累计接收社区矫正对象 445 万人，累计解除矫正 375 万人，在册社区矫正对象 70 多万人，社区矫正对象在矫正期间再犯罪率一直处于 0.2% 的较低水平。新中国成立至 1975 年，对战争罪犯、反革命罪犯和部分普通刑事罪犯进行过七次特赦。根据现行宪法，2015 年和 2019 年，两次对部分服刑罪犯予以特赦。

国家刑事赔偿标准随经济社会发展不断提高，侵犯公民人身自由权每日赔偿金额从 1995 年的 17.16 元人民币，上升到 2019 年的 315.94 元人民币。2013—2019 年 3 月，各级人民法院审结国家赔偿案件 61978 件。健全完善国家司法救助制度，设立司法救助委员会，积极推动司法救助与社会救助、法律援助的衔接，帮助无法获得有效赔偿的受害人摆脱生活困境。2015—2018 年，对生活困难当事人发放司法救助款 37.5 亿元。

公共法律服务更加优质便捷。建立健全法律援助制度，2013—2018 年，全国法律援助机构共组织办理法律援助案件 778.8 万余件，受援人 847.5 万余人次，提供法律咨询 4526.8 万余人次。全面推进律师事业，截至 2018 年，律师队伍发展到 42.3 万多人，律师事务所发展到 3 万多家。完善公共法律服务体系，建设公共法律服务实体平台、“12348”法律服务热线和法律服务网络三大平台，实现申请快捷化、审查简便化，更加便民利民。截至 2018 年，全国建

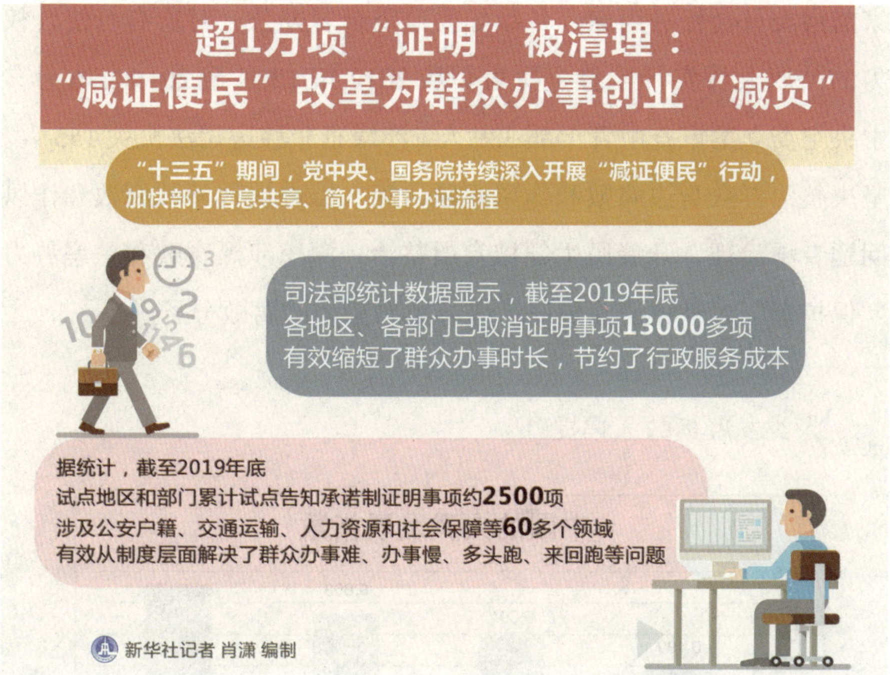

成2917个县（市、区）公共法律服务中心、3.9万多个乡镇（街道）公共法律服务工作站，为65万个村（居）配备法律顾问，各省（自治区、直辖市）均已建成“12348”法律服务热线平台。推进司法鉴定管理体制改革，提高司法鉴定质量和公信力，截至2018年，经司法行政机关审核登记的司法鉴定机构有3834家，司法鉴定人45000名。

强力反腐维护人民利益。1949年11月，中共中央决定成立中央及各级党的纪律检查委员会；1955年，中国共产党的全国代表会议选举产生中央监察委员会；1978年12月，中国共产党十一届三中全会选举产生新的中央纪律检查委员会。中共十八大以来，加快形成完善的党内法规体系，建立了以党章为本，若干配套党内法规为支撑的党内法规制度体系。2018年3月，中华人民共和国国家监察委员会依法组建，各级纪委监委合署办公，对所有行使公权力的公职人员实行监督全覆盖。从 2012 年 12 月至 2019 年 6 月，中央纪委立案审查中管干部 389 人，涉嫌犯罪移送司法机关 155 人。坚决整治群众身边腐败和作风问题，深入推进扶贫领域腐败和作风问题专项治理，开展民生领域专项整治，深挖涉黑腐败和黑恶势力“保护伞”，坚决清除包庇、纵容黑恶势力的腐败分子。

人类发展指数大幅提升

数据来源：联合国开发计划署

根据联合国开发计划署发布的《人类发展报告》，1990 年中国还处于低人类发展水平组，1996 年便进入了中等人类发展水平组，2011 年又步入高人类发展水平组。中国的人类发展指数从 1990 年的 0.499 增长到 2019 年的 0.761，是自 1990 年联合国开发计划署在全球首次测算人类发展指数以来，唯一从低人类发展水平组跨越到高人类发展水平组的国家。

第三节
和美生活有保障　美丽中国稳幸福

和谐，中华民族传承千年的古老哲学，从历史深处走来，在新时代的火热实践中，焕发耀眼光彩。

织就世界最大民生安全网、成就社会治理新格局、铸就公平正义法治基础、绘就大美神州壮丽图景……更加和谐的社会为全面小康打下坚实基础，让“复兴号”巨轮更添乘风破浪的能量。

民生安全网兜住14亿人民稳稳的幸福

“大道之行也，天下为公。”这是古人对理想社会的描述。如今，基本公共服务均等化水平不断提升，中国已织就世界最大的民生安全网。

宁夏中卫市海原县李俊乡农民白玉德至今仍记得2011年底宁南医院开业那天的情景。尽管大雪纷飞，百姓们仍赶着毛驴车，骑着三轮车、摩托车赶来，门诊大厅挤满了人。

宁南医院是西海固地区首家三甲医院。就是在这里，差点“把肺都咳出来”的白玉德接受了手术、恢复了健康。

受益的不只是白玉德。近年来，宁南医院危重病人抢救成功率95%以上，辐射周边7个市县约300万人口……

从“大病熬”“小病扛”，到享受和城里人同样的医疗，西海固的改变是健康中国建设的一个缩影。

新中国成立初期，全国医疗卫生机构仅有3670家，人均预期寿命只有35岁。如今，医疗卫生机构总数已超百万个，人均预期寿命更是提高到77.3岁。

健康助力小康，民生牵着民心。

不断释放的“健康红利”让人民群众有了更多获得感和幸福感，愈加完善的兜底保障和社会保障绘就老百姓心底温暖底色。

“入住之前，住的是土坯房，吃馍不喝汤，喝汤不吃馍。”河南省太康县特困老人牛云真说，“自从进了居村联养点，一天三顿吃好喝好，平时还有文娱表演。”受惠于当地特困人员救助供养政策，牛云真对自己的晚年生活感到由衷的幸福。

牛云真的故事并不是个例。“十三五”时期末，我国城乡居民最低生活保障平均标准分别达到了每人每月678元和每人每年5962元；25.4万名事实无人抚养儿童全面纳入国家保障范围；困难残疾人生活补贴和重度残疾人护理补贴制度覆盖全部县（市、区、旗），发放人数分别达到1212.6万人和1473.8万人。

与此同时，我国社会保障能力持续增强。截至2021年3月底，全国基本养老、失业、工伤保险参保人数分别为10.07亿人、2.18亿人、2.67亿人。全国社会保障卡持卡人数13.4亿人。

“切实解决老百姓的急难愁盼是促进社会更加和谐的治本之策。”中国人民大学国家发展与战略研究院研究员、社会与人口学院副院长黄家亮表示。

以共建共治共享共筑平安家园

漫天飞雪的路上，十几个人推着一辆满载货物的三轮车艰难前行，数次滑倒又爬起后，身上的防护服仿佛与天地融为一体……

2021 年 1 月，一段视频在网上迅速刷屏，主角正是大连海洋大学的志愿者。当时，学校因疫情封闭，这群平均年龄 19 岁的志愿者每天要为 5109 名师生配送 12219 份餐食。

大连海洋大学的志愿者们推着满载的三轮车上坡，将物资送到学生宿舍。（新华社发）

这样的“挺身而出”不只在大连。疫情肆虐的关键时刻，志愿者们忙碌在社区，奔走在街头，活跃在网络，用默默奉献诠释志愿精神。

“志”之所在，“愿”之所向。

从 20 世纪 60 年代以来的“学雷锋”活动影响全社会，到 1989 年天津出现第一个志愿者组织，再到 2008 年中国迎来“志愿者元年”，志愿服务不断发展壮大，深入生活的日常平常经常。“十三五”时期，全国志愿服务信息系统汇集的注册志愿者已超过 1.9 亿人，记录志愿服务时间超 24 亿小时。

点滴善意，融汇浇筑，成为人与人和谐相处的“黏合剂”、社会良性运转的“润滑油”。

老百姓过日子，少不了舌头碰牙齿。在中国社会科学院社会学研究所所长陈光金看来，任何社会在任何时候都存在社会矛盾，关键是如何更好地化解矛盾。

“发动和依靠群众，坚持矛盾不上交，就地解决，实现捕人少、治安好”——1963年，浙江绍兴诸暨市枫桥镇干部群众创造了依靠群众化解矛盾的“枫桥经验”。

此后半个多世纪，“枫桥经验”从浙江诸暨发端、从之江两岸向全国发展。

距离诸暨市200公里的湖州织里，是中国最大的童装产业市场。曾几何时，厂多、人多、地方小，导致这里治安形势复杂，社会矛盾多发。创新发展“枫桥经验”，成为织里实现由乱到治的“密钥”。

28位女企业家组成的社会组织“平安大姐”工作室是当地纠纷调解的金名片。此前，织里一家服装厂负责人跑路引发集体讨薪，多亏“平安大姐”及时介入化解矛盾。

目前，我国社区社会组织已超过一百万个，成为基层党组织与社区群众之间的“黏合剂”、增进社区群众参与的“活化剂”、化解社区矛盾纠纷的“减压剂”、完善社区服务体系的“填充剂”。

“社区社会组织的蓬勃发展，标志着我国共建共治共享社会治理格局更加完善。”陈光金说。

如今，日益提升的社会治理效能正转化为人民群众的获得感、幸福感和安全感。公安部数据显示，2020年，全国群众安全感为98.4%，全国居民对社会治安满意度达83.6%。

用法治之光守望公平正义

2020 年 10 月 30 日，随着法槌落下，青海省“扫黑除恶第一大案”——以“日月山埋尸案”为代表的“8·07”涉黑专案一审宣判，马成被判处死刑，张成虎被判处无期徒刑。

截至 2020 年 12 月 31 日，全国法院审结生效涉黑恶案件 33053 件 226495 人；54224 名涉黑恶案件被告人被判处 5 年以上有期徒刑直至死刑。

一起起黑恶案件被依法审理、庄严宣判，回应着人民群众对公平正义的殷殷期盼，宣示着法治中国的铿锵誓言。

明辨是非，秉公司法，方能惩恶扬善。

2016 年 12 月 2 日，最高人民法院第二巡回法庭在辽宁沈阳对原审被告人聂树斌故意杀人、强奸妇女再审案公开宣判，宣告撤销原审判决，改判聂树斌无罪。（新华社发）

“本院认为，原审认定聂树斌犯故意杀人罪、强奸妇女罪的事实不清、证据不足……原审被告人聂树斌无罪。”

2016年12月2日，最高人民法院第二巡回法庭。一件跨越21年的冤案，在“疑罪从无”的刑事司法原则指导下得以昭雪。

从聂树斌案、呼格案到张玉环案……党的十八大以来，司法机关坚持实事求是、有错必纠，一批重大刑事冤错案件得到依法纠正。最高法数据显示，仅2020年，全国法院按照审判监督程序再审改判刑事案件1818件。

司法是维护社会公平正义的最后一道防线。只有让人民群众在每一起案件办理中都感受到公平正义，才能在全社会树立起对公正的信心，对法治的信仰。

从惩戒“老赖”助推诚信社会建设，到整治“霸座”“抢夺公交车方向盘”树立规矩意识，再到办理维护英雄烈士荣誉、名誉案件……

近年来，政法机关将抽象的法律公正地适用到每一起具体案件中，引领价值观、传递正能量。一个个生动案例释放出一个鲜明的信号：让法治成为捍卫公序良俗的有力武器，鼓舞守法者、惩处违法者、温暖受害者，守望人间正义。

建设人与自然和谐共生的美丽中国

2021年6月6日，湖南长沙橘子洲公园里热闹非凡。当天是第7个全国放鱼日，在活动现场，人们你一盆我一盆，将盆里欢跃的鱼儿放流进湘江。这些鱼儿将自在畅游，不再面对渔网的“威胁”。

从2021年1月1日零时起，长江流域重点水域开始实行10年禁渔，20多万渔民退捕上岸。湖南正是禁捕退捕任务最重的省份之一。

2021 年 6 月 6 日，市民在长沙橘子洲公园参与放鱼活动。（新华社记者 薛宇舸 摄）

近年来，长江经济带省市落实共抓大保护、不搞大开发，经济保持持续健康发展，实现了在发展中保护、在保护中发展。2020 年，长江干流首次全线达到Ⅱ类水质。水质改善，江豚腾跃，长江母亲河正在焕发出勃勃生机。

近年来，美丽中国建设迈出坚实步伐——

为守护碧水长流，渔民收起渔网，将江河还给自然；城市污水管网建设快速推进，污水处理能力大幅提升；全国地级及以上城市建成区黑臭水体消除比例达到 98.2%。

为保卫蓝天常在，传统制造业加快绿色化改造，实现超低排放的煤电机组装机累计约 9.5 亿千瓦，钢铁行业实施超低排放改造；北方地区冬季清洁取暖率提升到 60% 以上。

同时，我国以制度力量护航绿色发展之路，生态环境领域的法律法规更加健全，中央出台了几十项涉及生态文明建设的改革方案，尤其是中央生态环境保护督察这把“利剑”，守护着祖国的绿水青山。

2021 年 5 月 26 日，生态环境部发布的《2020 中国生态环境状况公报》显示，蓝天更多，全国地级及以上城市优良天数比例提高至 87%；河流更清，地表水优良断面比例提高到 83.4%；家园更美，各级各类自然保护地总数达到 1.18 万处……

生态好了，环境美了，不少地方的生态农业、生态旅游也更加红火。

2021 年“五一”假期，广西来宾市金秀瑶族自治县的六巷乡大岭村迎来一大拨游客，民宿爆满。

这个过去曾经贫穷的瑶寨山村，依托生态环境、独特风俗等发展民宿旅游，已成为“网红打卡村”。现在山水和生态是村民的“金饭碗”，村集体经济年收入超 10 万元。

今日中华大地，一幅生活和美、社会和谐的画卷已徐徐展开。

第四节
生态环境发生历史性变化

良好生态环境是最普惠的民生福祉，是全面小康最亮丽的底色。党既为当代计，也为万世谋，着眼中华民族永续发展，提出“绿水青山就是金山银山”理念，确立节约资源和保护环境的基本国策，大力推进美丽中国建设，辽阔大地山川更加秀美，人民生活的家园天更蓝、地更绿、水更清，地球家园增添了更多“中国绿”。

制定实施严格的生态文明制度。以法治理念、法治方式推动生态文明建设，实施“史上最严”的环境保护法，制修订一系列法律法规，基本形成生态环境法律法规框架体系，基本实现各环境要素监管主要领域全覆盖。从生态环境保护制度、资源高效利用制度，到生态保护和修复制度、生态环境损害责任终身追究制，再到环境保护目标责任制和考核评价制度、中央生态环境保护督察制度，中国以最严格的制度、最刚性的约束，促进发展转型，推动习惯养成，

2020 年 5 月 10 日，农民在重庆市酉阳土家族苗族自治县涂市镇大杉村稻田中劳作（无人机照片）。（新华社发　陈碧生 摄）

提升生态环境保护治理效能。全面落实河湖长制、林长制，把河道当街道管理、把库区当景区保护，山有人管、林有人造、树有人护、责有人担，实现山水“长治”。环境保护公众参与制度进一步完善，环境信息公开力度持续加大，公众参与环境决策和监督、投诉和举报环境违法行为的机制更加完善，民众环保意识不断增强，形成全民参与生态环境保护的新局面。14 亿多人民是绿色发展的受益者，更是生态文明的建设者。

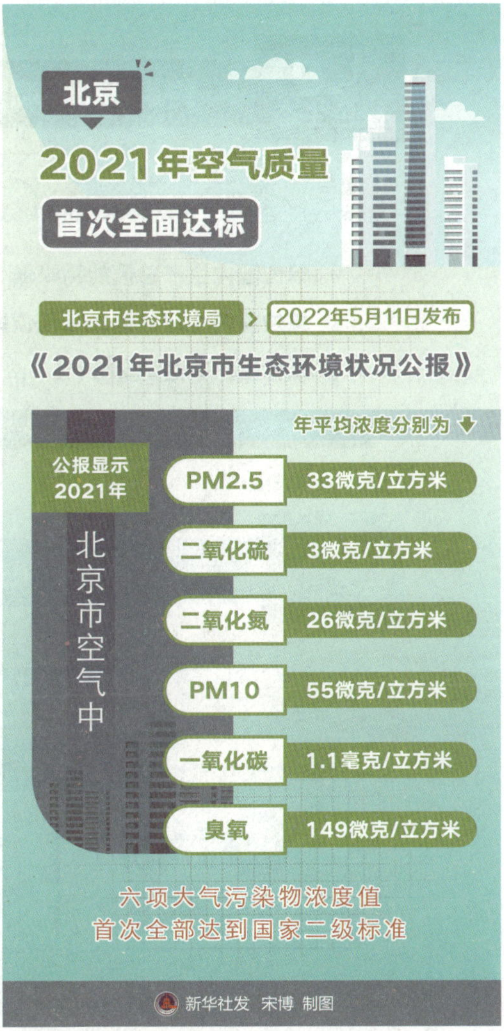

污染防治攻坚战取得显著成效。持续打好蓝天、碧水、净土保卫战，2020年，全国地级及以上城市空气质量优良天数比例为87.0%；$PM_{2.5}$未达标地级及以上城市平均浓度比2015年下降28.8%；地表水水质优良率达到83.4%，居民集中式生活饮用水水源达标率为94.5%，地级及以上城市建成区黑臭水体已基本消除；受污染耕地安全利用率达到90%左右、污染地块安全利用率达到93%以上，如期实现固体废物进口清零目标。人们呼吸的空气更清新了、喝的水更干净了、吃的食物更放心了、生活的环境更优美了，切实感受到环境变化带来的幸福和美好，对蓝天白云、清水绿岸的满意度和获得感进一步提升。2020年，中国民众对生态环境质量的满意度达89.5%。

生态系统质量和稳定性不断提升。坚持系统观念，坚持节约优先、保护优先、自然恢复为主，统筹山水林田湖草沙一体化保护和

系统治理，增强生态系统整体性，完善自然保护地、生态保护红线监管制度，筑牢国家生态安全屏障，促进生态环境持续改善，让中华民族在绿水青山中永续发展。全民义务植树持续开展40年，全国动员、全民动手、全社会共同参与，植树造林、绿化祖国成为全社会自觉行动。全国人工林面积扩大到11.9亿亩，不毛之地变成绿洲，黄土高坡披上绿装，中国成为全球森林资源增长最多和人工造林面积最大的国家。2020 年年底，全国森林覆盖率达到 23.04%，草原综合植被覆盖度达到 56.1%，湿地保护率达到 50% 以上。探索建立生态保护红线制度，生物多样性保护得到加强，各级各类自然保护地占到陆域国土面积的 18%，山清水秀、小溪潺潺、草绿花红、鸟鸣虫吟的自然生态景观越来越多。国家森林城市创建持续推进，468 个城市开展了国家森林城市建设，“让森林走进城市，让城市拥抱森林”逐渐成为现实。以国家园林城市创建为抓手，大力推动城市园林绿化，城市建成区绿地率达到 38.24%，人均公园绿地面积达到 14.78 平方米。一个善待自然、青山常在、绿水长流、空气常新、人与自然和谐共生的美丽中国正越来越清晰起来。

塞罕坝机械林场。河北省塞罕坝机械林场自 1962 年建场以来，几代塞罕坝人在“黄沙遮天日、飞鸟无栖树”的荒山沙地上艰苦奋斗、甘于奉献，创造了将荒原变林海的人间奇迹。与建场初期相比，林场林地面积由 24 万亩增加到 115 万亩，林木蓄积量由 33 万立方米增加到 1036 万立方米，森林覆盖率由 11.4% 提高到 82%；每年

2021 年 8 月 23 日拍摄的河北塞罕坝机械林场内的望海楼。（新华社记者　牟宇　摄）

可涵养水源、净化水质2.74亿立方米，固碳81.41万吨，释放氧气57.06万吨。建场以来，塞罕坝林场以累计18亿元的投入，实现资产总值达到206亿元，年经济收入由不足10万元增加到1.6亿元，林场职工年均收入达10万元，周边4万多群众受益，帮助2.2万贫困人口实现脱贫致富。2017年，林场建设者被联合国授予“地球卫士奖”。

三北防护林工程。1978年，为根本改变西北、华北、东北地区风沙危害和水土流失情况，中国启动实施三北防护林工程。工程涉及13个省区，建设总面积406.9万平方公里，占中国陆地总面积的42.4%。工程规划从1978年开始到2050年结束，历时73年。规划造林面积3508.3万公顷，其中人工造林2637.1万公顷，占75.1%；建设任务完成后，将使三北地区的森林覆盖率由5.05%提高到14.95%，风沙危害和水土流失得到有效控制，是世界上最大的植树造林工程。至2020年年底，累计完成造林保存面积3014万公顷，工程区森林覆盖率提高到13.57%，特色林果业、生态旅游业快速发展，工程建设取得巨大生态、经济、社会效益。

2020年5月15日晨，在重庆市酉阳土家族苗族自治县花田乡的梯田，几名村民扛着锄头走在田坎上。（新华社发　陈碧生　摄）

浙江省“千村示范、万村整治”工程（简称“千万工程”）。“千万工程”是“绿水青山就是金山银山”理念在基层农村的成功实践。2003 年，浙江省以农村生产生活生态的“三生”环境改善为重点，在全省启动“千万工程”，开启了以改善农村生态环境、提高农民生活质量为核心的村庄整治建设大行动，目标是用 5 年时间，从全省 4 万个村庄中选择 1 万个左右的行政村进行全面整治，把其中 1000 个左右的中心村建成全面小康示范村。经过不懈努力，“千万工程”取得显著成效，造就了万千美丽乡村，带动浙江乡村整体人居环境领先全国。2018 年 9 月，浙江省“千村示范、万村整治”工程被联合国授予“地球卫士奖”。

绿色发展方式和生活方式逐步形成。“绿水青山就是金山银山”理念日益深入人心，生态优先、绿色低碳逐渐成为普遍遵循的

2020 年 7 月 28 日，游客在浙江省安吉县天荒坪镇余村留影。（新华社记者 黄宗治 摄）

发展路径，节约资源和保护环境的空间格局、产业结构、生产方式、生活方式加快形成。经济结构和能源结构持续调整，国土空间开发格局不断优化，环保产业、清洁能源产业、清洁生产等绿色产业蓬勃发展，清洁低碳转型步伐加快，经济社会发展和生态环境保护协同共进。中国成为世界利用新能源第一大国和世界节能进步最快的国家，2020 年单位国内生产总值能耗和碳排放分别比 2015 年下降 13.2%、18.8%。从农村厕所革命到生活垃圾、生活污水治理，从大力推进生活垃圾分类、城市黑臭水体治理到城市公园、绿地、绿道建设，城乡人居环境更加整洁、舒适、美丽。以公交、地铁为主的城市公共交通日出行量超过 2 亿人次，骑行、步行等城市慢行系统建设稳步推进，绿色、低碳出行理念深入人心。从“光盘”行动、节水节纸、节电节能，到环保装修、拒绝过度包装、告别一次性用品，“节俭风”吹进千家万户，简约适度、绿色低碳、文明健康的生活方式成为社会新风尚。

2020 年 8 月 8 日拍摄的南隍城岛海上养殖区。（新华社记者 王凯 摄）

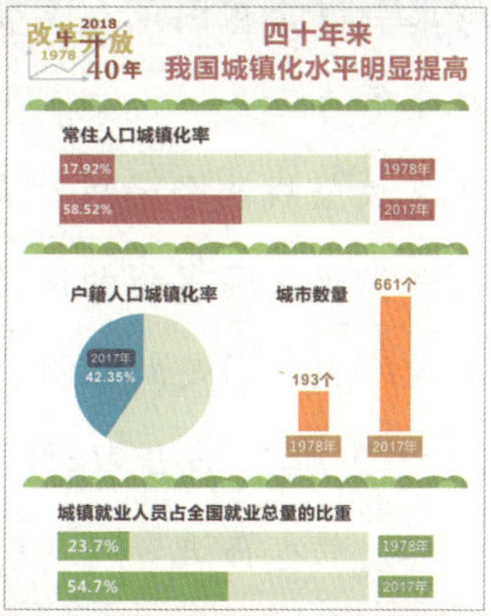

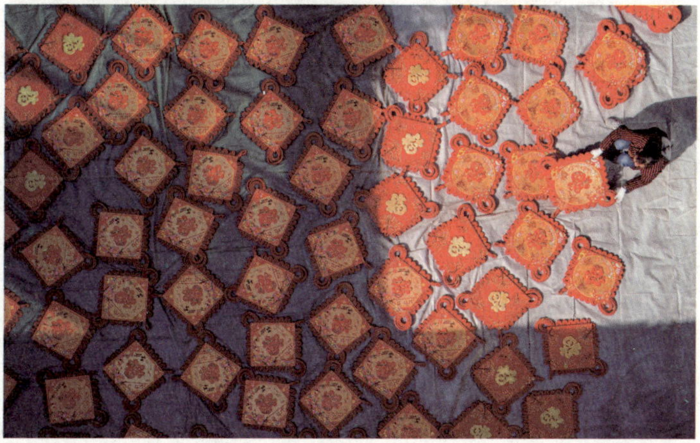

第六章
数说人民生活更加殷实

贫困是人类社会的顽疾，是全世界面临的共同挑战。贫困及其伴生的饥饿、疾病、社会冲突等一系列难题，严重阻碍人类对美好生活的追求。消除贫困是人类梦寐以求的理想，人类发展史就是与贫困不懈斗争的历史。

“脱贫攻坚战的全面胜利，标志着我们党在团结带领人民创造美好生活、实现共同富裕的道路上迈出了坚实的一大步。同时，脱贫摘帽不是终点，而是新生活、新奋斗的起点。”

2021 年 2 月 25 日，习近平总书记在全国脱贫攻坚总结表彰大会上的讲话，激人奋进。

自 2012 年以来，中国现行标准下 9899 万农村贫困人口全部脱贫，832 个贫困县全部摘帽，12.8 万个贫困村全部出列。平均每年减贫 1000 多万人，相当于一个中等国家的人口。

展望“十四五”，我国民生福祉将达到新水平。届时，居民人均可支配收入增长与国内生产总值增长基本同步；脱贫攻坚成果巩固拓展，乡村振兴战略全面推进，全体人民共同富裕迈出坚实步伐……

展望 2035 年，我国将基本实现社会主义现代化。届时，人民生活更加美好，人的全面发展、全体人民共同富裕取得更为明显的实质性进展……

第一节
脱贫致富　圆梦小康

披荆斩棘，筚路蓝缕。一部中国史，就是一部中华民族同贫困作斗争的历史。

占世界人口近五分之一的中国全面消除绝对贫困，提前 10 年实现《联合国 2030 年可持续发展议程》减贫目标，不仅是中华民族发展史上具有里程碑意义的大事件，也是人类减贫史乃至人类发展史上的大事件，为全球减贫事业发展和人类发展进步作出了重大贡献。

贫穷不是命中注定，贫困并非不可战胜。中国减贫的实践表明，与贫困作斗争，最重要的是勇气、远见、责任和担当。只要有坚定意志和决心并付诸实际行动，就能够向着摆脱贫困、实现共同富裕的美好前景不断迈进。

中国第一次制定扶贫标准是 1986 年，为 206 元，对应的贫困人口数量为 1.25 亿，主要解决温饱问题。2001 年制定第一个十年农村扶贫开发纲要时，将扶贫标准提高到 865 元，对应的贫困人口数量为 9422.8 万人。2011 年制定第二个十年农村扶贫开发纲要时，将扶贫标准提高到 2300 元（2010 年不变价），对应的贫困人口数量为 1.22 亿人。

中共十八大以来，经过8年持续奋斗，到2020年年底，中国如期完成新时代脱贫攻坚目标任务，现行标准下9899万农村贫困人口全部脱贫，832个贫困县全部摘帽，12.8万个贫困村全部出列，区域性整体贫困得到解决，完成消除绝对贫困的艰巨任务。

发布日期：2013年2月26日

走进幸福里，贫困人口生活水平显著提升

脱贫攻坚战对中国农村的改变是历史性的、全方位的，是中国农村的又一次伟大革命，深刻改变了贫困地区落后面貌，有力推动

了中国农村整体发展，补齐了全面建成小康社会最突出短板，为全面建设社会主义现代化国家、实现第二个百年奋斗目标奠定了坚实基础。脱贫攻坚战全面胜利，中华民族在几千年发展历史上首次整体消除绝对贫困，实现了中国人民的千年梦想、百年夙愿。

经过脱贫攻坚战，贫困人口的收入和福利水平大幅提高，“两不愁三保障”全面实现，教育、医疗、住房、饮水等条件明显改善，既满足了基本生存需要，也为后续发展奠定了基础。脱贫攻坚的阳光照耀到每一个角落，贫困群众的生活发生了巨大变化。

贫困人口收入水平持续提升。贫困地区农村居民人均可支配收入，从 2013 年的 6079 元增长到 2020 年的 12588 元，年均增长 11.6%，增长持续快于全国农村，增速比全国农村高 2.3 个百分点。贫困人口工资性收入和经营性收入占比逐年上升，转移性收入占比逐年下降，自主增收脱贫能力稳步提高。少数民族和民族地区脱贫攻坚成效显著，2016—2020 年，内蒙古自治区、广西壮族自治区、西藏自治区、宁夏回族自治区、新疆维吾尔自治区和贵州、云南、青海三个多民族省份贫困人口累计减少 1560 万人。

28 个人口较少民族全部实现整族脱贫，一些新中国成立后“一步跨千年”进入社会主义社会的“直过民族”，又实现了从贫穷落后到全面小康的第二次历史性跨越。

“两不愁三保障”全面实现。脱贫攻坚普查显示，贫困户全面实现不愁吃、不愁穿，平时吃得饱且能适当吃好，一年四季都有应季的换洗衣物和御寒被褥。贫困人口受教育的机会显著增多、水平持续提高，农村贫困家庭子女义务教育阶段辍学问题实现动态清零，2020 年贫困县九年义务教育巩固率达到 94.8%。持续完善县乡村三

数据来源：国家统计局

级医疗卫生服务体系，把贫困人口全部纳入基本医疗保险、大病保险、医疗救助三重制度保障范围，实施大病集中救治、慢病签约管理、重病兜底保障等措施，99.9%以上的贫困人口参加基本医疗保险，全面实现贫困人口看病有地方、有医生、有医疗保险制度保障，看病难、看病贵问题有效解决。实施农村危房改造，贫困人口全面实现住房安全有保障。实施农村饮水安全和巩固提升工程，累计解决2889万贫困人口的饮水安全问题，饮用水量和水质全部达标，3.82亿农村人口受益；贫困地区自来水普及率从2015年的70%提高到2020年的83%。

基本公共服务水平明显提升。在解决好贫困人口吃饭、穿衣、居住等温饱问题基础上，大力提升贫困地区教育、医疗、文化、社会保障等基本公共服务水平，实现贫困人口学有所教、病有所医、老有所养、弱有所扶，为贫困地区发展夯实基础、积蓄后劲。2013

年以来，累计改造贫困地区义务教育薄弱学校 10.8 万所，实现贫困地区适龄儿童都能在所在村上幼儿园和小学。贫困地区公共文化服务水平不断提高，截至 2020 年底，中西部 22 个省份基层文化中心建设完成比例达到 99.48%，基本实现村级文化设施全覆盖；持续推进文化下乡，贫困群众也有了丰富多彩的业余文化生活。贫困地区医疗条件显著改善，消除了乡村两级医疗卫生机构和人员“空白点”，98% 的贫困县至少有一所二级以上医院，贫困地区县级医院收治病种中位数达到全国县级医院整体水平的 90%，贫困人口的常见病、慢性病基本能够就近获得及时诊治，越来越多的大病在县域内就可以得到有效救治。综合保障体系逐步健全，贫困县农村低保标准全部超过国家扶贫标准，1936 万贫困人口纳入农村低保或特困救助供养政策；6098 万贫困人口参加了城乡居民基本养老保险，基本实现应保尽保。

经济持续快速发展。脱贫攻坚极大释放了贫困地区蕴含的潜力，为经济发展注入强大动力。产业结构显著改善，特色优势产业不断发展，电子商务、光伏、旅游等新业态新产业蓬勃兴起，推动了贫困地区经济多元化发展，扩大了市场有效供给，厚植了经济发展基础。贫困地区的地区生产总值持续保持较快增长，2015 年以来，人均一般公共预算收入年均增幅高出同期全国平均水平约 7 个百分点。收入的持续稳定增长，激发了贫困群众提升生活品质、丰富精神文化生活的需求，拉动了庞大的农村消费，为促进国内大循环提供了支撑。

深度贫困地区是贫中之贫、坚中之坚。通过脱贫攻坚，“三区三州”等深度贫困地区突出问题得到根本解决，基础设施和公共服务水平显著提升，特色主导产业加快发展，社会文明程度明显提高，

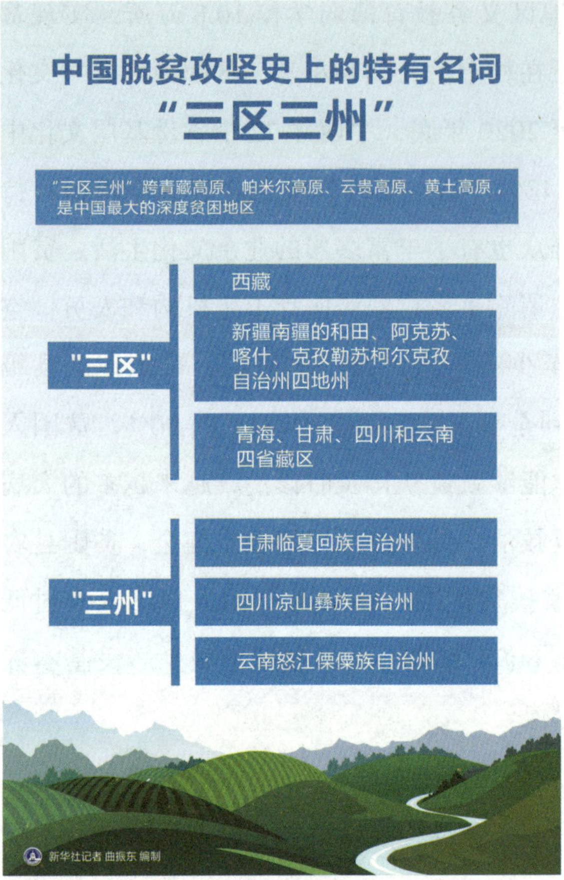

发布日期：2020 年 6 月 2 日

区域性整体贫困问题彻底解决。

不断迈向共同富裕的 14 亿多人口，其中有超过 4 亿并不断扩大的中等收入群体，是全球最具成长性的超大规模市场，中国经济充满活力，具有巨大潜力和充足后劲。2020 年，中国率先控制新冠肺炎疫情，率先复工复产，率先实现经济增长由负转正，充分彰显中国经济的强劲韧性。

走进幸福里，贫困地区落后面貌根本改变

长期以来，贫困地区基础设施薄弱，公共服务匮乏，经济社会发展滞后。脱贫攻坚战不仅使农村贫困人口全部脱贫，而且使贫困地区经济社会发展大踏步赶上来，整体面貌发生历史性巨变。

基础设施显著改善。出行难、用电难、用水难、通信难，是长期以来制约贫困地区发展的瓶颈。把基础设施建设作为脱贫攻坚基础工程，集中力量，加大投入，全力推进，补齐了贫困地区基础设

施短板，推动了贫困地区经济社会快速发展。以建好、管好、护好、运营好农村公路（简称“四好农村路”）为牵引，积极推进贫困地区建设外通内联、通村畅乡、客车到村、安全便捷的交通运输网络。

截至2020年底，全国贫困地区新改建公路110万公里、新增铁路里程3.5万公里，贫困地区具备条件的乡镇和建制村全部通硬化路、通客车、通邮路，贫困地区因路而兴、因路而富。努力改善贫困地区水利基础设施条件，2016年以来，新增和改善农田有效灌溉面积8029万亩，新增供水能力181亿立方米，水利支撑贫困地区发展的能力显著增强。大幅提升贫困地区用电条件，实施无电地区电力建设、农村电网改造升级、骨干电网和输电通道建设等电网专项工程，把电网延伸到更多偏远地区，农村地区基本实现稳定可靠的供电服务全覆盖，供电能力和服务水平明显提升。加强贫困地区通信设施建设，贫困村通光纤和4G比例均超过98%，远程教育加快向贫困地区学校推进，远程医疗、电子商务覆盖所有贫困县，贫困地区信息化建设实现跨越式发展。基础设施的极大改善，从根本上破解了贫困地区脱贫致富的难题，畅通了贫困地区与外界的人

2020年11月12日在贵州省锦屏县大同乡拍摄的农村公路。（新华社发 杨晓海 摄）

流、物流、知识流、信息流，为贫困地区发展提供了有力的硬件支撑。

加强贫困地区电力供应和保障

农村电网是农村经济社会发展的重要基础设施。2013年以来，中国实施全面解决无电人口用电问题三年行动计划，到2015年实现了全国人口用上电。通过实施新一轮农网改造升级，农网供电可靠率达到99.8%、综合电压合格率达到99.7%，农村居民用电条件明显改善。2020年底，实现了全国县级行政区全部接入大电网。实施贫困村通动力电工程，覆盖23个省份839个县约17万个行政村，大电网覆盖范围内贫困村通动力电比例达到100%。

走进幸福里，脱贫群众精神风貌焕然一新

脱贫攻坚既是一场深刻的物质革命，也是一场深刻的思想革命；既取得了物质上的累累硕果，也取得了精神上的累累硕果。贫困群众的精神世界在脱贫攻坚中得到充实和升华，信心更坚、脑子更活、心气更足，发生了从内而外的深刻改变。

脱贫攻坚不仅使贫困群众拓宽了增收渠道、增加了收入，而且唤醒了贫困群众对美好生活的追求，极大提振和重塑了贫困群众自力更生、自强不息，勤劳致富、勤俭持家，创业干事、创优争先的精气神，增强了脱贫致富的信心和劲头。“好日子是干出来的”，贫困群众比着把日子往好里过，依靠自己的辛勤劳动摆脱贫困，形成了你追我赶奔小康的浓厚氛围。

同时，脱贫攻坚打开了贫困地区通往外部世界的大门。交通基

础设施的改善打通了贫困地区与外界的联系，公共文化事业的发展丰富了贫困群众的精神文化生活，网络的普及让贫困群众增长了见识、开阔了视野。贫困群众的开放意识、创新意识、科技意识、规则意识、市场意识等显著增强，脱贫致富的点子越来越多、路子越来越宽。

贫困地区文明程度也显著提升。俭朴节约、绿色环保、讲究卫生等科学、健康、文明的生活方式成为贫困群众的新追求，婚事新办、丧事简办、孝亲敬老、邻里和睦、扶危济困、扶弱助残等社会风尚广泛弘扬，既有乡土气息又有现代时尚的新时代乡村文明新风正在形成。

中国减贫实践表明，治国之道，富民为始；民之贫富，国之责任。减贫是一项具有开拓性的艰巨工作，实现减贫目标，领导人的情怀、意志和决心至关重要，执政党和国家担负起对人民的责任、发挥主导作用、汇聚各方力量至关重要，保持政策的连续性和稳定性至关重要。

脱贫攻坚以来，中国坚持脱贫攻坚投入力度同打赢脱贫攻坚战要求相匹配，持续加大财政投入。中央、省、市、县财政专项扶贫资金累计投入近 1.6 万亿元，其中中央财政累计投入 6601 亿元。土地增减挂指标跨省域调剂和省域内流转资金 4400 多亿元。扶贫小额信贷累计发放 7100 多亿元，扶贫再贷款累计发放 6688 亿元，金融精准扶贫贷款发放 9.2 万亿元。东部 9 省市共向扶贫协作地区投入财政援助和社会帮扶资金 1005 亿多元，东部地区企业赴扶贫协作地区累计投资 1 万多亿元。统筹整合使用财政涉农资金，强化扶贫资金监管，确保把钱用到刀刃上。真金白银的投入，为打赢脱贫攻坚战提供了强大资金保障。

中国实施了人类历史上规模最大、力度最强、惠及人口最多的脱贫攻坚战。

“一个不能少”的坚定承诺，脱贫攻坚的深入推进，带来无数人命运的变迁。从华北平原到西南边陲，从大别山区到秦巴腹地，从土家苗寨到雪域高原，贫困地区的面貌彻底改变，乡亲们的日子越过越红火，脸上的笑容越来越灿烂。

乡村走向繁荣发展。乡村振兴战略深入实施，农业全面升级、农村全面进步、农民全面发展的目标逐步实现。农业现代化加快推进，粮食和重要农产品供给保障能力进一步提升，粮食产量连续6年稳定在1.3万亿斤以上，果菜茶肉蛋鱼等产量稳居世界第一。农业综合生产能力稳步提升，农业科技进步贡献率超过60%，农作物耕种收综合机械化率达到71%。设立中国农民丰收节，中国农民有了自己的专属节日。

现代化国际化的大都市、厚重雍容的历史古都、典雅精致的文化名城、类型迥异的特色小镇，星罗棋布，城城不同，风景各异。城镇化的加快推进，形成了面积庞大、人口众多、联系紧密的城市群，成为经济发展和现代化建设的重要载体，提升了城市运行效率和居民生活质量。中国基本形成以城市群为主体、都市圈为依托，大中小城市和小城镇协调发展的城镇体系。

城镇化水平持续提高。城镇化是现代化的必由之路，是实现全面小康的幸福之路。新中国成立前，中国大地上城镇寥若晨星、衰败破落；今天的中国，城镇繁星璀璨、繁华时尚。中国经历了世界近现代史上规模最大、速度最快的城镇化进程，从1949年至2020年，

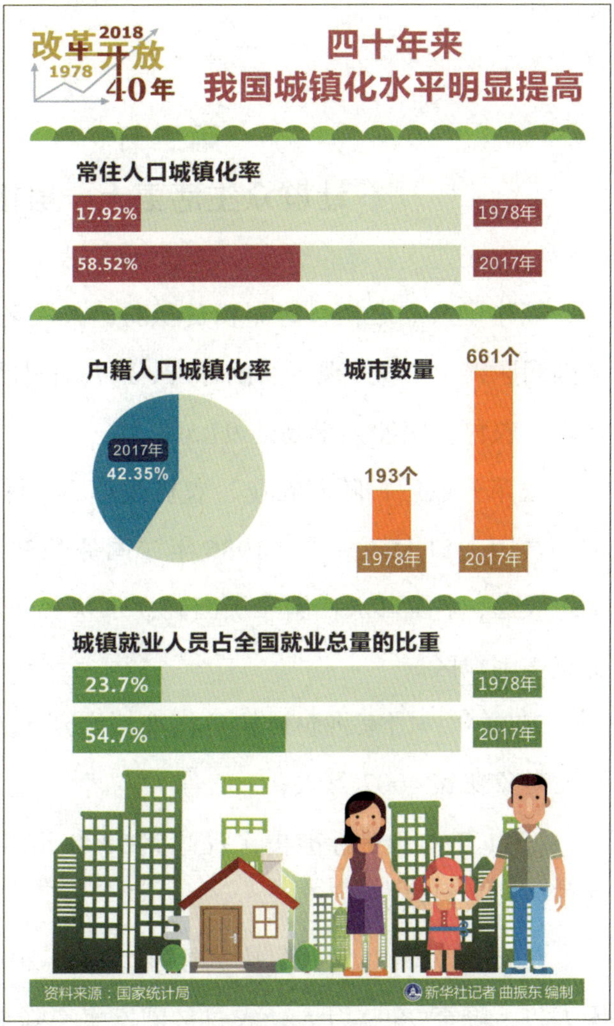

常住人口城镇化率由10.6%提高到63.9%，城市数量由132个增长到687个，建制镇数量由2000个增长到2.1万多个。

中国的全面小康，是中国人民依靠自己的辛劳和智慧，拼搏奋斗出来的。新中国成立时，面对的是一个积贫积弱、满目疮痍的烂摊子。中国共产党团结带领人民，白手起家、自力更生、艰苦奋斗，干出了一片新天地，实现了千百年来梦寐以求的小康。小康美好生活，是人民创造的；小康壮丽史诗，是人民书写的。

第二节
让群众生活更上一层楼

新中国成立之初，国家积贫积弱，人民贫困如洗，尤其是农村贫困问题突出。按照现行贫困标准，1978年末我国农村贫困人口7.7亿人，农村贫困发生率高达97.5%。

改革开放后，随着农业、农村改革不断深入和扶贫开发大力推进，贫困人口大幅减少。1986年，国务院贫困地区经济开发领导小组成立，中国首次在国家层面确立了扶贫开发的方针、贫困标准、重点贫困地区。

2009年，国家将农村扶贫标准提高到每人每年1196元，扶贫开发对象覆盖4007万人；

2011年，扶贫标准再次提高到2300元，1.28亿人口成为新标准下的扶贫对象。

历经两次大力度上调扶贫标准后，到2012年末，中国农村贫困人口下降至9899万人，农村贫困发生率降至10.2%。

党的十八大后，中国共产党带领亿万人民打响新时期脱贫攻坚战。

响彻云霄的誓言背后是一系列精准扶贫方略：坚持“六个精准”，实施“五个一批”，解决“扶持谁”“谁来扶”“怎么扶”“如何退”等问题，瞄准“两不愁三保障”，实行扶贫和扶志扶智相结合……

改革开放至今，按照现行贫困标准计算，中国7.7亿农村贫困人口摆脱贫困；按照世界银行国际贫困标准，中国减贫人口占同期全球减贫人口70%以上。

从基本解决温饱，到人民生活总体达到小康水平，再到全面建成小康社会……在中国共产党的领导下，中华民族告别千年绝对贫困，人民生活迎来翻天覆地的变化。

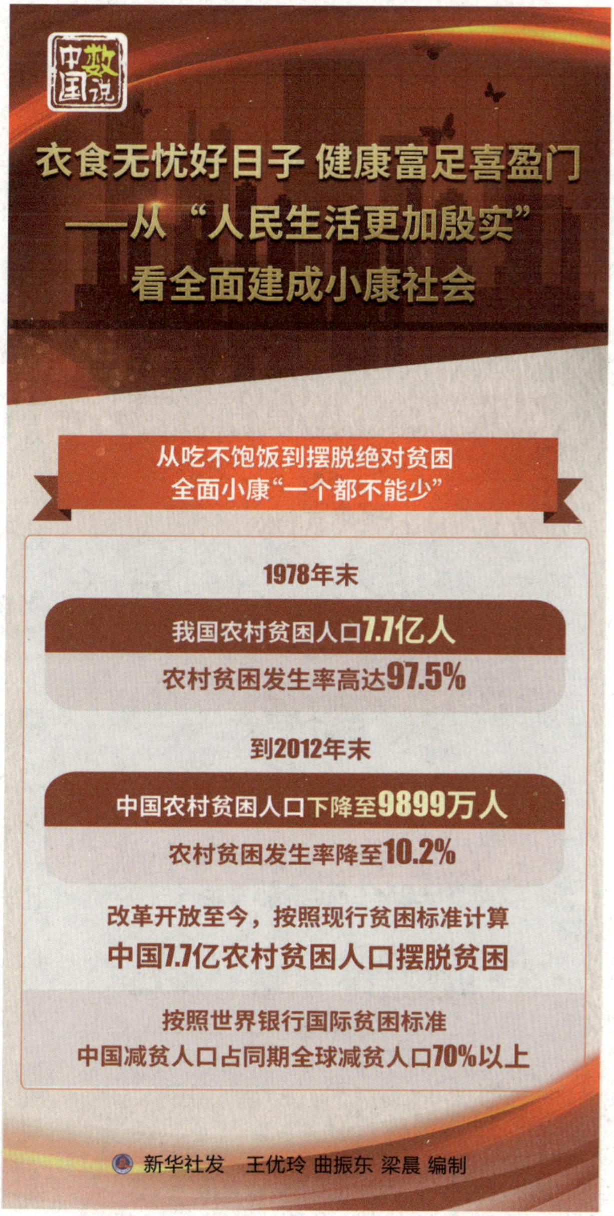

发布日期：2021年7月17日

穿越百年，梦圆今朝。更满意的收入，更舒适的居住条件，更有品质的生活……一组组民生数据，一个个幸福家庭剪影，“人民生活更加殷实”的美好愿景已成现实。

全面小康惠及全民

新中国成立之初，居民收入很低：1956年，全国居民人均可支配收入仅为98元；1978年仅为171元；改革开放以来，经济持续快速发展，成果惠及亿万家庭。到2018年，全国居民人均可支配收入达到28228元，比1978年实际增长24.3倍。到2020年，已经增加到32189元。

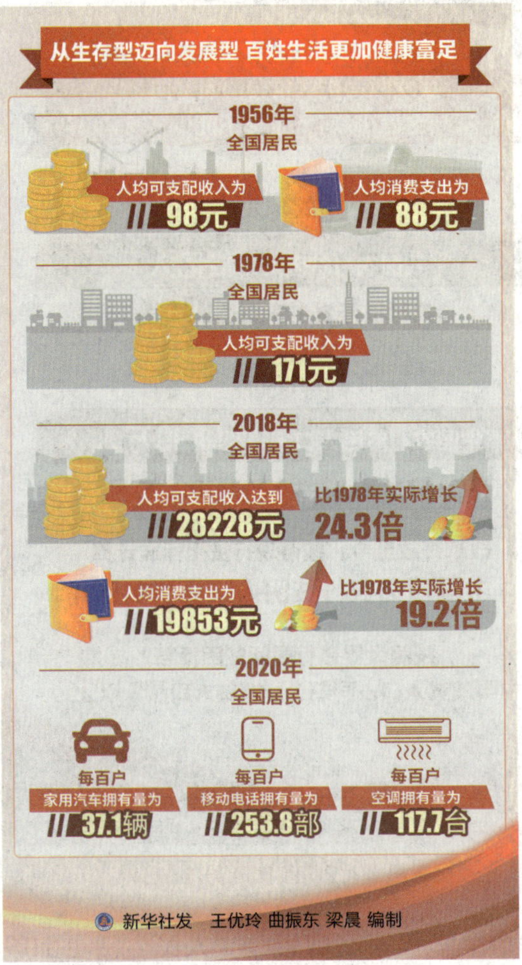

发布日期：2021年7月17日

全面小康不是只有城市的小康。从收入增长上看，2011—2020年，农村居民人均可支配收入年均名义增长10.6%，年均增速快于城镇居民1.8个百分点。从城乡居民收入比看，城乡居民人均可支配收入比逐年下降，从2010年的2.99下降到2020年的2.56，累计下降0.43。2020年，城乡居民人均可支配收入比与2019年相比下降0.08，是中共十八大以来下降最快的一年。

城乡居民收入差距

进一步缩小，城乡居民人均可支配收入比值自2008年以来连续13年平稳下降，2020年为2.56∶1。

老百姓的“钱袋子”鼓起来，人均消费支出不断增加，生活品质日益改善。1956年，全国人均消费支出仅为88元；而2018年，全国居民人均消费支出为19853元，比1978年实际增长19.2倍。

具体来看，据《中华人民共和国2020年国民经济和社会发展统计公报》，2020年，全年全国居民人均消费支出21210元，比上年下降1.6%，扣除价格因素，实际下降4.0%。其中，人均服务性消费支出9037元，比上年下降8.6%，占居民人均消费支出的比重为42.6%。按常住地分，城镇居民人均消费支出27007元，下降3.8%，扣除价格因素，实际下降6.0%；农村居民人均消费支出13713元，增长2.9%，扣除价格因素，实际下降0.1%。全国居民恩格尔系数为30.2%，其中城镇为29.2%，农村为32.7%。

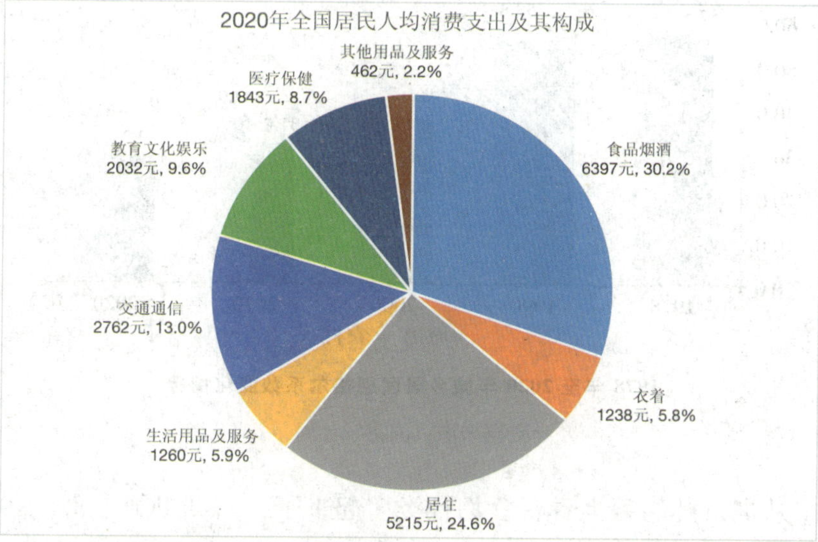

数据来源：国家统计局

温饱问题解决后，人们对生活品质、品位有了更高的追求，衣食住行不断升级，消费结构从生存型逐渐向发展型、享受型过渡。衣，从穿暖到穿美、穿出时尚；食，从吃饱到吃好、吃出健康；住，从有所居到更敞亮、更宜居；行，从便利通畅到快捷舒适。吃穿用有余，家电全面普及，乘用汽车快速进入寻常百姓家。餐饮、健康、教育、旅游、文娱等服务性消费持续快速增长，在居民人均消费支出中占比逐渐达到一半左右。越来越多的人有“钱”有“闲”，“诗和远方”更加触手可及，“说走就走”不再是梦想，旅游扮靓人们的幸福生活，中国正在进入大众旅游时代。

从城乡居民恩格尔系数看，数据分别从1978年的57.5%、67.7%下降到2020年的29.2%、32.7%，城乡居民生活质量不断提升。

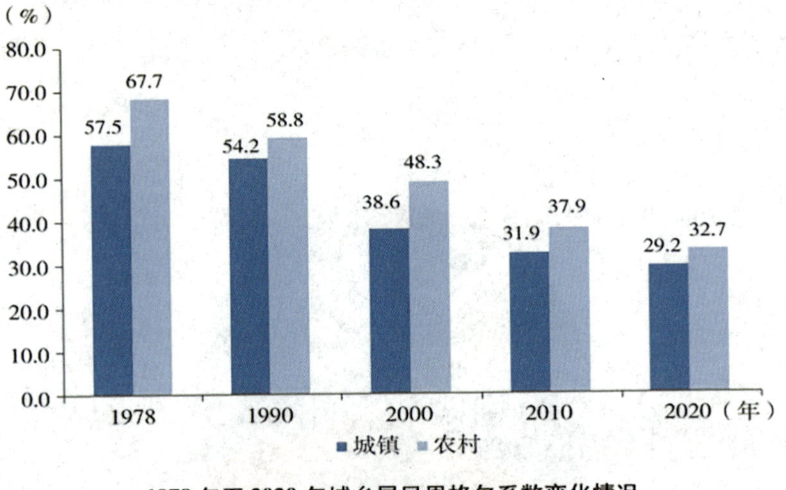

1978年至2020年城乡居民恩格尔系数变化情况

数据来源：国家统计局

从老百姓的餐桌看，食物种类多起来了，营养更加丰富。1949年我国人均粮食占有量仅为209公斤，2021年达到474公斤；

1949 年我国人均肉类消费仅为 4 公斤，而 2019 年达到近 27 公斤。

具体来看，在我国，对“贫困”的衡量是以每人每天摄入 2100 大卡热量为基本食物消费的最低标准。2100 大卡换算成一篮子食物，现在大约可以包含 1 斤粮食、1 斤蔬菜、1 两肉或 1 个鸡蛋。

1978 年，广大农民的餐桌上多是粗粮，鲜有肉蛋，食物支出占总支出比重 85% 以上。到了 2008 年，贫困人口饮食结构发生明显改变，可以实现“有吃、有穿”，基本满足温饱，食物支出占比降至 60% 左右。

2010 年，中国经济总量跃居世界第二位，经济快速持续增长为消除贫困提供了坚实基础。

中国政府在 2010 年制定了每人每年 2300 元的新贫困线。按购买力平价方法计算，这一价格相当于国际上每人每天 2.3 美元，已超过世界银行当时执行的 1.25 美元贫困标准。

中国提出的脱贫目标任务，不仅是要从数字上衡量贫困人口收入水平变化，而且强调多维度提升贫困人口生活质量，稳定实现吃不愁，穿不愁，义务教育、基本医疗、安全住房有保障。

这是人类历史上规模空前、力度最大、惠及人口最多的脱贫攻坚战。2012—2020 年，中国实际执行的最低贫困标准从每人每年收入 2625 元提升至 4000 元，近 1 亿农村贫困人口实现脱贫。

2020 年，我们如期完成了脱贫攻坚目标任务，消除绝对贫困和区域性整体贫困，为实现第一个百年奋斗目标打下坚实基础。

中国的现代化之路

从贫困大国到小康社会，中国的减贫之路也是中国的现代化之路。

小康生活的底色不仅仅是吃饱穿暖。从无到有，家庭耐用消费品不断普及和升级换代，生活品质不断提高。

不同时代结婚“三大件”代表着生活水平的改变：

20世纪70年代初，上海自行车三厂生产的各种凤凰牌自行车正在市场上供应。（资料照片）

20 世纪 70 年代手表、自行车、缝纫机；

20 世纪 80 年代冰箱、彩电、洗衣机；

20 世纪 90 年代空调、音响、录像机、摩托车、电脑……

如今，各类家用电器在城乡居民家庭普及，移动电话、计算机、汽车走进寻常百姓家。

2020 年，全国居民每百户家用汽车拥有量为 37.1 辆，每百户移动电话拥有量为 253.8 部，每百户空调拥有量为 117.7 台。

不仅吃饱穿暖，住房条件也得到了巨大改善。1978 年，农村和城镇居民人均住房建筑面积分别只有 6.7 平方米和 8.1 平方米，而2018年则分别达到了39平方米和47.3平方米。

改革开放以来，中国经历了食品、服装、家电、住房、汽车等商品消费“排浪式”扩张浪潮。从追求数量到追求舒适，消费从生存型迈向发展型，“人民生活更加殷实”的内涵变得丰富，在国家发展蓝图里奏响幸福的乐章。

从就业局势来看，就业质量显著提升。就业人数从1949年的1.8亿增加到2020年的7.5亿，就业规模不断扩大；从绝大多数劳动者以农业为生到第三产业就业人数占47.7%、城镇就业人数占61.6%，就业结构不断优化；从劳动者普遍处于文盲半文盲状态到劳动年龄人口平均受教育年限10.8年、技能人才总量约2亿，就业人员素质大幅提高。

亿万劳动者拥有自己热爱的工作，开启幸福生活的大门。从计划分配到市场就业、自由择业、自主创业，从传统就业方式到新就业形态，劳动者的就业观念深刻变革、就业空间更加广阔、就业方式日益多元。人们的兴趣爱好、特长禀赋与个人就业意愿、社会需求、国家需要更好结合，自我价值更好实现，主动性创造性显著增强，创新创造热情不断迸发。劳动者合法权益得到保障，劳动报酬保持增长，劳动所得受到保护，人们越来越有尊严地劳动、快乐地劳动，依靠自己的双手创造美好生活。从“单休制”到“双休制”，从“黄金周”到带薪休年假，劳动者休息休假权益越来越有保障，工作生活更加平衡。劳动最光荣、最崇高、最伟大、最美丽日益成为全社会的共识和行动，勤奋做事、勤勉为人、勤劳致富成为风尚，崇尚劳动、尊重劳动、热爱劳动的社会氛围更加浓厚。

“十三五”时期，5000多万居民“出棚进楼”，新增城镇就业超过6000万人，百姓日子越过越红火。

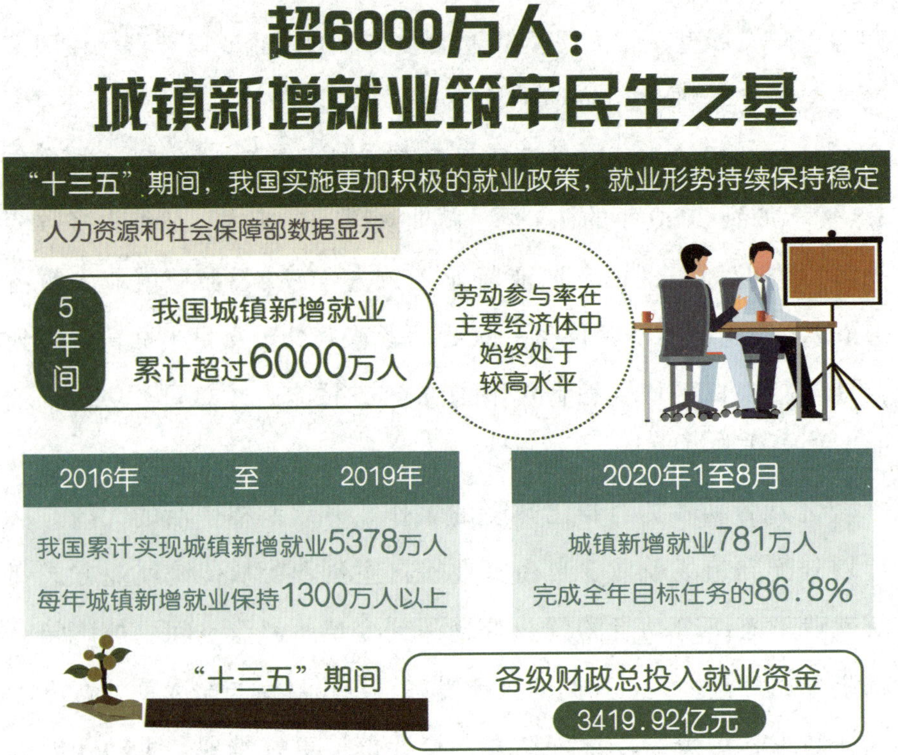

新华社发 李栋 制图

今天的中国，创意、环保、低碳、健康、安全正成为新的消费关键词——

从滑翔伞、跳伞、热气球到潜水，从探洞到登山……冰雪旅游、体育旅游、体验式旅游等个性化旅游方式得到人们越来越多的青睐；

政府对公园、绿地、图书馆、老年活动中心不断加大投入。20世纪80年代至2021年，全国城市建成区绿化覆盖率由10.1%提高到 41.11%，人均公园绿地面积由 3.45 平方米提高到 14.8 平方米，城乡人居环境明显改善。

截至2020年底，中国网民规模达9.89亿，占全球网民20%左右。网络购物快速发展，“小镇青年”“银发一族”“Z 世代”等消费新群体快速崛起，14 亿多人的中国大市场成为提振中国乃至全球经济发展的信心所在。

面向未来，顺应居民消费升级趋势，“十四五”规划纲要把扩大消费同改善人民生活品质结合起来，引导消费向绿色、健康、安全发展。

发展信息消费、数字消费、绿色消费，鼓励定制、体验、智能、时尚消费……新征程上的中国消费之变，彰显“人民生活更加殷实”本色。

“长太息以掩涕兮，哀民生之多艰”“安得广厦千万间，大庇天下寒士俱欢颜”“家给人足，四海之内无一夫不获其所”……为摆脱贫困，数千年的历史长河里，多少憧憬、多少夙愿。

为了这千年的企盼，中华民族孜孜以求，中国共产党人前赴后继。

这场倒计时读秒的脱贫攻坚战，没有枪林弹雨、浴血拼杀，却同样英雄辈出，气壮山河。

社会主义就是要让人民过上幸福美好的生活。人民的美好生活，一个民族，一个家庭，一个人都不能少。

这一诺，重千钧！

万水千山，浸润着满腔热血、风雨兼程，也见证着中国共产党人的奋斗与牺牲。

天地之大，黎元为先。

接续奋斗，初心不改！

“但愿苍生俱饱暖，不辞辛苦出山林。”党的十八大以来，以习近平同志为核心的党中央接过历史的接力棒，不忘初心，继续前进，让现行标准下近1亿农村贫困人口全部摆脱绝对贫困。这是一项对中华民族、对整个人类都具有非凡意义的千秋伟业！

七十年来，从“解决温饱”到“小康水平”，从“总体小康”到“全面小康”，再到“全面建成小康社会”，一代代中国共产党人矢志不移，将一个又一个愿景变为现实，用奋斗筑牢通往梦想的路基。

100年来，始终坚持“人民至上”的中国共产党，历经风雨初心如磐。从让穷苦人过上好日子的铮铮誓言，到贫穷不是社会主义的精辟论断，到全面小康路上一个都不能少的庄严宣誓，在战胜贫困的道路上，党带领全国人民栉风沐雨、接续前行，镌刻奇迹。

小康梦圆不是终点，中国，必将向着全面建设社会主义现代化国家的第二个一百年的恢宏目标扬帆奋进，风雨兼程！

从数据看民生新获得

治国有常，而利民为本。

2022年，翻开提请审议的政府工作报告和提请审查的计划报告和预算报告，数里行间，一项项民生新承诺，聚焦人民群众急难愁盼问题，让人民群众的获得感幸福感安全感更加充实、更有保障、更可持续。

让居民收入稳步上升。

“居民收入增长与经济增长基本同步”，这是政府工作报告提出的2022年发展主要预期目标之一。

收入分配是民生之源。2021 年，我国居民人均可支配收入实际增长 8.1%。脱贫攻坚成果得到巩固和拓展。

根据计划报告，随着促进就业、提高就业质量、扩大中等收入群体、增加低收入群体收入、加大再分配调节力度等政策措施的推进，2022 年居民收入增长有望继续与经济增长基本同步。

巩固拓展脱贫攻坚成果是乡村全面振兴的基础和前提。政府工作报告提出，“完善落实防止返贫监测帮扶机制，确保不发生规模性返贫”“促进脱贫人口持续增收”。预算报告提出，2022年中央财政衔接推进乡村振兴补助资金按照只增不减的原则安排1650亿元、增加84.76亿元，并向巩固拓展脱贫攻坚成果任务重、推进乡村振兴底子薄的地区倾斜。

教育改革持续推进。

公平与质量是促进教育发展的两个关键词。政府工作报告提出，我国有2.9亿在校学生，要坚持把教育这个关乎千家万户和中华民族未来的大事办好。

“支持社会力量增加普惠性托育服务供给”“推动义务教育优质均衡发展和城乡一体化”“推进高校‘双一流’建设”“加强教师队伍建设”……计划报告中一项项举措，指明教育改革发展的着力方向。

第三节
人民生活更加殷实

在中国共产党百年华诞之际，全面建成小康社会奋斗目标如期实现。坚持以人民为中心，让全面小康的成果惠及全体人民，不断提升群众获得感、幸福感、安全感，中国共产党交出了一份沉甸甸的时代答卷。站在全面小康新起点，接续推进乡村振兴，扎实推进共同富裕，更壮美的民生华章正谱写，更厚实的民生红利将向深度释放。

让乡亲们日子越过越好

习近平总书记指出："让老区人民过上好日子，是我们党的庄严承诺，各级党委和政府要继续加大对革命老区的支持，形成促进革命老区加快发展的强大合力。""我们党是全心全意为人民服务的党，将继续大力支持老区发展，让乡亲们日子越过越好。"

党的十八大以来，从滹沱河畔到宝塔山上，从遵义古城到沂蒙老区，习近平总书记的"红色足迹"遍及各个革命老区。总书记叮嘱，"要把革命老区建设得更好""让老区人民都过上幸福美满的日子"。

殷殷嘱托化作前行动力，革命老区步入高质量发展快车道。

江西于都，晨曦微露，这里的赣南脐橙变身"高铁生鲜"，丰富了粤港澳大湾区百姓的"果篮子"，鼓起了老区人民的"钱袋子"。

安徽金寨，满目皆绿，红军街、红军纪念堂游人纷至沓来，有机茶园蓊蓊郁郁，山上种茶、家中迎客，一批批脱贫户捧上"金饭碗"。

踔厉奋发，笃行不怠。党的十八大以来，在以习近平同志为核心的党中央坚强领导下，革命老区振兴发展取得显著成效，面貌焕然一新，一幅幅人民生活更殷实、特色产业更兴旺、红色文化更繁荣、绿色生态更优美的老区新画卷在神州大地铺展。

如期打赢脱贫攻坚战，接续推进乡村振兴。

习近平总书记指出："现在国家发展了，人民生活改善了，我们要饮水思源，不能忘记革命先辈、革命先烈，不能忘记革命老区的父老乡亲。"

革命老区是党和人民军队的根，是中国人民选择中国共产党的历史见证。党的十八大以来，党中央、国务院出台了一系列支持革命老区振兴发展的政策文件，各地区各部门加大对革命老区支持力度，老区人民攻坚克难、砥砺奋进。2020年底，革命老区中的358个贫困县全部摘帽，贫困人口全部脱贫，如期打赢脱贫攻坚战，与全国同步全面建成小康社会。

脱贫摘帽不是终点，而是新生活、新奋斗的起点。加快革命老区振兴发展，巩固拓展脱贫攻坚成果是重中之重。

支持革命老区巩固拓展脱贫攻坚成果，接续推进乡村振兴，政策不留白、工作不断档、投入不减力。2021年，国务院印发《关于新时代支持革命老区振兴发展的意见》，批复《"十四五"特殊类型地区振兴发展规划》，明确了全国12个革命老区规划范围和20个革命老区重点城市，新时代支持革命老区振兴发展的政策举措陆续出台，新时代支持革命老区振兴发展的政策体系初步建立。

——政策给力，农业提质仓廪足。

江西赣州宁都县长胜镇长胜村百亩高标准农田里，80后种粮大户黄江驾驶着高速插秧机，带着乡亲们移栽早稻。"种田挑上'金扁担'，丰收更有底气！"黄江说，自己购买了30多台农用机械，翻田、播种、收割、烘干，水稻生产全程机械化，收入涨了一大截。

农机购置有补贴，粮食生产有补助，近些年，赣抚平原、吉泰盆地等粮食生产功能区建设坚实有力，越来越多低产田变身高标准农田，革命老区的现代农业发展阔步前行。

——帮扶接续，乡村振兴面貌新。

“新家干净又宽敞，上学、看病都方便。从石窝窝搬到新社区，日子迈进了‘幸福’里！”在广西百色田东县思林镇易地扶贫搬迁安置点江北小区，脱贫户卢文部利用贴息贷款等优惠政策，开办扶贫车间，带动80多名脱贫劳动力就近就业，“挣钱顾家两不误，乡亲们都欢迎。”

脱贫攻坚战打赢后，一批革命老区县（区、市）等被列为国家乡村振兴重点帮扶县，获得财政、人才、基础设施建设等方面的集中支持，不断夯实脱贫成果，持续增强发展后劲。

——就业稳定，农民增收门路宽。

暖阳里，村民们边忙春播，边修河堤，湖北恩施来凤县大河镇施南坡村热闹起来。

近年来，来凤县用好中央财政资金，积极推进以工代赈。“当

2019年11月18日，在河北省邢台县晏家屯镇心长村扶贫小院里，村民在晾晒、整理手工饰品。（新华社记者 牟宇 摄）

泥瓦工，一天稳稳能挣近百元。”村民张家宝感慨，“这日子真不赖！”

不止湖北恩施。贵州遵义，正安县创出响亮的“正安吉他”劳务品牌，带动6690名脱贫劳动力稳定就业；四川达州，与浙江舟山跨越山海的劳务协作，让不少达州人变身“船师傅”……2021年，20个革命老区重点城市城镇居民人均可支配收入超过3万元，农村居民人均可支配收入超过1万元。

促进实体经济发展，持续增强革命老区发展活力。

习近平总书记指出，“加大产业培育扶持力度，国家大型项目、重点工程、新兴产业，在符合条件前提下，要优先向老区安排；发达地区劳动密集型产业转移，要优先向老区引导”。

加快革命老区振兴发展，培育内生发展动力是主攻方向。党的十八大以来，革命老区特色优势产业培育壮大，经济质量效益和核心竞争力不断提升，发展新动能澎湃涌动。2021年，20个革命老区重点城市人均地区生产总值超过6万元。

——补齐短板，人便其行货畅其流。

2022年1月18日，四川巴中通江县，镇广高速王坪至通江段正式通车。“红色主题高速公路修到家门口，乡亲们‘旅游饭’越吃越好。”王坪村党委书记殷雄说，通过道路连通、旅游带动，去年村民人均纯收入近两万元，“高速公路串起旅游点，日子更有奔头。”

老区振兴，交通先行。党的十八大以来，国家优先支持革命老区铁路、公路、水运、机场、水利、能源等基础设施建设，加快建设纵贯革命老区的京港（台）、包（银）海、沿江、厦渝等高铁主通道，革命老区重点城市实现高速铁路、高速公路全覆盖，赣深、梅汕、安九高铁建成通车，大广、汕昆、韶赣等高速公路建成通行，红色沃土铺就条条惠民路、致富路。

——创新驱动，产业集群加快培育。

太行山下，山西长治将煤炭“吃干榨净”。海德利森氢能装备研发生产项目一期建成投产；申能集团携手潞宝集团，共同推动万吨制氢基地加速建设……党的十八大以来，长治市大力实施创新驱动战略，煤化工产业链越来越长、产品种类越来越多。

在一个个革命老区，新材料、能源化工、生物医药、电子信息、新能源汽车等特色优势产业集群加快培育，2019 年，12 个革命老区的 593 个县共实现地区生产总值 12.8 万亿元，较 2012 年增长约 74%；2021 年，20 个革命老区重点城市实现地区生产总值 4.64 万亿元，较 2012 年增长 111.22%。

——数字赋能，特色产业发展壮大。

“咱南沟村的樱桃花开咧，丰收在望呢。想认养樱桃树的，抓紧时间咧！”花海中，陕西延安安塞区高桥镇南沟村包村干部张光红举起手机，在直播间里卖力吆喝。

锄头加鼠标，致富辟新道。2017 年，南沟村户户通了光纤，助力“延安味道”飞出黄土高原。“云端认养，网上销售，山果果不愁卖，果农收益还翻了番。”张光红咧着嘴笑。

放眼革命老区，借助互联网、大数据，搞电商、办旅游，富起来的何止一个南沟村。浙江丽水把山水“送入云端”，通过开发自驾旅游电子路书服务平台，累计吸引自驾游旅客超 12 万人，带动沿途民宿、餐饮和农土特产品销售 3280 余万元；河南信阳光山县给山货插上“数字翅膀”，油茶、麻鸭、虾稻米等特色农产品入驻电商平台，带动 2000 余户脱贫户稳定增收。

补齐公共服务短板，增进革命老区人民福祉。

习近平总书记强调：“把老区发展和老区人民生活改善时刻放在心上、抓在手上，真抓实干”“我们要把老区建设好、把英烈后代照顾好，让他们过上更加幸福的生活”。

党的十八大以来，各地区各部门着力健全基本公共服务体系，改善人民生活品质，提高社会治理水平，繁荣发展红色文化，促进人与自然和谐共生，让革命老区人民群众获得感、幸福感、安全感持续增强。

——筑牢民生底线，安居乐业日子甜。

福建三明尤溪县西城镇麻洋村，村民曾繁辉拿出了自家的医疗账单：“2015 年医疗费 8 万多元，自付超 3 万元；2019 年医疗费 6 万多元，自掏腰包 3000 元。”努力实现“病有所医”，三明医改打破医保管理“九龙治水”，纠偏公立医院“以药养医”，有效破解群众看病难、看病贵。

2016 年 12 月 29 日，渔民杨再平在贵州省剑河县仰阿莎湖上捕鱼，准备供应节日市场。（新华社记者 杨文斌 摄）

“大妈您慢点，上下抬腿……”河南信阳新县箭厂河乡戴畈村，在护理员的指导下，马淑兰老人正在踏步训练器上锻炼。努力实现“老有所养”，戴畈村建起“三留守”服务中心，提供助餐、助行、助医等居家养老服务。老人生活更妥帖，子女在外务工更安心。

——护好绿水青山，绿色发展动力足。

福建龙岩长汀县曾是我国南方水土流失最为严重的区域之一。经过数年的水土流失治理，如今水土流失率已降至 6.78%，森林覆盖率达 80.31%。绿了荒山，鼓了腰包，2021 年，全县林下经济经营面积达 188 万亩，实现产值 30.2 亿元。

不仅是长汀，江西抚州等开展生态产品价值实现机制试点；新安江流域生态保护补偿经验得以推广，巩固跨省流域生态保护补偿机制成果……革命老区纷纷发力“绿经济”，澎湃发展新动能。

——传承红色基因，老区精神底色浓。

“最后一匹布做军装，最后一粒米做军粮，最后一个儿子送战场”。在沂蒙精神的诞生地，山东临沂兰山区兰山街道李庄社区原

2017 年 9 月 3 日，在广西大化瑶族自治县板升乡弄雷村哈宝屯，12 岁的蒙文超（左）和小伙伴们躺在楼顶。2015 年，他家从不通公路的深山搬到公路边，告别危旧的木瓦房，住进了三层小楼。（新华社记者 黄孝邦 摄）

党支部书记赵玉玺，带领村民让曾经默默无闻的“小李庄”变成年产值数亿元的集体经济标杆，“我们的企业文化植根于沂蒙精神，不断汲取着红色精神的养分。”

党的十八大以来，老区广大干部群众大力弘扬老区精神，坚定不移跟党走，为实现美好生活而奋斗，谱写了革命老区高质量发展的壮丽诗篇，充分展现了老区精神历久弥新的时代价值。

浩渺行无极，扬帆但信风。在全面建设社会主义现代化国家新征程上，将一脉相承的红色基因灌注到干事创业的行动之中，撸起袖子加油干，革命老区人民的生活一定会芝麻开花节节高。

民生红利将深度释放

“种田不交税，看病能报销，还能领到养老补贴，这是我们从来没想过的，如今都成了现实。”河北省任丘市石门桥镇东王庄村村民王建军说。

不仅农民生活越来越有保障，年轻人也有了更多出路。王建军告诉记者，如今，不少孩子都考上大学进了城，也有越来越多原本在外打工的中青年回乡创业。

三年前，25岁的王永回乡办起了玻璃水加工厂，如今，通过电商平台，产品销路打开了，工人扩招到10来个，厂房也一扩再扩，他正盘算着再添一条生产线。

这只是中国共产党领导下，神州大地上发生的民生巨变图景之一。中国共产党的百年奋斗史就是为人民谋幸福的历史。特别是党的十八大以来，我国立足经济社会发展实际，通过一系列惠民举措，切实提高城乡居民收入水平，人民生活水平不断改善，对美好生活向往加快实现。

小康不小康，关键看老乡。没有农村的小康，特别是没有贫困地区的小康，就不可能全面建成小康社会。2020 年 11 月 23 日，我国最后 9 个贫困县实现贫困退出。经过 8 年的持续奋斗，全国 832 个县全部脱贫，12.8 万个贫困村全部出列，近 1 亿贫困人口实现脱贫。困扰中华民族几千年的绝对贫困问题得到历史性解决。

“脱贫攻坚取得全面胜利，补齐了全面建成小康社会最大的一块短板，为全面建成小康社会作出了重要的贡献。通过脱贫攻坚战的打赢，全面建成小康社会底色更亮、成色更足、质量更优。”国家乡村振兴局副局长夏更生表示。

百年征程波澜壮阔，百年初心历久弥坚。全面建成小康社会不是终点，而是新生活新奋斗的起点。中国共产党坚持“为中国人民谋幸福、为中华民族谋复兴”的初心使命，乘势而上开启全面建设社会主义现代化国家新征程、向第二个百年奋斗目标进军，其出发点和落脚点便是让发展成果更多更公平惠及全体人民。

2021 年 6 月 1 日，我国第一部以“乡村振兴”命名的法律——《中华人民共和国乡村振兴促进法》正式施行。与此同时，乡村建设行动也在中华大地上全面启动。

全面建成小康社会，一个也不能少；共同富裕路上，一个也不能掉队。6 月 10 日，《中共中央国务院关于支持浙江高质量发展建设共同富裕示范区的意见》发布。通过改革，在浙江率先形成促进共同富裕的目标体系、工作体系、政策体系、评价体系，为全国其他地方促进共同富裕探索路径、积累经验。

从党的十九大报告提出到 21 世纪中叶“全体人民共同富裕基

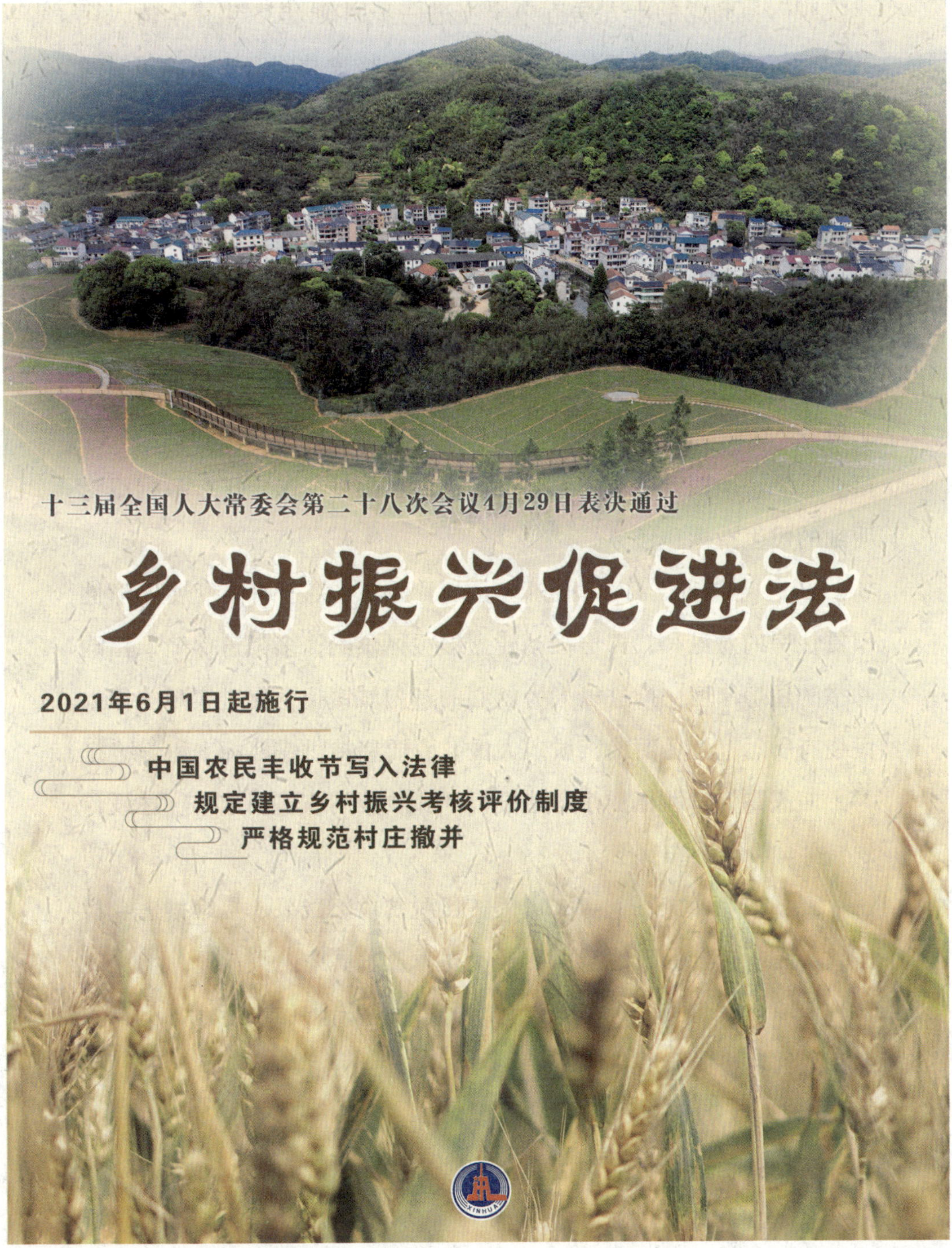
十三届全国人大常委会第二十八次会议4月29日表决通过
乡村振兴促进法
2021年6月1日起施行
中国农民丰收节写入法律
规定建立乡村振兴考核评价制度
严格规范村庄撤并

本实现”，到党的十九届五中全会进一步明确2035年“全体人民共同富裕取得更为明显的实质性进展”，推进共同富裕明确了时间表、路线图和任务书，顺应了人民对美好生活的新期待。

共同富裕是中国特色社会主义的本质要求，我们既要做大蛋糕，又要分好蛋糕，在现代化进程中要自觉、主动地解决地区差距、城乡差距和收入差距问题，扎实推进共同富裕，坚决防止两极分化，使全体人民共享现代化成果。

实现更加充分更高质量就业，多层次社会保障体系更加健全，工资收入分配制度更加完善……日前出炉的《人力资源和社会保障事业发展“十四五”规划》瞄准增进民生福祉，敲定了一系列更为明细的民生指标和任务。

2021年7月2日，国务院办公厅发布《关于加快发展保障性租赁住房的意见》，提出推动建立多主体供给、多渠道保障、租购并举的住房制度，推进以人为核心的新型城镇化，促进实现全体人民住有所居。意见明确，城市人民政府要坚持供需匹配，科学确定“十四五”保障性租赁住房建设目标和政策措施，制定年度建设计划，并向社会公布。

站上全面小康新起点，巩固拓展脱贫攻坚成果、接续推进乡村振兴、完善社会保障体系、在推动高质量发展中扩大就业、增加收入、保障和改善民生……更为有力的惠民举措将加快落地，更厚实的民生红利将向深度释放。

促进人的全面发展和社会全面进步

“人民生活更加美好，人的全面发展、全体人民共同富裕取得更为明显的实质性进展。”党的十九届五中全会坚持以人民为中心，对增进民生福祉、改善人民生活品质提出一系列新要求、作出一系列新部署，为今后5年乃至更长时期的社会建设和民生工作指明方向。

人民对美好生活的向往，就是党和政府的奋斗目标。“十三五”时期，我国脱贫攻坚成果举世瞩目，5575万农村贫困人口实现脱贫，全面建成小康社会胜利在望。人民生活水平显著提高，高等教育进入普及化阶段，城镇新增就业超过6000万人，建成世界上规模最大的社会保障体系，基本医疗保险覆盖超过13亿人，基本养老保险覆盖近10亿人。这些成就充分彰显了以人民为中心的发展思想，极大增强了人民群众的获得感、幸福感、安全感，为我们促进人的全面发展和社会全面进步奠定坚实基础、创造有利条件。

生活过得好不好，人民群众感受最直接，最有发言权。随着经济社会发展和民生改善，老百姓普遍感到腰包更鼓了、日子更殷实了、精气神更振奋了。与此同时，城乡区域发展和收入分配差距较

2020年6月16日拍摄的贵州省遵义市播州区花茂村。（新华社记者　陶亮　摄）

大、民生保障存在短板、社会治理还有弱项等问题仍比较突出，老百姓还有不少操心事、烦心事、揪心事。民生工作千头万绪，事关千家万户，要坚持尽力而为、量力而行，聚焦突出问题和明显短板，回应人民群众诉求和期盼，解决好人民群众最关心最直接最现实的利益问题，让群众看到变化、得到实惠。

促进人的全面发展和社会全面进步，涉及方方面面，要把实现好、维护好、发展好最广大人民根本利益作为发展的出发点和落脚点，不断促进社会公平正义，让发展成果更多更公平惠及全体人民。要提高人民收入水平，强化就业优先政策，建设高质量教育体系，健全多层次社会保障体系，全面推进健康中国建设，实施积极应对人口老龄化国家战略，加强和创新社会治理，让人民群众获得感、幸福感、安全感更加充实、更有保障、更可持续。

共同富裕是社会主义的本质要求，是人民群众的共同期盼。随

2017年8月24日，厦门筼筜湖周边夜景。
（新华社记者 李鑫 摄）

着我国全面建成小康社会、开启全面建设社会主义现代化国家新征程，必须把促进全体人民共同富裕摆在更加重要位置，向着这个目标更加积极有为地进行努力。党的十九届五中全会首次把“全体人民共同富裕取得更为明显的实质性进展”作为远景目标提出来，既指明了前进方向和奋斗目标，也实事求是、符合发展规律，兼顾了需要和可能，有利于促进全体人民在实现共同富裕道路上不断向前迈进。这一重大决策部署，深刻诠释了我们党不忘初心、牢记使命的忠诚和担当，极大地鼓舞着亿万中华儿女为实现梦想不懈奋斗。

人民是我们党执政的最大底气，是我们党执政兴国的根本所在。在中国未来经济社会发展蓝图中，“人民至上”仍将始终是最为鲜明的价值取向。坚持发展为了人民、发展依靠人民、发展成果由人民共享，定能凝聚砥砺奋进的强大力量，夺取全面建设社会主义现代化国家的新胜利，让全体中国人民过上更好的日子。

后 记

2021年，中国共产党迎来百年华诞，在庆祝中国共产党成立100周年大会上，习近平总书记庄严宣告，“我代表党和人民庄严宣告，经过全党全国各族人民持续奋斗，我们实现了第一个百年奋斗目标，在中华大地上全面建成小康社会”。这是中华民族的伟大光荣，这是中国人民的伟大光荣，这是中国共产党的伟大光荣。

办好中国的事情，关键在党。全面建成小康社会实践充分证明，中国共产党是中国特色社会主义最本质的特征，是中国特色社会主义制度的最大优势。新的征程上，必须坚持中国共产党的坚强领导，更加紧密地团结在以习近平同志为核心的党中央周围，充分发挥党总揽全局、协调各方的领导核心作用，把制度优势更好地转化为治理效能。

一切为了人民，一切依靠人民。全面小康，是党和国家的奋斗目标，也是亿万人民的共同期盼。我们党和人民心心相印、与人民同甘共苦、与人民团结奋斗，书写了造福人民的历史新篇章。在新的征程上，必须践行以人民为中心的发展思想，着力解决发展不平衡不充分问题和人民群众急难愁盼问题，充分发挥蕴藏在亿万人民之中的创造伟力，团结带领中国人民不断为美好生活而奋斗。

全面建成小康社会不是终点，而是新生活新奋斗的起点。全面建成社会主义现代化强国，使命更光荣、任务更艰巨、挑战更严峻、工作更伟大。新的征程上，锚定伟大目标，坚持求真务实，科学制定发展规划，发扬钉钉子精神狠抓落实，我们一定能创造令世界刮目相看的新奇迹。

本书是“纪录小康工程”中央丛书的一种，编写组秉承“数说小康，图解辉煌”的总体思路，依托“纪录小康工程”国家数据库和新华社历史资料库丰富的图表和文字资源，精选了经济、政治、科教、文化、社会以及人民生活六大领域，共计170余幅图表，希冀直观呈现在中国共产党的英明领导下，我国从站起来到富起来到强起来的历史跨越和辉煌成就。

新华社领导高度重视本书的编写工作，亲自部署谋划，提出明确要求。中宣部新闻局、出版局对本书的编写给予具体指导，新华社总编室、摄影部、中国搜索、中国图片集团及国内各分社对本书的编辑出版工作予以鼎力支持，在此深表感谢。因编者能力和水平有限，本书不足之处，欢迎广大读者提出宝贵意见和建议。

本书编写组

2022年6月

出版统筹：匡乐成　许　新
责任编辑：唐波勇　徐文贤　董朝合　陈思淇
封面设计：石笑梦
版式设计：刘宝龙
责任校对：刘保利　石春风

图书在版编目（CIP）数据

数说全面建成小康社会 /《数说全面建成小康社会》编写组编.
—北京：新华出版社：人民出版社，2022.9（2025.2重印）
（“纪录小康工程”中央丛书）
ISBN 978-7-5166-6302-8

Ⅰ.①数…　Ⅱ.①数…　Ⅲ.①小康建设—概况—中国
Ⅳ.①F124.7

中国版本图书馆CIP数据核字（2022）第099123号

数说全面建成小康社会

SHUSHUO QUANMIANJIANCHENG XIAOKANGSHEHUI

本书编写组

人民出版社
新华出版社 出版发行

（100040　北京石景山区京原路8号）

大厂回族自治县众邦印务有限公司　新华书店经销

2022年10月第1版　2025年2月第二次印刷

开本：710毫米×1000毫米1/16　印张：18.75

字数：210千字

ISBN 978-7-5166-6302-8　定价：68.00元

邮购地址100040　北京石景山区京原路8号

购书热线（010）63077122　63072012